大中华文库
КИТАЙСКАЯ КЛАССИКА

大中华文库

汉俄对照

КИТАЙСКАЯ КЛАССИКА

на китайском и русском языках

今古奇观
ЦЗИНЬ ГУ ЦИГУАНЬ

IV

［明］抱瓮老人 著

［苏联］维·维里古斯 伊·齐别洛维齐 译

Бао Вэн Лаожэнь

Перевод на русский А. Вельгуса и И. Э. Циперовича

人民文学出版社
Издательство «Народная Литература»
北京
Пекин

Цзинь гу цигуань
Глава 21

КИТАЙСКАЯ КЛАССИКА

第二十一卷

一文钱小隙造奇冤

世上何人会此言，
休将名利挂心田。
等闲倒尽十分酒，
遇兴高歌一百篇。
物外烟霞为伴侣，
壶中日月任婵娟。
他时功满归何处？
直驾云车入洞天。

这八句诗，乃回道人所作。那道人是谁？姓吕，名嵒，号洞宾，岳州河东人氏。大唐咸通中应进士举，游长安酒肆，遇正阳子钟离先生，点破了黄粱梦，知宦途不足恋，遂求度世

ГЛАВА 21

ПУСТЯКОВАЯ ССОРА ИЗ-ЗА МЕДЯКА ПРИВОДИТ К НЕСЛЫХАННЫМ БЕДАМ

Богатство и слава пустая
  не стоят забот беспрестанных.
Но кто же, скажите, на свете
  глубокий смысл этого понял?
Уж лучше во время досуга
  пить чару одну за другою
И с чувством скандировать громко
  древнейшей поэзии строки;
Гулять, как с друзьями, с зарею,
  с прозрачною облачка дымкой,
Вне мира сего пребывая,
  жить в собственном мире прекрасном.
Когда ж истечет срок деяний,
  в какие края попадешь ты?
В обитель святых вознесешься,
  паря в колеснице бессмертных.

Строки эти написаны даосом Возвращение. Кто же он, этот даос? Фамилия его – Люй, имя – Янь, литературное прозвище – Дунбинь; родом он из Хэдуна, из округа Юэчжоу. Во времена династии Тан, в годы Сянь-тун, когда Люй Дунбинь прибыл в столицу, в город Чанъань, чтобы держать экзамены на ученую степень цзиньши, на постоялом дворе он повстречал Чжунли Цюаня, по прозвищу Чжэнъян-цзы. И когда Чжунли Цюань при помощи сновидений за время, пока варилось просо, навел Люй Дунбиня на путь прозрения, Люй Дунбинь понял: служебная

之术。钟离先生恐他立志未坚，十遍试过，知其可度。欲授以黄白秘方，使之点石成金，济世利物，然后三千功满，八百行圆。洞宾问道："所点之金，后来还有变异否？"钟离先生答道："直待三千年后，还归本质。"洞宾愀然不乐道："虽然遂我一时之愿，可惜误了三千年后遇金之人。弟子不愿受此方也。"钟离先生呵呵大笑道："汝有此好心，三千八百尽在于此。吾向蒙苦竹真君分付道：'汝游人间，若遇两口的，便是你的弟子。'遍游天下，从没见有两口之人，今汝姓吕，即其人也。"遂传以分合阴阳之妙。洞宾修炼丹成，发誓必须度

карьера не стоит того, чтобы к ней стремиться, и стал просить Чжунли Цюаня посвятить его в таинства путей совершенствования и бессмертия. Чжунли Цюань решил проверить непоколебимость намерений Люй Дунбиня. Десять раз он подвергал его испытаниям, пока в конце концов не убедился, что тот вполне прозрел, тверд в своей вере и в своем решении. Чжунли Цюань собирался прежде всего обучить Люй Дунбиня тайному искусству «желтого и белого», чтобы тот мог одним указанием перста даже камни превращать в золото и помогать людям в их жизни. А через три тысячи лет, когда завершится срок его добротворных деяний, тогда он будет следить за восьмисотлетним периодом окончательного его самосовершенствования.

— А золото, сотворенное мной, не превратится ли потом во что-нибудь иное? — спросил Люй Дунбинь.

— Только через три тысячи лет оно превратится опять в то, из чего ты его сотворишь, — ответил Чжунли Цюань.

— Нет, не хочу я обучаться такому искусству, — грустно промолвил Дунбинь. — Может, я золото и получу, как только того пожелаю, но зачем, раз три тысячи лет спустя люди не увидят этого золота.

Чжунли Цюань рассмеялся:

— В таком добром сердце уже заложено все совершенство, которого возможно достичь за три тысячи восемьсот лет, — сказал он. — В свое время святейший Кучжу говорил мне и велел запомнить, что если я в миру встречу двуротого, то это и будет мой ученик. Однако сколько я ни бродил по свету, человека с двумя ртами еще никогда не встречал. А вот у тебя фамилия Люй, значит, ты и есть, должно быть, тот самый человек.

И Чжунли Цюань посвятил Дунбиня в тайны соединения и разъединения положительного и отрицательного начал. Когда Дунбинь добился первых успехов и получил свой философский камень, он поклялся, что лишь тогда позволит себе вознестись в

尽天下众生，方肯上升。从此混迹尘途，自称为回道人。回字也是二口，暗藏着吕字。尝游长沙，手持小小磁罐乞钱，向市上大言："我有长生不死之方，有人肯施钱满罐，便以方授之。"市人不信，争以钱投罐，罐终不满。众皆骇然。忽有一僧人推一车子钱从市东来，戏对道人说："我这车子钱共有千贯，你罐里能容之否？"道人笑道："连车子也推得进，何况钱乎？"那僧不以为然，想着："这罐子有多少大嘴，能容得车儿？明明是说谎。"道人见其沉吟，便道："只怕你不肯布施，若道个肯字，不愁这车子不进我罐儿里去。"此时众人聚观者极多，一个个肉眼凡夫，谁人肯信，都去撺掇那僧人。那

небесную обитель, когда наведет на путь прозрения и совершенствования всех людей на свете. С тех пор он стал жить жизнью простого даоса среди людей и именовал себя даосом Возвращение. А слово «возвращение», как и фамилия Дунбиня – Люй, тоже представляет собой в написании комбинацию из двух иероглифов «рот».

Однажды Люй Дунбинь очутился в городе Чанша. Держа в руках крохотный жбанчик, он просил подаяния на рыночной площади.

– Я обладаю секретом бессмертия, – громко объявил он. – Того, кто согласится пожертвовать такое количество монет, каким можно будет наполнить этот жбан, я наделю средством для бесконечной жизни.

Трудно было предположить, чтобы этакий жбанчик мог вместить в себя много монет, и потому люди наперебой спешили накидать в него своих медяков. Но жбанчик все не наполнялся. Народ недоумевал. В это время на площади вдруг появился монах, который толкал перед собой тачку, полную медяков.

– Как полагают люди, здесь у меня тысяча связок монет, – сказал он, обращаясь к даосу, и шутливо добавил: – Так мог бы твой жбан вместить их?

– Не только твои медяки, а и тачка твоя там уместится, – ответил даос.

«Врет он, – подумал монах, – не такое горлышко у этого жбана, чтобы туда пролезла тачка».

Видя, что монах стоит в растерянности, даос сказал:

– Боишься, наверно, расстаться с этими деньгами, а то стоит тебе лишь сказать, что согласен, как, будь покоен, тачка твоя полезет в жбан.

К тому времени даоса окружала уже целая толпа. Никто из этих простых людей не мог, конечно, поверить словам владельца жбанчика, и все стали дружно подзадоривать монаха. Монах

僧人也道必无此事，便道："看你本事，我有何不肯？"道人便将罐子侧着，将罐口向着车儿，尚离三步之远，对僧人道："你敢道三声'肯'么？"僧人连叫三声："肯，肯，肯。"每叫一声"肯"，那车子便近一步。到第三个"肯"字，那车儿却像罐内有人扯拽一般，一溜子滚入罐内去了。众人一个眼花，不见了车儿，发声齐喊道："奇怪！奇怪！"都来张那罐口，只见里面黑洞洞地。那僧人就有不悦之意，问道："你那道人是神仙，还是幻术？"道人口占八句道：

非神亦非仙，
非术亦非幻。
天地有终穷，
桑田经几变。
此身非吾有，
财又何足恋。
苟不从吾游，
骑鲸腾汗漫。

那僧人疑心是个妖术，欲同众人执之送官。道人道："你

тоже считал, что не может случиться того, в чем заверял его даос.

– Ну, хорошо, я согласен посмотреть, на что ты способен, – заявил он наконец.

Тогда даос поставил жбанчик на землю, в трех шагах от тачки, и повернул его набок, горлышком к ней.

– Ну, решишься ли ты теперь трижды сказать «согласен»? – обратился он к монаху.

– Согласен! Согласен! Согласен! – прокричал монах.

С каждым его возгласом тачка приближалась на шаг к жбанчику, а после третьего «согласен» она, будто кто-то ее в жбан веревкой тянул, закатилась прямо в горлышко. На какой-то миг у зрителей словно зарябило в глазах, и тачка исчезла. Раздалось многоголосое: «Удивительно! Непостижимо!» Все бросились вперед заглянуть в горлышко жбана, но там было темным-темно.

Монаху стало явно не по себе.

– Ты что же, бессмертный небожитель какой или просто фокусник? – спросил он даоса. Тогда даос проскандировал:

Я не святой и не бессмертный,
Не фокусник и не внушитель.
Предел свой есть земле и небу,
На свете все непостоянно.
Коль мы не властны и над плотью,
Так о деньгах зачем нам думать?
Не хочешь раз со мной скитаться,
Я, оседлав кита, на небо вознесусь.

Монах заподозрил, не колдун ли этот даос, и собирался уже просить людей помочь схватить его и повести в ямэнь, но тут даос обратился к монаху:

莫非懊悔，不舍得这车子钱财么？我今还你就是。"遂索纸笔，写一道符，投入罐内。喝声："出，出！"众人千百只眼睛，看着罐口，并无动静。道人说道："这罐子贪财，不肯送将出来，待贫道自去讨来还你。"说声未了，耸身望罐口一跳，如落在万丈深潭，影儿也不见了。那僧人连呼："道人出来！道人快出来！"罐里并不则声。僧人大怒，提起罐儿，向地下一掷，其罐打得粉碎，也不见道人，也不见车儿，连先前众人布施的散钱并无一个，正不知那哩去了？只见有字纸一幅，取来看时，题得有诗四句道：

　　寻真要识真，
　　见真浑未悟。
　　一笑再相逢，
　　驱车东平路。

众人正在传观，只见字迹渐灭，须臾之间，连这幅白纸也不见了。众人才信是神仙，一哄而散。只有那僧人失脱了一车

— Тебя что, одолело раскаяние? Стало жалко тачки монет, что ли? Так я верну ее тебе, — заключил он и попросил, чтобы ему принесли бумагу и кисть. Написав какое-то заклинание, он бросил бумагу в жбан и громко приказал: «Вылезай, вылезай!»

Сотни глаз были прикованы теперь к горлышку жбана. Но тщетно — никаких признаков ни тачки, ни монет.

— Жбан стал жаден до денег, не хочет возвращать их тебе, — промолвил даос, глядя на монаха. — Что ж, придется мне самому отправиться за ними. — С этими словами он прыгнул в направлении жбана и бесследно исчез в горлышке, словно в бездонной пропасти.

— Ой, вернись, даос! — закричал монах. — Немедленно вернись!

Из жбана не доносилось ни звука. Монах рассвирепел. Схватив жбан, он с размаху швырнул его оземь. Жбан разлетелся вдребезги, но — ни даоса, ни тачки и ни одного медяка, даже из тех, что накидали в жбан люди. Все исчезло невесть куда. Валялся только какой-то листок, и когда подняли его и стали разглядывать, то увидели, что на нем написаны стихи:

Коль истину ищешь,
　　распознать ее надо,
А то встретил ее
　　и узнать не узнал.
Посмеялись и ладно —
　　увидимся снова,
Покатится тачка
　　Спокойной восточной дорогой.

Люди разглядывали листок, передавая его из рук в руки. Но вдруг строки стали бледнеть и совсем исчезли, а через мгновение исчез и сам листок. Только теперь они поняли, что перед

子钱财，意气沮丧，忽想着诗中"一笑再相逢，驱车东平路"之语，急急回归，行到东平路上，认得自家车儿，车上钱物宛然分毫不动。那道人立于车傍，举手笑道："相待久矣！钱车可自收之。"又叹道："出家之人，尚且惜钱如此，更有何人不爱钱者？普天下无一人可度，可怜哉！可痛哉！"言讫腾云而去。那僧人惊呆了半晌，去看那车轮上，每边各有一口字，二口成吕，乃知吕洞宾也。懊悔无及。正是：

天上神仙容易遇，
世间难得舍财人。

方才说吕洞宾的故事，因为那僧人舍不得这一车子钱，把个活神仙，当面挫过。有人论：这一车子钱，岂是小事，也怪那僧人不得。世上还有一文钱也舍不得的。依在下看来，舍得一车子钱，就从那舍得一文钱这一念推广上去。舍不得一

ними был бессмертный. Толпа разошлась. На площади остался один монах, удрученный пропажей целой тачки монет. Тут он вдруг вспомнил о последних строках стиха: «Посмеялись и ладно – увидимся снова, покатится тачка Спокойной восточной дорогой» и опрометью бросился к Спокойной восточной дороге. Здесь он сразу же увидел свою тачку с медяками; деньги все были целы – ни одна связка не тронута. Рядом с тачкой стоял даос.

– Давно уже жду, – сказал он, приподняв руку в знак приветствия и улыбаясь. – Вот, забирай свою тачку и деньги. Эх, – вздохнул даос, – если отрекшийся от мирской жизни так дорожит деньгами, что ж говорить о простых мирянах! Нет, вижу, на целом свете нет человека, которого можно было бы наставить на путь совершенствования и бессмертия. – С последними словами даос вскочил на возникшее у его ног облако и унесся ввысь.

Монах оцепенел от удивления и долго не мог сдвинуться с места. А когда подошел к тачке, то увидел, что на колесе, с каждой его стороны, четко выделяется иероглиф «рот». А ведь два «рта» составляют иероглиф фамилии Люй. Тогда монах понял, что это был Люй Дунбинь, и стал сожалеть, что упустил такой случай, но уж было поздно. Поистине,

Повстречать в этом мире бессмертного проще,
Чем того, кто с богатством расстаться готов.

Сейчас рассказ шел о том, как монах упустил случай при встрече с настоящим бессмертным только из-за того, что пожалел расстаться с тачкой денег. Но некоторые считают, что винить монаха тоже не приходится: ведь целая тачка монет – сумма немалая, а на свете, мол, есть такие, кому и медяка жалко.

По моему же скромному разумению, чтобы не жалко было отдать тачку денег, надо исходить из мысли, что отдаешь ты

文钱，就从那舍不得一车子钱这一念算计入来。不要把钱多钱少，看做两样。如今听在下说这一文钱小小的故事。列位看官们，各宜警醒，惩忿窒欲，且休望超凡入道，也是保身保家的正理。诗云：

不争闲气不贪钱，
舍得钱时结得缘。
除却钱财烦恼少，
无烦无恼即神仙。

话说江西饶州府浮梁县，有景德镇，是个马头去处。镇上百姓，都以烧造磁器为业，四方商贾，都来载往苏杭各处贩卖，尽有利息。就中单表一人，叫做邱乙大，是窑户一个做手。浑家杨氏，善能描画。乙大做就磁胚，就是浑家描画花草

одну монету, затем другую – и тебе не жаль. Однако тот, кто жалеет расстаться с медяком, исходит из соображения, что и тачка-то монет состоит ведь из медяка одного да другого. Нет, не следует в таких случаях по-разному относиться к большему или к меньшему количеству денег.

Ну, а теперь послушайте небольшой рассказ именно о медяке.

Да, уважаемые, всем нам нужно стараться трезво рассуждать, воздерживаться от гнева и страстей и не следует напрасно полагать, что просто так, без труда сумеешь одолеть земное и обрести путь бессмертия. И это верные истины для самосохранения, поддержания добропорядка в семье. Стихи говорят:

> *Прочь обиды и ссоры,*
> *   прочь скаредность, алчность;*
> *Там, где жертвуют деньги,*
> *   добро там и сеют.*
> *Не стремишься к богатству –*
> *   забот и не будет;*
> *Бессмертен лишь тот, кто думы,*
> *   тревоги отбросил.*

Так вот, в провинции Цзянси, в области Жаочжоуфу, в уезде Фулянсянь, есть город Цзиндэчжэнь, который является также речным портом. Люди здесь занимаются изготовлением фарфоровых изделий. Торговцы со всех сторон съезжаются в Цзиндэчжэнь, увозят отсюда изделия в Сучжоу, Ханчжоу и другие места, продают их там и получают солидную прибыль.

Рассказ пойдет о некоем Цю Ида, одном из жителей этого города. Ида работал у владельца фарфорового производства. Жена его, урожденная Ян, умела хорошо срисовывать и обводить узоры и рисунки. Муж изготовлял разные изделия, а жена наносила

人物，两口俱不吃空。住在一个冷巷里，尽可度日有馀。那杨氏年三十六岁，貌颇不丑，也肯与人活动。只为老公利害，只好背地里偶一为之，却不敢明当做事。所生一子，名唤邱长儿，年十四岁，资性愚鲁，尚未会做活，只在家中走跳。忽一日杨氏患肚疼，思想椒汤吃，把一文钱教长儿到市上买椒。长儿拿了一文钱，才走出门，刚刚遇着东间壁一般做磁胚刘三旺的儿子，叫做再旺，也走出门来。那再旺年十三岁，比长儿到乖巧，平日喜的是□钱耍子。——怎的样□钱？也有八个六个，□出或字或背，一色的谓之浑成。也有七个五个，□去一背一字间花儿去的，谓之背间。——再旺和长儿，闲常有钱时，多曾在巷口一个空阶头上耍过来。这一日巷中相遇，同走到当初耍钱去处，再旺又要和长儿耍子，长儿道："我今日没有钱在身边。"再旺道："你往那里去？"长儿道："娘肚

на них изображения трав, цветов и прочего. Оба работали, никто из них не был праздным едоком в доме. Обитали они в тихом, укромном переулке и жили вполне безбедно.

Ян, тридцатишестилетняя женщина, недурной внешности, была довольно податлива в общении с мужчинами, но, зная крутой нрав супруга, не решалась давать своим чувствам волю, поэтому лишь изредка позволяла себе кое-что тайком. Был у них сын, звали его Чанъ-эр. Не наделенный умом природой, он, несмотря на свои четырнадцать лет, все еще не работал и только попусту болтался дома.

Однажды у Ян заболел живот. Она решила выпить перцового бульона и дала сыну медяк, чтобы тот сходил на рынок и купил перца.

Чанъэр взял медяк и только вышел за ворота, как встретил выходившего из дома соседского мальчишку Цзайвана, сына Лю Сань-вана, который тоже работал на гончарном производстве. Цзайвану минуло тринадцать лет, но был он смышленее Чанъэра. Его любимым повседневным занятием было играть в «бросок».

Что же это за игра – «бросок»? В нее играют восемью или шестью монетами, а иногда семью или пятью. Кидают монеты на землю, и если все они, упав, окажутся кверху стороной с иероглифами или же все оборотной стороной без иероглифов, то это называется «полная масть»; если же половина монет ляжет кверху иероглифами, а половина – вниз иероглифами, это называется «вперемешку».

Обычно, когда у Цзайвана или у Чанъэра были деньги, они играли в «бросок» на ступеньках у входа в переулок. И вот теперь, встретившись, они вдвоем дошли до места, где всегда играют, и Цзайван предложил Чанъэру сыграть.

– Сегодня у меня нет денег, – сказал Чанъэр.

– А куда ты идешь? – спросил у него Цзайван.

疼，叫我买椒泡汤吃。"再旺道："你买椒，一定有钱。"长儿道："只有得一文钱。"再旺道："一文钱也好耍，我也把一文与你赌个背字，两背的便都赢去，两字便输，一字一背不算。"长儿道："这文钱是要买椒的，倘或输与你了，把什么去买？"再旺道："不妨事，你若赢了是造化，若输了时，我借与你，下次还我就是。"长儿一时不老成，就把这文钱撇在地上。再旺在兜里也摸出一个钱丢下地来。长儿的钱是个背，再旺的是个字。这□钱也有先后常规，该是背的先□。长儿检起两文钱，摊在第一手指上，把大拇指掐住，曲一曲腰，叫声："背。"□将下去，果然两背。长儿赢了。收起一文，留一文在地。再旺又在兜肚里摸出一文钱来，连地下这文钱拣起，一般样，摊在第二手指上，把大拇指掐住，曲一曲腰，叫声："背。"□将下去，却是两个字，又是再旺输了。长儿把两个钱都收起，和自己这一文钱，共是三个。长儿赢得顺流，动了赌兴，问再旺道："还有钱么？"再旺道："钱尽有，只怕你没造化赢得。"当下伸手在兜肚里摸出十来个净钱，捻在手里，啧啧夸道："好钱！好钱！"问长儿："还

— У мамы живот болит, она послала за перцем, чтобы заварить его, сделать бульон.

— Раз за перцем идешь, значит, деньги есть.

— Да всего один медяк.

— Ну что ж, и медяк пойдет. Я тоже даю медяк и играем на «оборотки». У кого будут две «оборотки», тот выигрывает и забирает монеты, если же выпадут «надписи», значит, проигрыш. А если одна так, другая этак – ничья.

— Медяк-то у меня ведь на перец. Если проиграю, на какие шиши покупать?

— Ерунда! Если выиграешь, значит, тебе повезло, если проиграешь, даю тебе в долг, а ты мне возвращаешь потом, вот и все.

Чанъэр не устоял против соблазна и кинул монету. Цзайван полез в кармашек набрюшника, вынул медяк и тоже бросил его на землю. У Чанъэра выпала «оборотка», у Цзайвана – «надпись». Надо сказать, что в этой игре существуют определенные правила, кому первому начинать: начинает тот, у кого выпала «оборотка». Поэтому Чанъэр поднял обе монеты, положил их на указательный палец и, придерживая монеты большим пальцем, чуть согнувшись в поясе, с криком «Оборотки!» бросил их. Выпали две «оборотки» – Чанъэр выиграл. Тогда он поднял с земли одну монету, а вторую оставил. Цзайван вынул из набрюшника другой медяк, поднял тот, который лежал на земле, и, так же как до этого делал Чанъэр, положив их оба на указательный палец и придерживая большим, согнулся в поясе и с криком «Оборотки!» кинул на землю. Но выпали две «надписи» – Цзайван опять проиграл.

Чанъэр прибрал оба медяка, и это пробудило в нем азарт.

— Ну что, есть у тебя еще монеты? – спросил он Цзайвана.

— Монеты-то есть, – ответил тот, – да боюсь, что не хватит у тебя везения их выиграть. – С этими словами он засунул руку в набрюшник и вынул оттуда с десяток чистеньких блестящих

敢□么？"又丢下一文来。长儿又□了两背，第四次再旺□，又是两字。一连□了十来次，都是长儿赢了，共得了十一文。分明是掘藏一般。喜得长儿笑容满面，拿了钱便走。再旺那肯放他，上前拦住，道："你赢了我许多钱，走那里去？"长儿道："娘肚疼，等椒汤吃，我去去，闲时再来。"再旺道："我还有钱在腰里，你赢得时，我送你。"长儿只是要去，再旺发起喉急来，便道："你若不肯□时，还了我的钱便罢。你把一文钱来骗了我许多钱，如何就去？"长儿道："我是□得有采，须不是白夺你的。"再旺索性把兜肚里钱，尽数取出，约莫有二三十文，做一堆儿堆在地下道："待我输尽了这些钱，便放你走。"长儿是个小厮家，眼孔浅，见了这钱，不觉贪心又起；况且再旺抵死缠住，只得又□。谁知风无常顺，兵

медяков.

— Эх, монетки-то какие! Какие монетки! — приговаривал он, вертя их в руке. — Ну как, хватит смелости еще сыграть? — спросил он Чанъэра и швырнул на землю медяк.

Чанъэр не удержался, и снова у него получилось две «оборотки». В четвертом кбне кидал Цзайван, но ему опять выпали две «надписи». Так они сыграли десяток раз, Чанъэр выигрывал подряд, и теперь у него набралось двенадцать монет. Прямо целый клад! Чанъэр весь сиял. Когда они сыграли последнюю игру, Чанъэр поднял монеты и собрался было уходить, но Цзайван преградил ему путь.

— Куда? Это после того, как ты столько у меня выиграл?

— Да ведь мать больна, ждет перца. Я пойду сейчас, а когда освобожусь, приду снова.

— Но у меня еще есть деньги, — возразил Цзайван. — Вот если ты и их выиграешь, я пойду с тобой, провожу.

Чанъэр стоял на своем и все говорил, что ему нужно идти. Цзайван вышел из себя.

— Не будешь больше играть, верни тогда мои медяки, и все! — закричал он. — А то выудил у меня своим медяком столько денег, а теперь хочет уйти!

— Я ведь не отнял их у тебя, а выиграл, — возразил Чанъэр.

Цзайван тем временем вытащил из набрюшника все монеты, которые у него оставались. Их было штук двадцать или тридцать. Сложив их в стопку на земле, он сказал:

— Вот проиграю все эти деньги, тогда и отпущу тебя.

Чанъэр был еще мальчишкой, мало в чем разбирался, и, когда он увидел перед собой такую кучу монет, в нем невольно пробудилась алчность. Да и Цзайван так привязался, что никак от него было не отделаться. Вот и пришлось продолжать игру. Но, как говорится, ветер не бывает только попутным, битвы только победными. Теперь пришла очередь выигрывать Цзайвану.

无常胜。这番采头又论到再旺了。照前□了一二十次，虽则中间互有胜负，却是再旺赢得多。到结末来，这十二文钱，依旧被他复去。长儿刚刚原剩得一文钱。自古道：赌以气胜。初番长儿□赢了一两文，胆就壮了，偶然有些采头，就连赢数次。到第二番又□时，不是他心中所愿，况且着了个贪心，手下就觉有些矜持。到一连□输了几文，去一个舍不得一个，又添了个吝字，气便索然。怎当再旺一股愤气，又且稍粗胆壮，自然赢了。大凡人富的好过，贫的好过，只有先富后贫的，最是难过。据长儿一文钱起手时，赢得一二文也是勾了，一连得了十二文钱，一拳头捻不住，就似白手成家，何等欢喜！把这钱不看做倘来之物，反认作自己东西，重复输去，好不气闷，痴心还想再像初次赢将转来。"就是输了，他原许下借我的，有何不可？"这一交，合该长儿□了，忍不住按定心坎，再复一

Сыграли они около двадцати раз. И хотя раз-другой выигрывал Чанъэр, но больше выигрышей выпадало на долю Цзайвана, и в конце концов те двенадцать монет снова перекочевали к нему. У Чанъэра оставался один-единственный медяк, выданный ему на перец.

Исстари известно, что успеху сопутствует приподнятость духа, душевный подъем. Вначале, когда Чанъэр выиграл одну за другой несколько монет, он осмелел. Поэтому за первыми случайными выигрышами последовал ряд удач. Когда же они принялись за игру вторично, то это было против его воли, им овладела жадность, поэтому руки его утратили уверенность. А после проигрыша нескольких монет подряд, когда с каждым ушедшим медяком становилось все более и более жаль следующего, настроение у Чанъэра совсем упало. Между тем Цзайван играл с азартом, подогреваемым чувством возмущения, кроме того, был он решительнее Чанъэра и потому, конечно, выигрывал.

Обычно состоятельному человеку нетрудно бывает жить; несложно жить – конечно, по своим средствам – и бедняку; но как тяжко порою приходится человеку, когда он из бедняка становится богачом.

Так Чанъэр, имея всего один медяк, выиграл раз, другой, ну, казалось бы, и хватит. А когда выиграл подряд целых двенадцать монет, так что все их, можно сказать, и в кулаке-то нельзя было зажать, тут уж непременно следовало бы прекратить игру и идти домой. Но, к сожалению, Чанъэр смотрел на эти медяки не как на случайно попавшие к нему в руки деньги, а как на свою собственность. Поэтому, проиграв их, он был крайне раздосадован. Ему очень хотелось отыграть деньги, выиграть, как он выигрывал вначале, поставив на кон единственную монету, у него оставшуюся.

«А почему бы нет? Ведь Цзайван обещал дать мне в долг, если проиграю», – рассудил он.

□，又是二字，心里着忙，就去抢那钱，手去迟些，先被再旺抢到手中，都装入兜肚里去了。长儿道："我只有这文钱，要买椒的，你原说过赢时借我，怎的都收去了？"再旺怪长儿先前赢了他十二文钱就要走，今番正好出气。君子报仇，直待三年，小人报仇，只在眼前。怎么还肯把这文钱借他？把长儿双手挡开，故意的一跳一舞，跑入巷去了。急得长儿且哭且叫，也回身进巷扯住再旺要钱，两个扭做一堆厮打。

孙庞斗智谁为胜，
楚汉争锋那个强？

却说杨氏，专等椒来泡汤吃，望了多时，不见长儿回来，觉得肚疼定了，走出门来张看，只见长儿和再旺扭住厮打，骂道："小杀才！教你买椒不买，到在此寻闹，还不撒开。"两个小厮听得骂，都放了手。再旺就闪在一边。杨氏问长儿："买的椒在那里？"长儿含着眼泪回道："那买椒的一文钱，

Так уж случилось, что и черед бросать был Чанъэра. Не удержавшись, он затаил дыхание и метнул монеты. И на этот раз они легли надписями вверх.

В замешательстве Чанъэр нагнулся с намерением схватить монету, но чуть опоздал. Цзайван успел перехватить обе и отправил их в карман набрюшника.

– Что ж ты спрятал обе монеты?! – возмутился Чанъэр. – У меня ведь был всего медяк на перец, и ты обещал дать мне в долг, если выиграешь его у меня.

Но Цзайван не мог простить Чанъэру, что тот хотел сразу же уйти, как только выиграл у него двенадцать медяков. И случай отвести душу как раз представился. Ведь, как говорится, чтоб отомстить, три года умный выждет, а недалекий тут же мстить стремится. Так что Цзайван и слушать не хотел ни о каком медяке в долг. Обеими руками он оттолкнул Чанъэра и нарочито весело, подпрыгивая и вертясь, побежал в переулок. С отчаянным воплем Чанъэр бросился за ним, схватил его, требуя медяк, и они сцепились.

Кто верх возьмет в борьбе умов –
Сунь Бинь иль Пан Цзюань?
Одержит кто в боях победу –
Чу княжество или Хань?

Между тем Ян ждала, когда сын принесет ей перца, чтобы заварить его, но Чанъэр все не возвращался. Почувствовав, что боль утихла, Ян вышла на улицу посмотреть, не случилось ли чего с сыном, и увидела дерущихся мальчишек.

– Паршивец! – закричала она. – Послала тебя за перцем, а ты вместо этого драки тут затеваешь! А ну прекрати!

Мальчики отошли друг от друга, и Цзайван стал в сторонке.

– Где перец? – спросила Ян у сына.

被再旺夺去了。"再旺道："他与我□钱，输与我的。"杨氏只该骂自己儿子，不该□钱，不该怪别人。况且一文钱，所值几何，既输了去，只索罢休。单因杨氏一时不明，惹出一场大祸，展转的害了多少人的性命。正是：

事不三思终有悔，
人能百忍自无忧。

杨氏因等候长儿不来，一肚子恶气，正没出豁，听说赢了他儿子的一文钱，便骂道："天杀的野贼种！要钱时，何不教你娘趁汉？却来骗我家小厮□钱！"口里一头说，一头便扯再旺来打。恰正抓住了兜肚，凿下两个栗暴。那小厮打急了，把身子负命一挣，却挣断了兜肚带子，落下地来。索郎一声响，兜肚子里面的钱，撒做一地。杨氏道："只还我那一文便了。"长儿得了娘的口气，就势抢了一把钱，奔进自屋里去。再旺就叫起屈来。杨氏赶进屋里，喝教长儿还了他钱。长儿被

— Цзайван отнял у меня монету, которую ты дала на перец, — ответил мальчик со слезами на глазах.

— Он проиграл мне, мы с ним играли, — возразил Цзайван.

Ян следовало бы, конечно, отругать лишь собственного сына за то, что он играл на деньги, и не винить Цзайвана, тем более что делото было в одном медяке — много ли он стоит! Да и проигран уже! Но из-за того что Ян оказалась недостаточно рассудительной, произошла страшная беда, которая повлекла за собой другие беды, и было погублено столько людей, что, поистине,

Обдумай трижды свой поступок,
не то раскаяться придется;
А коль быть сдержанным сумеешь,
забот, волнений знать не будешь.

Ян, которая была и без того раздражена тем, что сын долго не возвращался, и которой не на ком было излить свой гнев, как только узнала, что Цзайван выиграл у ее сына медяк, разразилась бранью:

— Ах ты, проклятый ублюдок! — кричала она. — Деньги понадобились тебе! Так пусть твоя матушка полюбовниками обзаведется, а то придумал еще — заманивать моего мальчишку играть на деньги.

С этими словами она кинулась на Цзайвана, чтобы проучить его, и случайно ухватилась за набрюшник. Получив пару крепких тумаков, Цзайван, не стерпев, изо всех сил рванулся. Завязки от набрюшника оборвались, набрюшник упал на землю, а из него высыпалась уйма медяков.

— Ты верни мне медяк, и только, — сказала Ян.

Но Чанъэр, воспользовавшись словами матери, вместо медяка схватил целую жмень монет и бросился в дом. Цзайван поднял вопль. Ян поспешила вдогонку за сыном и прикрикнула на

娘逼不过，把钱对着街上一撒。再旺一头哭，一头骂，一头检钱。检起时，少了六七文钱，情知是长儿藏下，拦着门只顾骂。杨氏道："也不见这天杀的野贼种，恁地撒泼！"把大门关上，走进去了。再旺敲了一回门，又骂了一回，哭到自屋里去。母亲孙大娘正在灶下烧火，问其缘故。再旺哭诉道："长儿抢了我的钱，他的娘不说他不是，到骂我天杀的野贼种，要钱时何不教你娘趁汉。"孙大娘不听时，万事全休，一听了这句不入耳的言语，不觉：

　　怒从心上起，
　　恶向胆边生。

　　原来孙大娘最痛儿子，极是护短，又兼性暴，能言快语，是个揽事的女都头。若相骂起来，一连骂十来日，也不口干，有名叫做绰板婆。他与邱家只隔得三四个间壁居住，也晓得杨氏平日有些不三不四的毛病，只为从无口面，不好发挥出

него, чтобы он вернул монеты.

Видя, что деваться некуда, Чанъэр швырнул монеты на улицу. Цзайван, плача и бранясь, стал их подбирать, а когда подобрал, обнаружил, что шести или семи медяков недостает. Он понял, что Чанъэр их припрятал, поэтому стал у входа в дом и начал громко требовать свое.

– Ишь как разошелся, паршивый ублюдок! – возмутилась Ян и ушла, закрыв за собой ворота.

Цзайван продолжал браниться, стучать по воротам, но в конце концов, плача, поплелся прочь. Когда он пришел домой, его мать, урожденная Сунь, возилась в это время у очага, готовя еду. На вопрос, что случилось, Цзайван, рыдая, ответил:

– Чанъэр заграбастал мои монеты... Мать ему на это ни слова не сказала, а стала ругать тебя, сказала, что ты полюбовников имеешь, обозвала меня ублюдком и прибавила, если, мол, вам деньги нужны, то пусть твоя мать еще полюбовниками обзаведется.

Не услышь этих слов Сунь, все было бы ладно. Но когда она услышала эти не лезущие в уши слова, у нее

*Гнев запылал в груди,
Зло в сердце зародилось.*

А надо сказать, что Сунь чрезмерно лелеяла сына и, прав был он или нет, всегда его защищала.

Вспыльчивого, неудержного нрава, с хорошо подвешенным языком, который никогда не заставлял себя ждать с ответом, Сунь была задирой среди задир. Если она начинала ругаться, то могла браниться хоть десять суток подряд и во рту у нее не пересыхало. За это и прозвали ее «горлохваткой».

Всего-то пара соседских домов отделяла ее дом от дома Ида. Она знала о грешках, которые водятся за Ян, но так как с Ян

来。一闻再旺之语，太阳里爆出火来，立在街头，骂道："狗泼妇，狗淫妇！自己瞒着老公趁汉子，我不管你罢了，到来谤别人。老娘人便看不像，却替老公争气。前门不进师姑，后门不进和尚，拳头上立得人起，臂膊上走得马过，不像你那狗淫妇，人硬货不硬，表壮里不壮，作成老公带了绿帽儿，羞也不羞！还亏你老着脸在街坊上骂人。便臊贱时，也不愙般般做作！我家小厮年幼，连头带脑，也还不勾与你补空，你休得缠他！臊发时还去寻那旧汉子，是多寻几遭，多养了几个野贼种，大起来好做贼。"一声泼妇，一声淫妇，骂一个路绝人稀。杨氏怕老公，不敢揽事，又没处出气，只得骂长儿道："都是你那小天杀的，不学好，引这长舌妇开口。"提起木柴，把长儿劈头就打，打得长儿头破血淋，豪淘大哭。邱乙大正从窑上回来，听得孙大娘叫骂，侧耳多时，一句句都听在肚里，想道："是那家婆娘不秀气？替老公妆幌子，惹得绰板婆

ей никогда не доводилось ссориться, то и обличать Ян у нее не было причины. Теперь же в висках у Сунь словно вспыхнуло пламя. Стоя посреди переулка, она кричала:

— Сука дрянная, сучья потаскуха! За спиной у мужа путаешься с мужиками! Но в твои дела не вмешиваются, молчала бы, так нет —надо чернить других! Какая бы я ни была, но старику моему не приходится краснеть за меня. С парадного входа не бегают ко мне бабки-сводни, а с черного не шляются монахи. Волей я стойка: на ладони и человека удержу, на руке моей может и конь промчаться. Не то что ты, шлюха собачья. С виду вроде держишься, да нутром шатковата; с виду будто гордая, да товар-то у тебя без самолюбия, вот и понацепляла своему старику зеленых колпаков. Постыдилась хотя бы, так нет — еще осмеливается на всю улицу осыпать бранью других. Кто совсем совесть потерял, и то такого себе не позволит. А мой мальчишка — младенец, он вместе с головой и со всеми требухами не сможет заполнить твои часы одиночества. Так что нечего приставать к нему. Когда будет невтерпеж, обратись лучше к старым знакомым. И почаще обращайся — больше ублюдков наплодишь, вырастут — будут сами плодить таких же!

Крики «дрянь», «потаскуха» так и сыпались. В переулке не осталось ни живой души. Ян, боясь мужа, не посмела затевать ссору. Выместить гнев своей оскорбленной души ей тоже было не на ком. Оставалось одно — обрушиться на собственного сына:

— Это все ты, паршивец, со своими дурными штуками... За-ста-вил-таки эту горлохватку раскрыть пасть... — И, взяв попавшееся ей под руку полено, она хватила им Чанъэра по голове. Потекла кровь. Мальчик завопил, заревел.

Все это случилось как раз в то время, когда Ида возвращался с работы. Еще издали до него донеслись крики и брань Сунь. Вслушиваясь, он различал каждое ее слово. «Чья это неразумная хозяюшка нацепила вывеску своему старику, что ее так разде-

叫骂。"及至回家，见长儿啼哭，问起缘繇，到是自家家里招揽的是非。邱乙大是个硬汉，怕人耻笑，声也不喷，气忿忿地坐下。远远的听得骂声不绝，直到黄昏后，方才住口。邱乙大吃了几碗酒，等到夜深人静，叫老婆来盘问道："你这贱人瞒着我做的好事！趁的许多汉子，姓甚名谁？好好招将出来，我自去寻他说话。"那婆娘原是怕老公的，听得这句话，分明似半空中响一个霹雳，战兢兢还敢开口？邱乙大道："泼贱妇，你有本事偷汉子，如何没本事说出来？若要不知，除非莫为。瞒得老公，瞒不得邻里，今日教我如何做人？你快快说来，也得我心下明白。"杨氏道："没有这事，教我说谁来？"邱乙大道："真个没有？"杨氏道："没有。"邱乙大道："既是没有时，他们如何说你，你如何凭他说，不则一声？显是心虚口软，应他不得。若是真个没有，是他们诈说你时，你今夜吊死在他门上，方表你清白，也出脱了我的丑名。明日我好与他讲话。"那婆娘怎肯走动，流下泪来，被邱乙大三两个巴掌，

лывает горлохватка?» – подумал он. Когда же Ида вошел в дом и увидел плачущего сына, то стал спрашивать, что произошло. Оказалось, что это ругали его собственную жену.

Ида был человек самолюбивый, не хотел, чтобы над ним смеялись, поэтому, не проронив ни слова, но полный гнева, он сел к столу. До него все еще доносились крики и брань соседки Сунь, которая угомонилась, лишь когда наступили сумерки.

Выпив несколько чашек вина и дождавшись глубокой ночи, Ида позвал жену.

– Что ж ты, негодяйка, вытворяла за моей спиной! С кем путалась? Кто они? Как зовут? – допрашивал Ида. – Признавайся по-хорошему, и я поговорю с ними сам.

Ян вообще боялась мужа, а когда услышала этакое, то над ней словно гром грянул. Она дрожала, не решаясь рта раскрыть.

– Дрянь этакая! Любовников заводить ты умеешь, а сознаться не умеешь?! – не унимался Ида. – «Если хочешь, чтобы другие не знали, остается одно – не делать»; от меня-то утаить можно, а от соседей не скроешь. Как мне теперь людям в глаза смотреть? Говори сейчас же, чтобы я знал хоть что к чему.

– Да ничего подобного не было, на кого же я буду наговаривать.

– Ты правду говоришь, не было?

– Не было.

– Если не было, то почему про тебя несут этакое?.. А ты почему позволяешь молоть невесть что и ни слова в ответ? Значит, в душе изъян, вот и обмяк язык, и не ответить людям... Но если на самом деле ничего подобного не было и тебя оболгали, то ты сегодня же ночью иди и повесься у них на воротах. Этим ты докажешь свою невиновность и меня таким образом избавишь от позора. Вот тогда с ними завтра поговорю.

Ян стояла как вкопанная, и только слезы текли у нее из глаз. Одной пощечиной за другой Ида выставил ее за ворота и, кинув

出大门。把一条麻索丢与他，叫道："快死快死！不死便是恋汉子了。"说罢，关上门儿进来。长儿要来开门，被乙大一顿栗暴，打得哭了一场睡去了。乙大有了几分酒意，也自睡去。单剩杨氏在门外好苦，上天无路，入地无门。千不是，万不是，只是自家不是，除却死，别无良策。自悲自怨了多时，恐怕天明，慌慌张张的取了麻索，去认那刘三旺的门首。也是将死之人，失魂颠智，刘家本在东间壁第三家，却错走到西边去，走过了五六家，到第七家。见门面与刘家相像，忙忙的把几块乱砖衬脚，搭上麻索于檐下，系颈自尽。可怜伶俐妇人，只为一文钱斗气，丧了性命。正是：

地下新添恶死鬼，
人间不见画花人。

却说西邻第七家，是个打铁的匠人门首。这匠人浑名叫做白铁，每夜四更，便起来打铁。偶然开了大门撒溺，忽然一阵

ей веревку, сказал:

— Кончай с собой немедленно! Если не покончишь, значит, думаешь о любовниках.

С этими словами он запер ворота и ушел в дом. Чанъэр хотел было пойти отпереть засов, но Ида понадавал ему тумаков, так что мальчик долго ревел, пока не заснул.

Сам Ида, которого уже разобрало от вина, тоже лег спать. Одна несчастная Ян стояла за воротами. Деваться ей было некуда, да и понимала она, что кто бы ни был виноват и как бы там ни было, но прежде всего виновата она сама. Кроме смерти, ничего лучшего ей не приходило на ум. Ян долго плакала и винила себя, наконец, боясь, что начнет рассветать, схватила веревку и быстро направилась к воротам Лю Саньвана.

Но удивительно ли человеку перед смертью утратить рассудок? Дом Саньвана был третьим к востоку от дома Ида, а Ян на запад прошла шесть домов и остановилась перед седьмым, ворота которого были похожи на ворота дома Саньвана. Второпях набрав несколько битых кирпичей, чтобы подставить под ноги, она закинула веревку на навес, затем себе на шею и покончила с собой.

Увы, умная женщина, а лишилась жизни, повздорив из-за медяка. Поистине,

Под землею стало больше
одной смертною душой;
В мире нашем потеряли
рисовальщицу цветов.

В этом седьмом доме к западу от дома Ида жил мастеровой — кузнец по прозвищу «Жесть». Он всегда вставал и начинал работать еще ночью, в четвертой страже. И вот в эту ночь, когда он открыл ворота, чтобы выйти облегчиться, на него вдруг по-

冷风，吹得毛骨竦然，定睛看时，吃了一惊。

不是傀儡场中鲍老，
竟像秋千架上佳人。

檐下挂着一件物事，不知是那里来的？好不怕人！犹恐是眼花，转身进屋，点个亮来一照，原来是新缢的妇人，咽喉气断，眼见得救不活了。欲待不去照管他，到天明被做公的看见，却不是一场飞来横祸，辨不清的官司。思量一计："将他移在别处，与我便无干了。"耽着惊恐，上前去解这麻索。那白铁本来有些蛮力，轻轻的便取下挂来，背出正街，心慌意急，不暇致详，向一家门里撇下。头也不回，竟自归家，兀自连打几个寒噤，铁也不敢打了，复上床去睡卧，不在话下。

且说邱乙大，黑早起来开门，打听老婆消息，走到刘三旺门前，并无动静，直走到巷口，也没些踪影，又回来坐地寻思："莫不是这贱妇逃走他方去了？"又想："他出门稀少，

веяло каким-то холодком, у него по телу даже дрожь пробежала. Вглядевшись в темноту перед собой, он чуть ли не насмерть перепугался: под навесом что-то висело, и неведомо откуда оно появилось –

То ли злой дух из кукольного театра
болтался здесь на нитке,
Иль тут какая-то красотка
качалась на качелях.

Было страшно, но кузнец все-таки решил, что это ему померещилось. Забежав обратно в дом, он зажег светильник, и когда возвратился, то при свете увидел, что это висит женщина. Было ясно, что дыхание давно уже прекратилось и ее не спасти. Сначала кузнец хотел оставить все, как есть, и не трогать тело. «Но ведь утром его обнаружат служащие ямэня, и потом не распутаешься с этим делом, которое невесть откуда свалилось на голову, – рассудил он и решил: – Перенесу куда-нибудь в другое место, тогда меня это не будет касаться».

С трепетным страхом он принялся развязывать узел. Кузнец был довольно сильным человеком, поэтому легко снял тело, взвалил его на спину и понес к главной улице. Возле первого попавшегося входа, не разбираясь, чей это дом, он бросил тело и без оглядки помчался назад. Работать в это утро он уже не стал – его все еще пробирала дрожь, и он снова завалился спать.

Но оставим кузнеца.

В то утро Ида встал засветло, отпер ворота и пошел разведать, что с женой. Он дошел до дома Саньвана, но там у входа никого и ничего не было. Тогда он прошел до конца переулка – тоже никого. Пришлось вернуться домой.

«Неужели эта дрянь удрала? – подумал он. – Нет, – рассудил он затем, – ведь она редко когда выходила из дому вообще, а тут

又是黑暗里，如何行动？"又想道："他若不死时，麻索必然还在。"再到门前去看时，地下不见麻绳，"定是死了刘家门首，被他知觉，藏过了尸首，与我白赖。"又想："刘三旺昨晚不回，只有那绰板婆和那小厮在家，那有力量搬运？"又想道："虫蚁也有几只脚儿，岂有人无帮助？且等他开门出来，看他什么光景，见貌辨色，可知就里。"等到刘家开门，再旺出来，把钱去市心里买馍馍点心，并不见有一些惊慌之意。邱乙大心中委决不下，又到街前街后闲荡，打探一回，并无影响。回来看见长儿还睡在床上打齁，不觉怒起，掀开被，向腿上四五下，打得这小厮睡梦里直跳起来。邱乙大道："娘也被刘家逼死了，你不去讨命，还只管睡！"这句话，分明邱乙大教长儿去惹事，看风色。长儿听说娘死了，便哭起来，忙忙的穿了衣服，带着哭，一径直赶到刘三旺门首，大骂道："狗娼根狗淫妇！还我娘来？"那绰板婆孙大娘，见长儿骂上门，如

была темная ночь – некуда ей уйти. Но если она не повесилась, то веревка должна остаться», – пришло наконец ему в голову.

Он вышел из дома, осмотрел все вокруг, но веревки на земле не обнаружил. «Значит, покончила с собой у дома Саньвана, а те припрятали труп и собираются прикинуться, будто ничего не знают. Да, но ведь Саньван вчера не возвращался домой, – вспомнил Ида, – значит, дома была только Сунь с мальчишкой. Не могли же они вдвоем перенести тело. Но, как говорится, даже у муравья не одна лапка – наверно, кто-нибудь помог. Надо подождать, пока они встанут, откроют ворота, посмотреть что и как, и тогда по их поведению можно будет что-то понять», – решил Ида и стал ждать.

Наконец у Саньвана ворота отперли, из дома вышел Цзайван. С деньгами в руках он, как обычно, направлялся в лавочные ряды купить пампушек на завтрак. Мальчик не выглядел испуганным или растерянным. Ида не знал теперь, что и думать. Он прогулялся к большой улице, обошел ее со всех сторон, поосмотрелся, но ничего особенного не приметил.

Возвратившись домой, он увидел на постели все еще спавшего Чанъэра. Мальчик громко храпел. Ида разозлился, сорвал с сына одеяло и ударил его несколько раз по ногам, так что тот с криком вскочил с постели.

– Мать у тебя соседи Лю сжили со света, а ты дрыхнешь тут, вместо того чтобы требовать своего!

Ида хотел, чтобы сын поднял шум и тогда посмотреть, что будет.

Услышав, что мать умерла, Чанъэр разревелся, быстро оделся и тут же с плачем побежал к дому Саньвана.

– Собачья шлюха! Сучья потаскуха! Верни мне мать! – кричал Чанъэр у ворот соседа.

Сунь, конечно, не могла стерпеть, чтобы с бранью лезли чуть ли не в дом, и выбежала на улицу.

何耐得，急赶出来，骂道："千人射的野贼种，敢上门欺负老娘么？"便揪着长儿头发，却待要打，见邱乙大过来，就放了手。这小厮满街乱跳乱舞，带哭带骂讨娘。丘邱乙大已耐不住，也骂起来。那绰板婆怎肯相让，旁边钻出个再旺来相帮，两下干骂一场，邻里劝开。邱乙大教长儿看守家里，自去街上央人写了状词，赶到浮梁县告刘三旺和妻孙氏人命事情。大尹准了状词，差人拘拿原被告，和邻里干证，到官审问。原来绰板婆孙氏平昔口嘴不好，极是要冲撞人，邻里都不欢喜；因此说话中间，未免偏向邱乙大几分，把相骂的事情，增添得重大了，隐隐的将这人命，射实在绰板婆身上。这大尹见众人说话相同，信以为实。错认刘三旺将尸藏匿在家，希图脱罪。差人搜检，连地也翻了转来，只是搜寻不出，故此难以定罪。且不

– Ах ты, ублюдок этакий! И ты еще смеешь заявляться сюда, оскорблять меня! – завопила она.

Схватив Чанъэра за волосы, она собиралась было уже вздуть его, но тут заметила шедшего к ним Ида и отпустила мальчишку. А Чанъэр, топая ногами и размахивая руками, орал и бранился на весь переулок, требуя, чтобы ему вернули мать.

Сдерживавший себя до сих пор Ида тоже присоединил свой голос к сыну. Но Сунь не собиралась им уступать, а тут еще Цзайван пришел на помощь матери. Обе стороны долго вели перепалку, но в конце концов их развели соседи.

Ида оставил сына стеречь дом, а сам пошел искать человека, который написал бы ему жалобу. Когда дело было сделано, он отправился в уездный город и подал бумагу, где показал на Лю Саньвана и на его жену Сунь как на виновников смерти человека. Начальник уезда принял жалобу и приказал арестовать и доставить в ямэнь на допрос обвиняемых, а также соседей и свидетелей.

Следует сказать, что Сунь, которая славилась своим дурным языком, очень часто обижала людей. Поэтому соседи не любили ее и в своих показаниях невольно склонялись на сторону Ида. Картина взаимной перебранки Сунь и Ян выглядела теперь преувеличенной, а из показаний хоть и не явно, но получалось, что Сунь повинна в самоубийстве Ян.

Видя, что все соседи утверждают почти одно и то же, начальник уезда поверил их показаниям. Он счел, что Лю Саньван, дабы уйти от ответственности, действительно спрятал труп у себя дома, и послал служителей учинить у него обыск. Но так как в доме Лю Саньвана ничего не смогли найти, хотя даже землю всю перерыли, то вынести обвинительного заключения по делу нельзя было. Начальник уезда решил к пыткам пока не прибегать, однако велел взять под стражу Сунь, а служителям приказал забрать Лю Саньвана под конвой и вместе с ним

用刑，将绰板婆拘禁，差人押刘三旺寻访杨氏下落，邱乙大讨保在外。这场官司好难结哩！有分教：

绰板婆消停口舌，
磁器匠担误生涯。

这事且阁过不题。再说白铁将那尸首，却撇在一个开酒店的人家门首。那店主人王公，年纪六十馀岁，有个妈妈，靠着卖酒过日。是夜睡至五更，只听得叩门之声，醒时又不听得。刚刚合眼，却又闻得□□声叩响。心中惊异，披衣而起，即唤小二起来，开门观看。只见街头上，不横不直，挡着这件物事。王公还道是个醉汉，对小二道："你仔细看一看，还是远方人，是近处人？若是左近邻里，可叩他家起来，扶了去。"小二依言，俯身下去认看，因背了星光，看不仔细。见颈边拖着麻绳，却认做是条马鞭，便道："不是近边人，想是个马夫。"王公道："你怎么晓得他是个马夫？"小二道："见他身边有根马鞭，故此知得。"王公道："既不是近处人，由他罢！"小二欺心，要拿他的鞭子，伸手去拾时，却拿不起，只

отправиться на поиски трупа Ян. Цю Иду разрешено было найти поручителей и оставаться на свободе.

Да, трудное это для разбирательства дело! Вот уж когда

*Языкастая Сунь замолчала
И забросил работу свою Лю Саньван.*

Но оставим пока эти события и вернемся к кузнецу.

Оказывается, кузнец в ту ночь бросил тело у входа в винную лавку. Содержал эту лавку шестидесятилетний старец Ван, и на это он жил со своей старухой.

В ту ночь, в пятую стражу, когда Ван еще спал, ему вдруг послышалось, будто кто-то стучит в ворота. Он открыл глаза, но никакого стука не услышал; только закрылись глаза – снова стучат. Не доумевая, он встал, накинул на себя халат и поднял слугу. Вместе они пошли, открыли ворота и увидели, что прямо перед ними, чуть ли не поперек улицы, лежит человек. Ван подумал, что это пьяный.

– Взгляни-ка на него поближе, – сказал он слуге. – Чужой это или кто-то из здешних. Если кто-нибудь из близживущих, подними его домашних – пусть придут за ним.

Слуга подошел к человеку, наклонился над ним, однако при свете одних только звезд трудно было разглядеть, кто это. Заметив, что рядом с телом валяется веревка, слуга принял ее за кнут.

– Нет, это не здешний, – сказал он хозяину. – Похоже, что это погонщик.

– Почему ты решил, что это погонщик? – спросил Ван.

– А потому, что возле него лежит кнут.

– Ну, раз не здешний, то пусть, – ответил Ван.

Слуге захотелось взять кнут. Он схватился за веревку, потянул, но что-то ее не пускало. Слуга подумал, что человек прида-

道压了身底下，尽力一扯，那尸首直竖起来，把小二吓了一跳，叫道："阿呀！"连忙放手。那尸扑的倒下去了。连王公也吃一惊，问道："这怎么说？"小二道："只道是根鞭儿，要拿他的，不想却是缢死的人，颈下扣的绳子。"王公听说，慌了手脚。欲待叫破地方，又怕这没头官司惹在身上。不报地方，这事□□洗身不清。便与小二商议，小二道："不打紧，只教他离了我这里，就没事了。"王公道："说得有理，还是拿到那里去好？"小二道："撇他在河里罢。"当下二人动手，直抬到河下。远远望见岸上有人，打着灯笼走来，恐怕被他撞见，不管三七二十一，撇在河边，奔回家去了，不在话下。

且说岸上打灯笼来的是谁？那人乃是本镇一个大户叫做朱常，为人奸诡百出，变诈多端，是个好打官司的主儿。因与隔县一个姓赵的人家争田。这一早要到田头去割稻，同着十来个家人，拿了许多扁挑索子镰刀，正来下舟工。那提灯的在前，走下岸来，只见一人横倒在河边，也认做是个醉汉，便道："这该死的贪这样脓血！若再一个翻身，却不滚在河里，送了

вил своим телом кнутовище, и дернул веревку изо всех сил так, что тело чуть ли не стоймя стало перед ним. Закричав от испуга, слуга отпустил веревку, и труп с шумом грохнулся на землю.

– Что такое? Что случилось? – встревожился старик Ван.

– Я подумал, что лежит кнут, и хотел взять его. Но оказалось, что это веревка на шее повесившегося.

Старик перепугался насмерть.

– Мне ли справиться с этаким делом? Ведь не оправдаться перед властями! – причитал он.

Ван стал советоваться со слугой, как быть.

– Ничего, – ответил слуга. – Надо только убрать отсюда труп, и все.

– Верно, ты прав. Ну, а куда его деть?

– Да в реку кинуть.

Взявшись вдвоем, они донесли труп до реки и в это время увидели, что кто-то, освещая дорогу фонарем, шел по направлению к ним вдоль берега. Боясь, как бы их не заметили, старик со слугой, не долго думая, бросили труп тут же на берегу и помчались домой.

Но кто же это шел с фонарем вдоль берега реки?

Это со своими людьми шел один из местных богачей. Звали его Чжу Чан. Невероятно хитрый и коварный, мастер на злокозни, выдумки и различные аферы, он был из первых сутяг в городе. В это утро он направлялся в поле скосить рис у некоего Чжао, который жил в соседнем уезде и с которым у Чжу Чана был спор из-за земельного участка. Для этого он захватил с собой коромысла, веревки, косы и человек десять работников. Они шли к причалу, чтобы сесть на джонку. Тот, который шел впереди с фонарем, спускаясь вниз к берегу, увидел, что возле самой воды лежит человек, и принял его за пьяного.

– До чего упился, черт! – проговорил он. – Ведь чуть повернется – скатится в воду, и конец.

性命？"内中一个家人，叫做卜才，是朱常手下第一出尖的帮手，他只道醉汉身边有些钱钞，就蹲倒身，伸手去摸他腰下，却冰一般冷，缩手不迭，便道："元来死的了！"朱常听说是死人，心下顿生不良之念。忙叫："不要嚷。拿灯来照看，是老的？是少的？"众人在灯下仔细打灯认，却是个缢死的妇人。朱常道："你们把他颈里绳子快解掉了，扛下艄里去藏好。"众人道："老爹，这妇人正不知是甚人谋死的？我们如何到去招揽是非？"朱常道："你莫管他，我自有用处。"众人只得依他，解去麻绳，叫起看船的，扛上船，藏在艄里，将平基盖好。朱常道："卜才，你回去，媳妇子叫五六个来。"卜才道："这二三十亩稻，勾什么砍，要这许多人去做甚？"朱常道："你只管叫来，我自有用处。"卜才不知是甚意见，即便提灯回去。不一时叫到，坐了一也，解缆开船。两人荡桨，离了镇上。众人问道："老爹载这东西去有甚用处？"朱常道："如今去割稻，赵家定来拦阻，少不得有一场相打，到

Среди работников Чжу Чана был один, по имени Бу Цай, первый его помощник и советчик. Полагая, что у пьяного могли быть при себе деньги, Бу Цай присел на корточки и сунул руку за пояс лежавшего, но тут же отдернул ее, коснувшись холодного, словно лед, тела.

– Мертвец, оказывается! – воскликнул он.

Коварная мысль родилась у Чжу Чана, как только он услышал, что это мертвец.

– Спокойно! – крикнул он и приказал: – А ну-ка, фонарь! Посветите – посмотрим, молодой или старик.

Все собрались при свете фонаря разглядывать тело и увидели, что это молодая женщина.

– Снимите веревку с шеи и выкиньте ее, а тело перенести в джонку и запрятать, – распорядился Чжу Чан.

– Хозяин, да ведь, может, эту женщину кто-то удавил, – говорили работники. – Зачем же нам-то наживать неприятности?

– Не ваше дело. У меня свои соображения, – ответил он.

Пришлось подчиниться. Люди сняли веревку, разбудили лодочника, перенесли тело в джонку, уложили на корме и прикрыли палубными досками.

– Бу Цай! Возвращайся-ка и приведи человек пять-шесть женщин, – распорядился после этого Чжу Чан.

– Каких-нибудь двадцать-тридцать му риса, чего тут косить-то, – возразил Бу Цай. – На что столько народу?

– Ты приведи, а там мое дело, – сказал Чжу Чан.

Бу Цаю и в голову не пришло, что Чжу Чан что-то замыслил, взял фонарь и ушел. Вскоре он вернулся с женщинами.

Все уселись в джонку, и они отчалили. Гребли двое, джонка постепенно удалялась от города.

– Зачем мы везем то, что на корме, под палубой, хозяин? – спрашивали люди у Чжу Чана.

– Мы едем сейчас косить рис, – отвечал тот. – Но люди Чжао

告状结杀。如今天赐这东西与我，岂不省了打官司。还有许多妙处。"众人道："老爹怎见省了打官司？又有何妙处？"朱常道："有了这尸首时，只消如此如此，这般这般，却不省了打官司。你们也有些财采。他若不见机，弄到当官，定然我们占个上风。可不好么！"众人都喜道："果然妙计！小人们怎省得？"正是：

　　算定机谋夸自己，
　　安排圈套害他人。

　　这些人都是愚野村夫，晓得什么利害？听见家主说得都有财采，当做瓮中取鳖，手到擒来的事，乐极了，巴不得赵家的人，这时便到河边来厮闹便好。心急发狠，荡起桨来，这船恰像生了七八个翅膀一般，顷刻就飞到了。此时天色渐明，朱

наверняка явятся помешать нам. Без драки тут вряд ли обойдется, ну, а закончилось бы это жалобой в уезд. Теперь же, когда мне ниспослана богом эта женщина, то и судиться не придется, и еще кое-какая будет польза.

— Как это судиться не придется да будет еще польза? — спрашивали работники.

— Раз у нас есть труп, то нужно... — И Чжу Чан рассказал, как нужно действовать и что делать. — Ясно ведь, что судиться после этого не придется да и вам кое-что перепадет, — заключил свой рассказ Чжу Чан. — Ну, а если те окажутся недостаточно сообразительными и дело доведут до властей, — продолжал он затем, — то и там наша наверняка берет верх. Вот так!

— Да, действительно умный расчет! — говорили люди, улыбаясь. — Где нам было догадаться!

Вот уж поистине,

Рассчитано все, план составлен,
и сам восхваляет себя
За то, что ловушку устроил,
других собираясь сгубить.

Люди, ехавшие с Чжу Чаном, были простыми крестьянами из деревенской глуши и, конечно, не представляли себе, какие страшные вещи могут произойти из-за кажущихся пустяков. Настроение у всех поднялось, когда они узнали, что им кое-что перепадет, причем добыть эти деньги, оказывается, совсем просто, не труднее, чем протянуть руку в чан и вынуть оттуда черепаху. Им уже не терпелось, чтобы люди Чжао сейчас же пришли к реке и тотчас началась бы потасовка. Ведь куча денег окажется в руках и тяжба будет выиграна. Поэтому джонка понеслась, словно на крыльях, и вскоре они были у цели. В это время небо стало светлеть. Чжу Чан велел подогнать джонку к просторному, но

常教把船歇在空阔无人居住之处，离田中尚有一箭之路。众人都上了岸，寻出一条一股连一股断的烂草绳，将船缆在一颗草根上，只留一人坐在艄上看守，众男女都下田砟稻。朱常远远的立在岸上打探消耗。元来这地方叫做鲤鱼桥，离景德镇只有十里多远，再过去里许，又唤做太白村，乃南直隶徽州府婺源县所管。因是两省交界之处，人民错壤而居。与朱常争田这人名唤赵完，也是个大富之家，原是浮梁县人户，却住在婺源县地方。两县俱置得有田产。那争的田，只得三十馀亩，乃赵完族兄赵宁的。先把来抵借了朱常银子，却又卖与赵完，恐怕出丑，就拦来佃种，两边影射了三四年。不想近日身死，故此两家相争。这稻子还是赵宁所种。

　　说话的，这田在赵完屋脚跟头，如何不先砟了，却留与朱常来割？看官有所不知，那赵完也是个强横之徒，看得自己

безлюдному месту, на некотором расстоянии от рисового поля. Когда все сошли на берег, гнилой веревкой привязали джонку к камышам, а одного человека оставили стеречь ее. Остальные, кроме Чжу Чана, направились в поле косить рис. Чжу Чан стал поодаль, ближе к берегу, откуда можно было наблюдать за происходящим.

Местность эта называлась Лиюйцяо, от Цзиндэчжэни это было всего ли десять, а далее, примерно на расстоянии одного ли, находилась деревня Тайбоцунь. Она входила в уезд Уюаньсянь, который был в ведении области Хуэйчжоу, провинции Цзяннань. Но так как это был район стыка двух граничащих друг с другом провинций, то часто случалось, что люди жили в одной провинции, а земли имели в другой.

Человека, у которого был спор с Чжу Чаном по земельному участку, звали Чжао Вань. Он тоже был из крупных богачей. В реестрах он числился жителем уезда Фулянсянь, однако жил в уезде Уюаньсянь, а земельные владения и угодья имел и в том и в другом уезде. Участок, из-за которого возник спор, составлял всего лишь тридцать му земли и принадлежал родственнику Чжао Ваня — Чжао Нину. В свое время Чжао Нин взял под эту землю деньги у Чжу Чана, потом он продал участок Чжао Ваню и во избежание неприятностей сделался арендатором участка. Уже года четыре шли пререкания в связи с этим между Чжао Ванем и Чжу Чаном. Но недавно Чжао Нин умер, и дело дошло до острых столкновений и споров. Причем рис, который собирался скосить Чжу Чан, был посеян еще самим Чжао Нином.

Да, но ведь этот участок находится возле дома Чжао Ваня, чуть ли не под самым его навесом, почему же он не скосил рис прежде всего с этого участка, а оставил для Чжу Чана? — заметят слушатели.

Дело в том, уважаемые слушатели, что Чжао Вань тоже был из нахального десятка. Полный самоуверенности, он к тому же

大了,道这田是明中正契买族兄的,又在他的左近;朱常又是隔省人户,料必不敢来砟稻,所以放心托胆。那知朱常又是个专在虎头上做窠,要吃不怕死的魍魉,竟来放对,正在田中砍稻。早有人报知赵完。赵完道:"这厮真是吃了大虫的心,豹子的胆,敢来我这里撩拨!想是来送死么!"儿子赵寿道:"爹,自古道:来者不惧,惧者不来。也莫轻觑了他!"赵完问报人道:"他们共有多少人在此?"答道:"十来个男子,六七个妇人。"赵完道:"既如此,也教妇人去。男的对男,女对女,都拿回来,敲断他的孤拐子,连船都拔他上岸,那时方见我的手段。"即便唤起二十多人,十来个妇人,一个个粗脚大手,裸臂揎拳,如疾风骤雨而来。赵完父子随后来看。且说众人远远的望着田中,便喊道:"偷稻的贼不要走!"朱常家人媳妇,看见赵家有人来了,连忙住手,望河边便跑。到得岸旁,朱常连叫快脱衣服。众人一齐卸下,堆做一处,叫一个

считал, что поскольку земля приобретена им у родственника гласно, по всем правилам, с купчей, да и участок находится поблизости, а Чжу Чан – житель соседней провинции, то вряд ли он осмелится приехать сюда косить рис. На этот счет Чжао Вань и не тревожился.

Но Чжу Чан был из тех, кто, как говорится, не боялся на лбу у тигра гнездо себе утоптать и живьем проглотить самого черта. По-этому он все же приехал, и люди его как ни в чем не бывало косили рис.

Чжао Ваню тут же об этом доложили.

– Ишь как расхрабрился! – закричал Чжао Вань. – Осмелился явиться дразнить меня?! Видно, захотел, чтоб я его на тот свет отправил!

– Отец! Издревле известно: кто пришел, тот не боится, а кто боится – тот не придет, – сказал на это сын Чжао Ваня – Чжао Шоу. – Поэтому не думай, что с ним просто будет разделаться.

– Сколько их? – спросил Чжао Вань человека, который доложил о появлении Чжу Чана.

– Всего человек десять мужчин и шесть-семь женщин.

– Раз так, надо и нам послать людей, – заявил Чжао Вань. – Мужчин против мужчин, женщин против женщин. Схватить всех и привести сюда. Всем им перебью ноги! И джонку вытянуть на берег! Будут знать, как иметь дело со мной!

Чжао Вань тут же созвал человек двадцать мужчин, человек десять женщин – крепких, здоровых. С оголенными руками и сжатыми кулаками они, словно шквал, понеслись в поле. Чжао Вань и Чжао Шоу следовали позади.

– Стой! Ни с места, воры! – закричали они еще издали тем, кто был в поле. Увидев, что от усадьбы Чжао бежит толпа, люди Чжу Чана тут же бросили косить и побежали к реке.

– Быстрей раздевайтесь! – крикнул ожидавший их на берегу около лодки Чжу Чан.

妇人看守,复身转来,叫道:"你来你来,若打输与你,不为好汉。"赵完家有个雇工人,叫做田牛儿,自恃有些气力,抢先飞奔向前。朱家人见他势头来得勇猛,两边一闪,让他冲将过来,才让他冲进时,男子妇人,一裹转来围住。田牛儿叫声:"来的好!"提起升箩般拳头,拣着个精壮村夫面上,一拳打去,只指望先打倒了一个硬的,其馀便如摧枯拉朽了。谁知那人却也来得,拳到面上时,将头略偏一偏,这拳便打个空,刚落下来,就顺手牵羊,把拳留住,田牛儿摔脱不得,急起左拳来打,手尚未起,又被一人接住,两边扯开。田牛儿便施展不得。朱家人也不打他,推的推,扯的扯,到像八抬八绰一般,脚不点地竟拿上船。那烂草绳系在草根上,有甚筋骨,初踏上船就断了。艄上人已预先将篙拦住,众人将田牛儿纳在舱中乱打。赵家后边的人,见田牛儿捉上船去,蜂拥赶上船抢人。朱家妇女,都四散走开,放他上去。说时迟,那时快,拦篙的人一等赵家男子妇人上齐船时,急掉转篙,望岸上用力一点,那船如箭一般,向河心中直荡开去。人众船轻,三四幌便

Все скинули с себя верхнюю одежду, свалили ее в кучу, велели одной из женщин стеречь и пошли навстречу мчащейся толпе.

– Давайте, давайте! – кричали они. – Посмотрим, кто кого!

Среди людей Чжао Ваня был батрак Тянь Нюэр. Полагаясь на свою недюжинную силу, он стремительно вырвался вперед и помчался прямо на противника. Увидев это, люди Чжу Чана расступились, а затем окружили смельчака.

– Подходите, подходите! – кричал Тянь Нюэр и, подняв огромный кулак, кинулся на одного из рослых парней Чжу Чана. Он рассчитывал, что уложит сначала того, кто покрепче, а потом разделается с остальными, как с трухлявыми чурками. Но оказалось, что парня голыми руками не взять. Кулак Тянь Нюэра был уже перед самым лицом парня, однако тот слегка отклонился, и удар пришелся мимо, а тем временем Тянь Нюэра уже плотно прижали, да так, что он едва мог повернуться. Взмахнув левой рукой, он еще раз попытался нанести удар, но занесенную руку успели схватить, затем схватили другую, развели обе руки в стороны, и Тянь Нюэр уже ничего не мог поделать. Бить его не стали, но дружно подняли на руки и, словно священную ношу, торжественно понесли к джонке.

Как только люди ступили на джонку, гнилая веревка, которой джонка была привязана к камышам, конечно, тут же лопнула. Но судовщик пока удерживал джонку багром. Тянь Нюэра втащили в каюту и стали избивать.

Когда люди, следовавшие за Тянь Нюэром, увидели, что того схватили и унесли в джонку, они ринулись на джонку вызволять его. Женщины Чжу Чана, оставшиеся на берегу, умышленно отошли в сторону, и когда все люди Чжао Ваня оказались на джонке, судовщик сразу же перенес багор с одного конца джонки на другой, изо всех сил оттолкнулся от берега, и джонка стрелой устремилась к середине реки. Людей в джонке набралось

翻将转来。两家男女四十多人，尽都落水。这些妇人各自挣扎上岸，男子就在水中相打，纵横搅乱，激得水溅起来，恰如骤雨相似。把岸上看的人眼都耀花了，只叫莫打，有话上岸来说。正打之间，卜才就人乱中，把那缢死妇人尸首，直□过去，便喊起来道："地方救护，赵家打死我家人了！"朱常同那六七个妇人，在岸边接应。一齐喊叫，其声震天动地。赵家的妇人，正绞挤湿衣，听得打死了人，带水而逃。水里的人，一个个吓得胆战心惊，正不知是那个打死的，巴不能□脱逃走，被朱家人乘势追打，吃了老大的亏，挣上了岸，落荒逃奔。此时只恨父母少生了两只脚儿。朱家人欲要追赶，朱常止住道："如今不是相打的事了，且把尸首收拾起来，抬放他家屋里了，再处。"众人把尸首拖到岸上，卜才认做妻子，假意啼啼哭哭。朱常又教捞起船上篙桨之类，寄顿佃户人家；又对

много, а сама джонка была небольшой и довольно легкой, поэтому стоило ей раз-другой качнуться, как она тут же перевернулась. Все, кто был в ней, – и люди Чжао Ваня, и люди Чжу Чана, человек сорок, – все очутились в воде. Женщины, кто как сумел, выбрались на берег, а мужчины вступили в драку и дрались так, что брызги летели во все стороны, словно в ливень и в шквал. От этого зрелища у тех, кто стоял на берегу, даже зарябило в глазах, и они то и дело кричали, призывая прекратить драку и выйти на берег поговорить по-деловому. Но люди продолжали драться.

Пока все это происходило, Бу Цай подтолкнул труп к дерущимся и закричал: «Представителя властей на помощь! Люди Чжао Ваня убили нашего человека!»

Чжу Чан и стоявшие с ним на берегу женщины дружно и громко вторили Бу Цаю. Работницы Чжао Ваня, которые в это время отжимали промокшую одежду, услышав такое, бросились бежать. Мужчины, дравшиеся в воде, тоже не на шутку перепугались – ведь в такой суматохе поди узнай, кто убил человека. Поэтому каждый хотел поскорее удрать. Этим замешательством воспользовались работники Чжу Чана – людям Чжао Ваня порядком досталось, и им едва удалось выкарабкаться на берег и скрыться в поле. Чжу Чан остановил своих людей, которые бросились было им вдогонку.

– Теперь уж дело не в кулаках, – сказал он и распорядился: – Выловите прежде всего тело, отнесем его в дом Чжао, а там видно будет.

Когда тело выловили, над ним стал рыдать и причитать Бу Цай, признав в мертвой свою жену. Чжу Чан велел также убрать с джонки весла, багры и прочее и унести все к одному из его арендаторов, живших по соседству. Затем он обратился к окружающим, среди которых находились уже подоспевшие сюда живущие неподалеку люди:

看的人道："列位地方邻里，都是亲眼看见，活打死的，须不是诬陷赵完，倘到官司时，少不得要相烦做个证见，但求实说罢了。"这几句乃朱常引人来兜揽处和的话。此时内中若有个有力量的，出来担当，不教朱常把尸首抬去赵家说和，这事也不见得后来害许多人的性命。只因赵完父子，平日是个难说话的，恐怕说而不听，反是一场没趣。况又不晓得朱常心中是甚样个意儿？故此并无一人招揽。朱常见无人招架，教众人穿起衣服，把尸首用芦席卷了，将绳索络好，四人扛着，望赵完家来。看的人随后跟来，观看两家怎地结局？

　　铜盆撞了铁扫帚，
　　恶人自有恶人磨。

　　且说赵完父子随后走来，远望着自家人追赶朱家的人，心中欢喜。渐渐至近，只见妇女家人，浑身似水，都像落汤鸡一般，四散奔走。赵完惊讶道："我家人多，如何反被他都打下水去？"急挪步上前，众人看见，乱喊道："阿爹不好了！

— Уважаемые соседи! Вы все видели сами, собственными глазами, как убили человека. Это не клевета на Чжао Ваня. И если дело дойдет до суда, то уж придется вас побеспокоить быть свидетелями — сказать только правду, и все.

Чжу Чан говорил это с расчетом, что кто-нибудь вызовется предложить обеим сторонам пойти на примирение. И если бы среди свидетелей нашелся влиятельный человек, который отговорил бы Чжу Чана нести труп в дом Чжао, то дело это не повлекло бы за собой столько человеческих жертв. Но все знали, что как с самим Чжао Ванем, так и с его сыном дело иметь опасно, и потому никто не хотел ввязываться, чтобы потом не оказаться в дурацком положении. К тому же никто не знал, что на уме у Чжу Чана, поэтому ни один человек и не вызвался примирять стороны. Ну, а раз на его слова никто не отозвался, Чжу Чан велел своим одеться, завернуть труп в циновку, обвязать веревкой, и вот с этим трупом Чжу Чан и его люди направились в дом Чжао Ваня. За ними последовали и все остальные, кто находился при этом, желая посмотреть, чем же кончится дело. Да,

Против грязного медного таза нашлась железная щетка,
Против злодея нашелся такой же злодей.

Чжао Вань с сыном, издали следовавшие за своими и видевшие, как они погнали к реке людей Чжу Чана, были очень довольны. Но когда они приблизились к берегу, первое, что им бросилось в глаза, — это их женщины, мокрые, словно курицы, которых только что выловили из бульона. Видя, что они разбегаются, Чжао Вань удивился:

— Наших-то больше! Как же случилось, что их загнали в воду?

В это время к Чжао Ваню с сыном один за другим стали подбегать мужчины.

快回去罢。"赵寿道："你们怎地恁般没用？都被打得这模样！"众人道："打是小事，只是他家死了人却怎处？"赵完听见死了个人，吓得就酥了半边，两只脚就像钉了，半步也行不动。赵寿与田牛儿，两边挟着胳膊而行，扶至家中坐下，半响方才开言，问道："如何就打死了人？"众人把相打翻船之事，细说一遍。又道："我们也没有打妇人，不知怎地死了？想是淹死的。"赵完心中没了主意，只叫："这事怎好？"那时合家老幼，都丛在一堆，人人心下惊慌。正说之间，人进来报："朱家把尸首抬来了。"赵完又吃这一吓，恰像打坐的禅和子，急得身色一毫不动。自古道：物极则反，人急计生。赵寿忽地转起一念，便道："爹莫慌，我自有对付他的计较在此。"便对众人道："你们多向外边闪过，让他们进来之后，听我鸣锣为号，留几个紧守门口，其馀都赶进来拿人，莫教走

— Худо дело, хозяин! Домой, давайте скорей домой! — кричали они.

— Эх, вы! Как же вас так разделали?! — возмутился Чжао Вань.

— Что разделали, это ерунда, а вот, оказалось, мы их человека убили.

Чжао Вань похолодел, когда услышал такое, он не мог уж и полшага ступить — ноги словно гвоздями прибили к земле. Чжао Шоу и Тянь Нюэр подхватили его и довели до дому.

— Как же получилось, что кого-то убили? — спросил Чжао Вань, когда пришел в себя.

Тогда его люди подробно рассказали ему о начавшейся драке, о том, как перевернулась джонка и что произошло после этого.

— Но женщин мы не били, так что неизвестно, как она погибла, — сказал кто-то под конец, — вероятно, утонула.

— Как же быть! Как же быть! — повторял Чжао Вань, не зная, что предпринять.

Тем временем все в доме Чжао Ваня, от мала до велика, собрались вместе, каждый дрожал от страха, все обсуждали, как быть. И тут вдруг пронеслось:

— К дому идет Чжу Чан со своими людьми. Они несут труп!

До смерти напуганный Чжао Вань сидел без движения, словно монах в созерцании.

Но, как говорят исстари, «ход событий в своем пределе превращается в обратное, а человеку в крайней ситуации приходит хитрое на ум».

— Отец, не тревожься, я придумал, как с ними расправиться, — сказал вдруг Чжао Шоу и обратился к присутствующим: — Выйдите все отсюда и не мешайте им — пусть заходят. А когда услышите мой сигнал — удары в гонг, то нескольким людям надо стать караулить вход, а остальным вбежать и быстро схватить

了一个。解到官司,见许多人白日抢劫,这人命自然从轻。"众人得了言语,一齐转身。赵完恐又打坏了人,分付:"只要拿人,不许打人。"众人应允,一阵风出去。赵寿只留了一个心腹义孙赵一郎道:"你且在此。"又把妇女妻小打发进去,分付:"不要出来。"赵完对儿子道:"虽然告他白日打抢,总是人命为重,只怕抵当不过。"赵寿走到耳根前,低低道:"如今只消如此这般。"赵完听了大喜,不觉身子就健旺起来,乃道:"事不宜迟,快些停当!"赵寿先把各处门户闭好,然后寻了一把斧头,一个棒槌,两扇板门,都已完备,方教赵一郎到厨下叫出一个老儿来。那老儿名唤丁文,约有六十多岁,原是赵完的表兄,因有了个懒黄病,吃得做不得,却又无男无女,捱在赵完家烧火,博口饭吃。当下那老儿不知头脑,走近前问道:"兄弟有甚话?"赵完还未答应,赵寿闪过来,提起棒槌,看正太阳,便是一下。那老儿只叫得声阿呀,翻身跌倒。赵寿赶上,又复一下,登时了帐。当下赵寿动手时,以为无人看见,不想田牛儿的娘田婆,就住在赵完宅后,

людей Чжу Чана, чтобы ни один из них не ушел. Отведем их в ямэнь – ведь это было нападение среди бела дня с целью ограбления. И тогда в ямэне к убийству человека отнесутся не так строго.

Опасаясь, как бы кого не покалечили, Чжао Вань предупредил:

– Но только тех, кто явится, хватать, а не бить!

Люди ответили кивком и тотчас разошлись.

Чжао Шоу приказал остаться лишь приемному внуку своего отца – Чжао Илану, которому доверял, а всех женщин и детей отправил во внутренние покои и распорядился, чтобы они не смели выходить.

– Убийство – это тяжкое преступление, – сказал Чжао Вань сыну, – и, хоть мы будем обвинять их в нападении с целью грабежа, боюсь, что этим нам все-таки не оправдаться.

– А нужно вот как, – сказал Чжао Шоу и, подойдя к отцу, на ухо стал ему шепотом что-то объяснять.

Чжао Вань приободрился, повеселел и сказал:

– Тогда надо действовать немедля.

Чжао Шоу тут же прикрыл плотно все двери в зал, разыскал топор, дубину, две створки двери и потом велел Илану пойти на кухню и кликнуть старика.

Старика звали Дин Вэнем, было ему уже под семьдесят. Этот дальний родственник Чжао Ваня страдал желтухой и потому, как говорится, мог только есть, а работать не мог. У него не было ни семьи, ни детей, жил он у Чжао Ваня и занимался тем, что топил на кухне печь.

– Ты звал меня? – спросил Дин Вэнь, придя к Чжао Ваню.

Тот ничего ему не ответил, а Чжао Шоу подскочил к старику и ударил его дубинкой прямо в висок. Тот вскрикнул и упал. Чжао Шоу нанес еще удар и покончил со стариком. Чжао Шоу думал, что никто всего этого не видел. Но случилось так, что до

听见打死了人，恐是儿子打的，心中着急，要寻来问个仔细，从后边走出，正撞着赵寿行凶。吓得蹲倒在地，便立不起身。口中念声："阿弥陀佛！青天白日，怎做这事！"赵完听得，回头看了一看，把眼向儿子一颠，赵寿会意，急赶近前，照顶门一棒槌打倒，脑浆鲜血一齐喷出。还怕不死，又向肋上三四脚，眼见得不能勾活了。只因这一文钱上起，又送了两条性命。正是：

> 含容终有益，
> 任意定生灾。

且说赵一郎起初唤丁老儿时，不道赵寿怀此恶念，蓦见他行凶，惊得直缩到一壁角边去。丁老儿刚刚完事，接脚又撞个田婆来凑成一对，他恐怕这第三棒槌轮到头上，心下着忙，欲待要走，这脚上却像被千百斤石头压住，那里移得动分毫。正在慌张，只见赵完叫道："一郎快来帮一帮。"赵一郎听见叫他相帮，方才放下肚肠，挣扎得动，向前帮赵寿拖这两个尸首，放在遮堂背后，寻两扇板门压好，将遮堂都起浮了窠臼。

матери Тянь Нюэра, которая жила позади дома Чжао Ваня, дошла весть, будто во время драки убили женщину. Она забеспокоилась, не причастен ли к этому ее сын, и явилась в дом Чжао Ваня разузнать, как это произошло. Вошла она как раз в тот момент, когда Чжао Шоу нанес удар старику.

– О господи, о господи! Среди бела дня! Да как же это! – бормотала она в испуге, упав на землю.

Чжао Вань оглянулся на нее и многозначительно кивнул сыну. Тот понял отца, подбежал к старухе и ударом дубинки размозжил ей голову. На всякий случай он еще раз-другой пнул ее по ребрам – теперь было ясно, что она уже не жилец на этом свете.

И вот из-за одного медяка ушли еще две жизни. Поистине,

Сдержанность пользу всегда принесет;
Дашь чувствам волю – беду наживешь.

Надо сказать, когда Илан пошел звать Дин Вэня, он не предполагал, что Чжао Шоу замыслил подобное злодейство. Поэтому, когда Чжао Шоу убивал старика, он весь съежился и забился в угол. А когда за стариком последовала очередь старухи Тянь, он стал бояться, как бы теперь дубина не прошлась по его голове, и хотел убежать, но ноги не двигались с места, словно их придавили стопудовыми камнями. В это время Чжао Вань крикнул ему:

– Илан, помоги-ка быстренько!

Только тут, когда Илан услышал, что его просят подсобить, на душе у него отлегло, ноги зашевелились, и он поспешил помочь Чжао Шоу. Они оттащили оба трупа за перегородки в задний зал. Затем взяли приготовленные створки дверей и прикрыли ими трупы. После этого они вынули из гнезд всю перегородку, отделяющую передний зал от заднего, и приставили ее просто

又分付赵一郎道:"你切不可泄漏,待事平了,把家私分一股与你受用。"赵一郎道:"小人靠阿爹洪福过日的,怎敢泄漏?"刚刚准备停当,外面人声鼎沸,朱家人已到了。赵完三人退入侧边一间屋里,掩上门儿张看。且说朱常引家人媳妇,扛着尸首赶到赵家,一路打将进去。直到堂中,见四面门户紧闭,并无一个人影。朱常教"把尸首居中停下,打到里边去拿赵完这老亡八出来,锁在死尸脚上。"众人一齐动手,乒乒乓乓将遮堂乱打,那遮堂已是离了窠臼的,不消几下,一扇扇都倒下去,尸首上又压上一层。众人只顾向前,那知下面有物。赵寿见打下遮堂,把锣筛起。外边人听见,发声喊,抢将入来。朱常听得筛锣,只道有人来抢尸首,急掣身出来,众人已至堂中,两下你揪我扯,搅做一团,滚做一块。里边赵完三人大喊:"田牛儿!你母亲都被打死了,不要放走了人。"田牛儿听见,急奔来问:"我母亲如何却在这里?"赵完道:"他

так, не укрепленной.

– Смотри только, не проговорись про это, – сказал Чжао Шоу Илану. – А когда все кончится, мы выделим тебе часть нашего имущества.

– Ну что вы, батюшка. Конечно, не проговорюсь, не посмею. Ведь я и так живу у вас благодаря вашему благополучию.

Только они покончили с перегородками, как извне донеслись шум и голоса. Это явился Чжу Чан со своими людьми. Тогда Чжао Вань вместе с сыном и внуком прикрыли вход в зал, а сами удалились в боковую комнату.

Чжу Чан и вся его свита вошли в главный зал. Увидев, что никого нет и двери всюду закрыты, Чжу Чан распорядился:

– Положите труп посредине зала и пройдите все внутрь – надо разыскать этого старого мерзавца Чжао Ваня и приковать его к ноге убитой.

Все бросились к перегородке, стали барабанить по ней, толкать. А створки перегородки были уже вынуты из гнезд; несколько ударов, толчков – и одна створка за другой попадали, так что трупы старика и старухи оказались придавленными под ними. Но люди Чжу Чана стремились поскорее проникнуть в глубь помещения. Откуда им было знать, что под перегородкой что-то может быть. Как только перегородка была опрокинута, Чжао Шоу начал бить в гонг, и тут же их люди с криком ворвались внутрь.

Услышав звуки гонга, Чжу Чан сначала подумал, что у него решили отобрать труп, и кинулся в главный зал. Но люди Чжао Ваня уже подоспели, и между ними и людьми Чжу Чана началась потасовка.

– Тянь Нюэр! Не упусти их! – раздались в это время крики Чжао Ваня и Чжао Шоу. – Они убили твою матушку!

Тянь Нюэр подбежал к Чжао Ваню.

– Но как моя мать оказалась здесь?

刚同丁老官走来问我,遮堂打下,压死在内。我急走得快,方逃得性命。若迟一步儿,这时也不知怎地了!"田牛儿与赵一郎将遮堂搬开,露出两个尸首。田牛儿看娘时,头已打开脑浆,鲜血满地,放声大哭。朱常听见,只道还是假的,急抽身一望,果然有两个尸首,着了忙,往外就跑。这些家人媳妇,见家主走了,各要□脱逃走,一路揪扭打将出来。那知门口有人把住,一个也走不脱,都被拿住。赵完只叫:"莫打坏了人。"故此朱常等不十分吃亏。赵寿取出链子绳索,男子妇女锁做一堂。田牛儿痛哭了一回,心中忿怒,跳起身来。"我把朱常这狗王八,照依母亲打死罢了。"赵完拦住道:"不可不可!如今自有官法治了,你打他做甚?"教众人扯过一边。此时已哄动远近村坊,地方邻里,无有不到赵家观看。赵完留到后边,备起酒席款待,要众人具个"白昼劫杀"公呈。那些人都是赵完的亲戚佃户雇工人等,谁敢不依?赵完连夜装起四五只农船,载了地邻干证人等,把两只将朱常一家人锁缚在舱里。行了一夜,方到婺源县中,候大尹早衙升堂。地方人等先

— Она со стариком Дин Вэнем пришла разузнать у меня, в чем дело. В это время люди Чжу Чана свалили перегородку, и их обоих задавило. Не знаю, что было бы со мной, если бы я вовремя не увернулся.

Тянь Нюэр и Илан бросились отодвигать свалившиеся створки перегородки и обнаружили два трупа. Увидев, что мать лежит в луже крови, с размозженной головой, Тянь Нюэр разрыдался.

Чжу Чан решил, что все это вранье, подбежал взглянуть — действительно два трупа. Насмерть перепугавшись, он пустился наутек. А люди его, в том числе и женщины, видя, что хозяин в страхе удирает, отбиваясь, стали продвигаться к выходу. Но здесь их поджидали люди Чжао Ваня, так что уйти никому не удалось, все были схвачены.

— Только не покалечьте никого! — предостерегал своих Чжао Вань. Поэтому Чжу Чан и его люди не особенно пострадали. Чжао Шоу принес веревки и цепи, и всех, кого схватили, связали.

Тянь Нюэр, который до этого рыдал над трупом матери, в ярости бросился к Чжу Чану.

— Я убью этого мерзавца, так же как он убил мою мать! — закричал он.

— Нет, нет, нельзя! — остановил его Чжао Вань. — Теперь уж власти разберутся. Не надо его трогать!

И люди оттащили Тянь Нюэра в сторону.

В это время и те, кто жил поблизости, и те, кто подальше, явились в дом Чжао Ваня поглазеть. Чжао Вань пригласил всех в дом, приготовил угощение и просил их составить общую жалобу о бандитском нападении и убийстве среди бела дня.

Собравшиеся были кто родственниками Чжао Ваня, кто его арендаторами и, конечно, согласились на это. Чжао Вань написал жалобу, соседи тоже составили соответствующую бумагу, и все отправились в уездный город Уюаньсянь.

将呈子具上。这大尹展开观看一过，问了备细，即差人押着地方并尸亲赵完、田牛儿、卜才前去，将三个尸首盛殓了，吊来相验。朱常一家人，都发在铺里羁候。那时，朱常家中自有佃户报知，儿子朱太星夜赶来看觑，自不必说。

有句俗语道得好：官无三日急。那尸棺便吊到了，这大尹如何就有工夫去相验？隔了半个多月，方才出牌，着地方备办登场法物。铺中取出朱常一干人，都到尸场上。件作人逐一

Вот уж действительно,

*Сильный встретил того, кто еще посильнее,
Терпит один негодяй от другого злодея.*

Начальник этого уезда некий Ли Чжэн, по второму имени Го-цай, был родом из Шаньдуна, из уезда Личэнсянь. Это был человек из числа выдержавших экзамен на степень цзиньши. Служил он честно, при разбирательствах дел смело выявлял негодяев, придерживался справедливости, к тому же, как говорится, был чист, как вода, то есть ни с кого ничего не брал. Услышав, что бьют в барабан и жалуются, Ли Чжэн сразу вышел в зал присутствия, созвал прислужников и велел ввести Чжао Ваня и прочих жалобщиков, которые коленопреклоненно пали возле ступеней перед залом.

– С чем явились? Докладывайте! – произнес начальник.

Чжао Вань, держа в руках бумагу с жалобой, только говорил:

– Помогите, спасите, начальник!

Ли Чжэн велел прислужникам взять жалобу, взглянул на нее и увидел, что речь идет об убийстве.

– А вы кто такие? – спросил он остальных.

– Мы соседи Чжао Ваня, – отвечали те. – Мы собственными глазами видели, как Чжу Чан убил людей в доме Чжао Ваня, и потому решили явиться доложить. – И тут же они подали составленную ими бумагу.

Просмотрев все это, начальник уезда велел немедленно подать паланкин и со специалистом по освидетельствованию трупов и другими служителями ямэня отправился в дом Чжао.

В доме Чжао уже был приготовлен специальный стол для начальника. Его встретили, и когда он уселся, то приказал специалисту освидетельствовать все три трупа.

Тот сначала осмотрел Дин Вэня, затем старуху Тянь и доло-

看报，道："丁文太阳有伤，周围二寸有馀，骨头粉碎。田婆脑门打开，脑髓漏尽，右肋骨踢折三根。二人实系打死。卜才妻子颈下有缢死绳痕，遍身别无伤损。此系缢死是实。"大尹见报，心中骇异道："据这呈子上称说船翻落水身死，如何却是缢死的？"朱常就禀道："爷爷，众耳众目所见，如何却是缢死的？这明明仵作人得了赵完银子，妄报老爷。"大尹恐怕赵完将别个尸首颠换了，便唤卜才："你去认这尸首，正是你妻子的么？"才上前一认，回复道："正是小人妻子。"大尹道："是昨日登时死的？"卜才道："是。"大尹问了详细，自走下来把三个尸首逐一亲验，仵作人所报不差，暗称奇怪。分付把棺木盖上封好，带到县里来审。大尹在轿上，一路思想，心下明白。回县坐下，发众犯都跪在仪门外。单唤朱常上去，道："朱常，你不但打死赵家二命，连这妇人，也是你谋死的！须从实招来。"朱常道："这是家人卜才的妻子余氏，实被赵完打下水死的，地方上人，都是见的，如何反是小人谋死？爷爷若不信，只问卜才便见明白。"大尹喝道："胡说！

жил:

– У этих двоих раны на черепе.

Затем он осмотрел труп женщины Чжун Чана и доложил:

– На теле этой женщины нет следов побоев или ранений, но на шее есть след, который говорит о том, что она была удавлена.

– Это действительно так? – спросил начальник.

– Не смею докладывать то, чего нет, – ответил специалист по освидетельствованию трупов.

«Если обе стороны дрались, то почему же у этой женщины на теле нет никаких следов побоев?» – недоумевал начальник и призвал Чжу Чана, которого спросил:

– Кем приходится тебе эта женщина?

– Это жена моего слуги Бу Цая, – ответил тот.

Тогда начальник задал вопрос Бу Цаю:

– Твою жену вчера убили при драке?

– Да, так, – ответил Бу Цай.

Тут начальник сам осмотрел все три трупа и, убедившись, что специалист был прав, лишь в удивлении повторял: «Странно... странно!» Он распорядился, чтобы гробы закрыли и отправили в уезд для дальнейшего разбирательства. На обратном пути начальник все размышлял над делом, и в конце концов ему стали ясны все обстоятельства.

Прибыв в уезд, он приказал всем оставаться за воротами входа в ямэнь, а в зал присутствия вызвал одного лишь Чжу Чана.

– Чжу Чан! Ты не только убил двоих людей у Чжао, но повинен и в смерти этой молодой женщины, – сказал начальник. – Так признавайся же честно!

– Женщина эта, урожденная Юй, – жена моего слуги Бу Цая, – отвечал Чжу Чан. – Ее действительно сбили в воду люди Чжао Ваня, и она умерла. Это видели те, кто живет по соседству. Нет, я в ее смерти не повинен. Если вы сомневаетесь, то спросите самого Бу Цая.

这卜才乃你一路之人，我岂不晓得！敢在我面前支吾！夹起来。"众皂隶一齐答应上前，把朱常鞋袜去了，套上夹棍，便喊起来。那朱常本是富足之人，虽然好打官司，从不曾受此痛苦，只得一一吐实："这尸首是浮梁江口不知何人撇下的。"大尹录了口词，叫跪在丹墀下。又唤卜才进来，问道："死的妇人果是你妻子么？"卜才道："正是小人妻子。"大尹道："既是你妻子，如何把他谋死了，诈害赵完？"卜才道："爷爷，昨日赵完打下水身死，地方上人，都看见的。"大尹把气拍在桌上一连七八拍，大喝道："你这该死的奴才！这是谁家的妇人，你冒认做妻子，诈害别人！你家主已招称，是你把他谋死。还敢巧辩，快夹起来。"卜才见大尹像道士打灵牌一般，把气拍一片声乱拍乱喊，将魂魄都惊落了。又听见家主已招，只得禀道："这都是家主教小人认作妻子，并不干小人之

— Врешь! — прикрикнул на него начальник. — Бу Цай — твой человек, я знаю! И ты еще смеешь голову мне морочить! А ну, в тиски его! — приказал начальник.

Прислужники набросились на Чжу Чана, сняли с него туфли и носки и зажали ему ноги в тиски.

Чжу Чан, который всю свою жизнь жил в довольстве и богатстве, хотя часто сутяжничал, но ему самому никогда не приходилось страдать, испытывать подобные пытки. Поэтому, как только его зажали в тиски, он тут же признался:

— Труп женщины мы нашли возле реки Фулян, а кто его там бросил, не знаю.

Начальник записал показания Чжу Чана и приказал ему встать поодаль на колени.

Затем он приказал позвать Бу Цая.

— Покойная действительно была твоей женой? — спросил начальник Бу Цая.

— Да, это моя жена, — ответил тот.

— Если она была твоей женой, то за что ты ее удавил и почему возвел напраслину на Чжао Ваня?

— Милостивый наш господин, вчера люди Чжао Ваня сбили ее в воду, и она скончалась. Местные жители видели это.

В гневе начальник уезда несколько раз подряд ударил бруском по столу:

— Негодяй ты! Мерзавец! Кто эта женщина, которую ты выдаешь за свою жену? Твой хозяин уже во всем признался, а ты тут пытаешься изворачиваться. Ведь это ты ее убил! Зажать его в тиски немедленно!

От ударов бруска по столу и от крика начальника у Бу Цая душа в пятки ушла, а тут он еще услышал, что хозяин его сознался, и решил говорить то, что есть.

— Это хозяин велел мне сказать, что она моя жена. И я тут совсем ни при чем.

事。"大尹道："你一一从实细说。"卜才将下船遇见尸首，定计诈赵完前后事细说一遍，与朱常无二。大尹已知是实，又问道："这妇人虽不是你谋死，也不该冒认为妻，诈害平人。那丁文田婆却是你与家主打死的，这须没得说。"卜才道："爷爷，其实不曾打死，就夹死小人，也不招的。"大尹也教跪在丹墀。又唤赵完并地方来问，都执朱常扛尸到家，乘势打死。大尹因朱常造谋诈害赵完事实，连这人命也疑心是真，又把朱常夹起来。朱常熬刑不起，只得屈招。大尹将朱常、卜才各打四十，拟成斩罪，下在死囚牢里。其馀十人，各打二十板，三个充军，七个徒罪，亦各下监。六个妇人，都是杖罪，发回原籍。其田断归赵完，代赵宁还原借朱常银两。又行文关

– Выкладывай, выкладывай, как все было! – приказал начальник.

Тогда Бу Цай рассказал о том, как они, когда направлялись к джонке, нашли на берегу труп женщины, а также о том, как решили использовать это против Чжао Ваня. Показания его полностью сходились с показаниями Чжу Чана. Уяснив истинное положение вещей, начальник сказал затем:

– Женщину эту, допустим, не ты убил, но ты не должен был говорить, что это твоя жена и строить козни против других. А Дин Вэня и старуху Тянь, – продолжал он, – убили ты и твой хозяин, тут уж говорить не о чем.

– О господин! – закричал Бу Цай. – Их мы не убивали. Хоть до смерти меня пытайте, но в этом я не могу признаться.

Начальник велел Бу Цаю тоже стать на колени поодаль на ступенях и приказал позвать Чжао Ваня и свидетелей-соседей.

Все они утверждали, что Чжу Чан принес труп женщины в дом Чжао Ваня, и когда врывался в дом, то убил старика и старуху.

Исходя из того, что Чжу Чан замыслил погубить Чжао Ваня, начальник уезда решил, что убийство старика и старухи тоже дело его рук. Поэтому Чжу Чана зажали в тиски. Не выдержав пыток, он признался во всем, что ему приписывали. Наконец начальник велел всыпать по сорок палок Чжу Чану и Бу Цаю, приговорил обоих к смертной казни и посадил в камеру для смертников. Остальным десяти мужчинам Чжу Чана каждому дали по двадцать палок; трех человек приговорили к ссылке в пограничный район, а семерых – к каторжным работам в других провинциях. Всех осужденных наказали палками-батогами и выслали их туда, откуда они были родом. Спорную землю было решено отдать Чжао Ваню, но с тем, чтобы Чжао Вань вернул деньги, которые его родственник Чжао Нин брал у Чжу Чана под залог. Одновременно в уезд Фулянсянь была направлена

会浮梁县查究妇人尸首来历。那朱常初念，只要把那尸首做个媒儿，赵完怕打人命官司，必定央人兜收私处，这三十多亩田，不消说起归他，还要扎诈一注大钱，故此用这一片心机。谁知激变赵寿做出没天理事来对付，反中了他计。当下来到牢里，不胜懊悔，想道："这早若不遇这尸首，也不见得到这地位！"正是：

早知更有强中手，
却悔当初枉用心。

朱常料道："此处定难翻案。"叫儿子分付道："我想三个尸棺，必是钉稀板薄，交了春气，自然腐烂。你今先去会了该房，捻住关会文书。回去教妇女们，莫要泄漏这缢死尸首消息。一面向本省上司去告准，捱至来年四五月间，然后催关去审，那时烂没了缢死绳痕，好与他白赖。一事虚了，事事皆

бумага на предмет опознания личности удавленной женщины.

Чжу Чан думал использовать труп, чтобы запугать Чжао Ваня, рассчитывал, что Чжао Вань побоится судиться по делу, связанному с обвинением в убийстве, и будет просить людей замолвить за него слово, дабы покончить с делом мирным путем. В результате те тридцать му земли, конечно, перешли бы к Чжу Чану, да и не только – он сумел бы еще содрать с Чжао Ваня немалый куш. Эти соображения и заставили Чжу Чана всячески изощряться. Но он никак не предполагал, что коварный Чжао Шоу пойдет на такую подлость, станет противодействовать ему и в конечном итоге он, Чжу Чан, сам окажется в ловушке. Поэтому, сидя в тюрьме, он страшно раскаивался. «Не попадись мне этот труп, ничего подобного со мной бы не случилось», – думал он. Вот уж право,

Знал бы, что встретится с более сильным,
Ссору не стал бы тогда затевать.

Чжу Чан понимал, что добиться пересмотра дела в этом уезде вряд ли удастся, и когда к нему в тюрьму пришел его сын Чжу Тай, то Чжу Чан сказал ему:

– Полагаю, что все три гроба будут сбиты из тонких досок, поэтому к весне трупы, конечно, сгниют. Вот ты и свяжись с кем следует из служащих ямэня, чтобы придержали здесь грамоту об опознании личности умершей, а наших женщин предупреди, пусть не болтают, что это труп удавленницы. Одновременно подай жалобу о пересмотре дела, но в нашу провинцию, а в четвертом-пятом месяце настоятельно проси рассмотреть дело. К тому времени след на шее повешенной исчезнет, и тогда мы будем отрицать, что она была удавлена или повесилась. И если мы в этом сумеем убедить власти, то обвинения, за которые полагается смертная казнь, сами собой отпадут.

虚，不愁这死罪不脱。"朱太依着父亲，前去行事，不在话下。

却说景德镇卖酒王公家小二因相帮撇了尸首，指望王公些东西，过了两三日，却不见说起。小二在口内野唱，王公也不在其意。又过了几日，小二不见动静，心中焦躁，忍耐不住，当面明明说道："阿公，前夜那话儿，亏我把去出脱了还好；若没我时，到天明地方报知官司，差人出来相验，饶你硬挣，不使酒钱，也使茶钱。就拌上十来担涎吐，只怕还不得干净哩！如今省了你许多钱钞，怎么竟不说起谢我？"大凡小人度量极窄，眼孔最浅：偶然替人做件事儿，徼幸得效，便道是天大功劳，就来挟制那人，责他厚报；稍不遂意，便把这事翻局来害。往往人家用错了人，反受其累。譬如小二不过一时用得些气力，便想要王公的银子，那王公若是个知事的，不拘多寡与他些也就罢了，谁知王公又是舍不得一文钱的悭吝老儿，

Чжу Тай стал действовать именно так, как распорядился отец.

А теперь вернемся к старику Вану, хозяину винной лавки в Цзиндэчжэни. Слуга Вана, который помог хозяину в ту ночь освободиться от трупа, ждал, что ему действительно кое-что перепадет. Но прошел день, второй, третий, а Ван все молчал. Слуга намеками давал понять, что ждет обещанного, хозяин же делал вид, что не понимает. Когда прошло еще несколько дней, слуга, видя, что старик и не собирается вспоминать об этом, не выдержал и как-то прямо сказал ему:

— Хозяин! От того, что тут лежало у нас тогда ночью, ты избавился благодаря мне. Если бы не я, утром местные власти доложили бы по начальству, прислали людей осматривать и проверять, и пришлось бы тебе упираться, доказывать, что не виновен, да при этом, если бы даже и не потратился на вино, на чай уж непременно раскошелился бы. А в конце концов пришлось бы тебе израсходовать еще десятки пудов своей слюны, и все равно бы не оправдался. Я помог тебе сэкономить уйму денег, — не унимался слуга, — так почему же теперь ты даже не заикаешься о том, как меня отблагодарить?

Следует сказать, что у людей недалеких натура неширокая, взгляды ограниченные. Оказав кому-нибудь помощь в деле, которое случайно окончилось удачей, они считают, что совершили чрезвычайный подвиг, что именно благодаря им все хорошо получилось, и ждут, когда их щедро отблагодарят. А ежели что-нибудь складывается не так, как они рассчитывали, то тут же из друзей превращаются во врагов. Поэтому те, кто прибегает к помощи подобных людей, часто терпят и страдают от них. Так случилось и со стариком Ваном. Слуга помог ему и захотел получить вознаграждение. И если бы Ван был человеком разбирающимся, что к чему, то дал бы слуге хоть сколько-нибудь денег, и все обошлось бы благополучно. Но старик был скаредный

说着要他的钱，恰像割他身上的肉，就面红颈赤起来了。当下王公见小二要他银子，便发怒道："你这人忒没理！吃黑饭，护漆柱。吃了我家的饭，得了我的工钱，便是这些小事，略走得几步，如何就要我钱？"小二见他发怒，也就嚷道："呀！就不把我，也是小事，何消得喉急？用得我着，方吃得你的饭，赚得你的钱，须不是白把我用的。还有一句话，得了你工钱，只做得生活，原不曾说替你拽死尸的。"王婆便走过来道："你这蛮子，真个忿懒！自古道：茄子也让三分老。怎么一个老人家，全没些尊卑，一般样与他争嚷。"小二道："阿婆，我出了力，不把银子与我，反发喉急，怎不要嚷？"王公道："什么！是我谋死的？要诈我钱！"小二道："虽不是你谋死，便是擅自移尸，也须有个罪名。"王公道："你到去首了我来。"小二道："要我首也不难，只怕你当不起这大门户。"王公赶上前道："你去首，我不怕。"望外劈颈就□。那小二不曾提防，捉脚不定，翻筋斗直跌出门外，磕碎脑

— он даже на медяк скупился. Когда хотели получить от него деньги, он чувствовал себя так, словно у него собираются отрезать кусок тела, и при этом весь багровел. И теперь, когда слуга заговорил о вознаграждении, он рассвирепел:

— Ну и нахал! Кормишься у меня, зарабатываешь, а за какую-то ерунду – за пару лишних шагов, которые тебе пришлось пройти, хочешь еще особо получить!

Увидев, что хозяин выходит из себя, слуга тоже заголосил:

— А! Не хочешь мне ничего давать, ну и не надо – большое дело! Стоит из-за этого крик разводить! Нужен я тебе, вот и ем твой хлеб. И деньги я у тебя зарабатываю, не даром ты мне их даешь. И еще должен тебе сказать, если ты и платишь мне, то за работу, и не было уговору, что я должен за тебя мертвецов таскать.

— Дикарь ты, вот кто! – вмешалась тут в разговор жена Вана. – И вправду нахал! Ведь исстари говорят: даже когда торгуются из-за баклажана, и то уступают пожилым. А ты нисколько не уважаешь старого человека, позволяешь себе спорить и ругаться с ним.

— Матушка! Да ведь если бы я ничего не сделал для хозяина, а то наоборот, – возражал слуга. – Он же, вместо того чтобы отблагодарить, орет на меня. Как мне не возмущаться!

— Я, что ли, убил человека, чтобы вымогать из меня деньги! – закричал на него старик.

— Хоть и не ты убивал, – ответил слуга, – но самовольно убирать труп – это тоже преступление.

— Ладно, иди и жалуйся на меня, – сказал старик.

— Пожаловаться нетрудно, только боюсь, что не по плечу тебе будет это дело.

— Иди жалуйся! Я не боюсь! – закричал, подбежав к нему, старик и толкнул его к выходу. Слуга, не ожидавший такого, не удержался на ногах и кубарем вылетел за ворота. При этом он

后，鲜血直淌。小二跌毒了，骂道："老忘八！亏了我，反打么！"就地下拾起一块砖来，望王公掷去，谁知数合当然，这砖不歪不斜，恰恰正中王公太阳，一交跌倒，再不则声。王婆急上前扶时，只见口开眼定，气绝身亡。跌脚叫苦，便哭起天来。只因这一文钱上，又断送了一条性命。

总为惜财丧命，
方知财命相连。

小二见王公死了，爬起来就跑。王婆喊叫邻里，赶上拿转，锁在王公脚上。问王婆："因甚事起？"王婆一头哭，一头将前情说出，又道："烦列位与老身作主则个。"众人道："这厮元来恁地可恶！先教他吃些痛苦，然后解官。"三四个邻里走前来，一顿拳头脚尖，打得半死，方才住手。教王婆关闭门户，同到县中告状。此时纷纷传说，远近人都来观看。且说邱乙大正访问妻子尸首不着，官司难结，心中气闷。这一日

разбил себе затылок, и полилась кровь.

– Ах ты, старая скотина! Вместо благодарности бьешь меня! – закричал слуга и, превозмогая острую боль, поднял с земли кирпич и швырнул его в старика. И надо же было, чтобы кирпич угодил не куда-нибудь, а прямо старику в висок. Тот упал и даже стона не издал. Старуха подбежала, чтобы поднять его, но у него глаза уже были как стеклянные и челюсть отвисла. Оказывается, он испустил дух. В отчаянии старуха затопала ногами и зарыдала. И вот из-за медяка ушла еще одна жизнь.

Утратил жизнь из-за того,
　　что денег лишних пожалел:
Металл – судьба, судьба –
　　металл – одно с другим так сплетена.

Увидев, что старик умер, слуга бросился наутек. Старуха позвала на помощь соседей, слугу поймали и привязали его к ногам старика.

– Из-за чего это произошло? – спрашивали соседи жену Вана.

Старуха, всхлипывая, рассказала, как все случилось, а под конец попросила соседей помочь ей сделать что нужно.

– Негодяй! Каким мерзавцем оказался! – кричали люди. – Ну ладно, пусть сначала кое-что испытает, а уж потом отправим его в ямэнь!

И тут же несколько человек набросились на слугу, до полусмерти избили его, а уж потом связали. Соседи велели старухе запереть дом и вместе с ними отправиться в уезд жаловаться.

Слух о том, что произошло в лавке Вана, разнесся по городу, и люди со всех концов сбегались туда. Узнал об этом и Цю Ида, который не переставал разыскивать труп жены, но найти его ему не удавалось, а без этого он, конечно, не мог довести до конца дело в уезде. Потому Ида все время пребывал в подавленном

闻得小二打王公的根由，想道："这妇人尸首，莫不就是我的妻子么？"急走来问，见王婆锁门要去告状。邱乙大上前问了个详细，计算日子，正是他妻子出门这夜，便道："怪道我家妻子尸首，当朝就不见踪影，原来却是你们撇掉了。到如今有了实据，绰板婆却白赖不过了。我同你们见官去。"当下一干人牵了小二，直到县里。次早大尹升堂，解将进去，地方将前后事由细禀。大尹又唤王婆，问了备细。小二料道情真难脱，不待用刑，从实招了。打了三十，问成死罪，下在狱中。邱乙大禀说妻子被刘三旺谋死，正是此日，这尸首一定是他撇下的。证见已确，要求审结。此时婺源县知会文书未到，大尹因没有尸首，终无实据。原发落出去寻觅。再说小二，初时已被邻里打伤，那顿板子，又十分利害。到了狱中，没有使用，又且一顿拳头，三日之间，血崩身死。为这一文钱起，又送一条

состоянии.

«Может быть, труп этот и есть труп моей жены?» – подумал Ида, когда ему рассказали, что случилось в лавке Вана. Он поспешил туда и застал старуху за тем, что она запирала ворота, собираясь идти в уезд жаловаться. Ида подробно расспросил ее обо всем, высчитал, в какой день Ван переносил труп, – выходило, что это произошло как раз той ночью, когда его жена оказалась за воротами.

«Вот почему я не нашел трупа жены на следующее утро, значит, они его просто выбросили. Теперь-то уж все доказательства налицо, и горлохватке Сунь так просто не отделаться!» – подумал Ида и немедленно отправился в уездный город. Подходя к ямэню, он видел, как старуха Ван, громко рыдая, вошла в ямэнь.

Узнав, что речь идет об убийстве, начальник уезда немедленно велел привести слугу. Никого ни о чем не расспрашивая, он прежде всего допросил старуху Ван. Слуга, понимая, что ему не отвертеться и не избежать ответственности, тут же, не дожидаясь никаких пыток, признался во всем. Слуге всыпали тридцать палок, приговорили к смертной казни и посадили в тюрьму.

Тем временем Ида еще раз прикинул, что именно в этот день Лю Саньван осуществил свой коварный замысел сжить со света его жену и наверняка сам же перенес ее труп. Решив, что все доказательства уже есть и что они бесспорны, Ида просил начальника довести теперь расследование до конца. Но к этому времени бумага из уезда Уюаньсянь еще не пришла, о ней никто не знал, и начальник считал, что, пока труп не найден, подлинных доказательств нет. Поэтому он лишь распорядился, чтобы как следует взялись и продолжили поиски трупа.

Что касается слуги старика Вана, то сначала он был избит соседями, затем жестоко избит в ямэне, а потом ему порядком досталось в тюрьме, поскольку денег у него, чтобы одаривать кого следует, не было. В результате через три дня он скончался.

性命。

见因贪白镪，
番自丧黄泉。

且说邱乙大从县中回家，正打白铁门首经过，只听得里边叫天叫地的啼哭。原来白铁自那夜担着惊恐，出脱这尸首，冒了风寒，回家上得床，就发起寒热，病了十来日，方才断命。所以老婆啼哭。眼见为这一文钱，又送一条性命。

化为阴府惊心鬼，
失却阳间打铁人。

丘邱乙大闻知白铁已死，叹口气道："恁般一个好汉！有得几日，却又了帐。可见世人真是没根的！"走到家里，单单止有这个小厮，鬼一般缩在半边，要口热水，也不能勾。看了那样光景，方懊悔前日逼勒老婆，做了这件拙事。如今又弄得不尴不尬，心下烦恼，连生意也不去做，终日东寻西觅，并无尸首下落。看看捱过残年，又早五月中旬。那时朱常儿子朱太已在按院告准状词，批在浮梁县审问，行文到婺源县关提人犯

И вот из-за одного медяка ушла еще одна жизнь. Да,

> *Жадность к белому металлу
> В царство к мертвым увела.*

Возвращаясь из уезда и проходя мимо дома жестянщика, Ида услышал неистовый женский плач. Оказывается, в ту ночь, когда жестянщик, охваченный страхом, переносил труп, он простудился. Вернувшись, он лег в постель – его кидало то в жар, то в холод. Проболел он дней десять и скончался. И вот теперь его жена плакала и причитала над телом мужа.

Из-за медяка оказалась унесенной еще одна жизнь:

> *Мастер-жестянщик из мира ушел,
> Стал духом, не знающим в страхе покоя.*

«Такой был здоровяк, а вот за несколько дней его скрутило. Видно, непрочные корни у людей на земле», – вздыхая, думал Ида.

Возвратясь домой, Ида увидел своего мальчишку, который, словно маленький черт, забился в угол. И воды-то горячей у него глотка не попросишь. Тут только Ида пожалел, что принудил жену совершить этот неразумный поступок. А теперь вот столько дела, что не знаешь, за что и взяться. Расстроенный, Ида даже перестал заниматься своей работой и целыми днями бродил в поисках трупа.

Но вот кончился старый год, наступил новый, и незаметно подошла середина пятого месяца. К этому времени у Чжу Тая, сына Чжу Чана, уже приняли жалобу в провинциальном суде, и там была наложена резолюция: дело пересмотреть в уезде Фулянсянь. Соответственная бумага была направлена и в Уюаньсянь; в ней указывалось: доставить причастных к делу людей и

尸棺。起初朱太还不上紧，到了五月间，料得尸首已是腐烂，大大送个东道与婺源县该房，起文关解。那赵完父子因婺源县已经问结，自道没事，毫无畏惧，抱卷赴理。两县解子领了一干人犯，三具尸棺，直至浮梁县当堂投递。大尹将人犯羁禁，尸棺发置官坛候检，打发婺源回文，自不必说。不则一日，大尹吊出众犯，前去相验。那朱太合衙门通买嘱了，要胜赵完。大尹到尸场上坐下，赵完将浮梁县案卷呈上。大尹看了，对朱常道："你借尸索诈，打死二命，事已问结，如何又告？"朱常禀道："爷爷，赵完打余氏落水身死，众目共见；却买嘱了地邻仵作，妄报是缢死的。那丁文、田婆，自己情慌，谋害抵

гробы.

Вначале, когда только было вынесено решение о пересмотре дела, Чжу Тай не торопился, но в пятом месяце, полагая, что трупы уже разложились, он, не скупясь, одарил служителей в Уюаньсяни, чтобы те не откладывали с отправкой людей и трупов в Фулянсянь.

Что касается Чжао Ваня и Чжао Шоу, то они полагали, что их никакие неприятности ожидать не могут, поскольку решение дела в Уюаньсяни уже было в их пользу. Поэтому, заготовив соответствующие бумаги, они со спокойной душой отправились в Фулянсянь.

Служители обоих уездов доставили людей и гробы в Фулянсянь. Начальник уезда велел взять всех доставленных лиц под стражу, гробы с трупами поставить в помещение для осмотра, а прислужников из Уюаньсяни с соответствующей бумагой отправил обратно.

Через несколько дней начальник уезда вызвал всех причастных к делу лиц и отправился на осмотр трупов. К этому времени Чжу Тай уже подкупил в ямэне всех, кого следовало, лишь бы только выиграть дело. Когда начальник прибыл в помещение для осмотра, Чжао Вань подал ему заготовленную бумагу. Просмотрев бумагу, начальник спросил Чжу Чана:

— Ты использовал труп женщины для вымогательства да еще и убил двоих людей. Дело это уже рассмотрено и закончено. Так почему же ты снова подаешь жалобу?

— Уважаемый начальник! Люди Чжао сбили эту женщину в воду, и тогда она погибла — это видели все. Но Чжао Вань подкупил и своих соседей, и специалиста по освидетельствованию трупов, в результате и было вынесено решение, что женщина удавлена. Что касается старика Дин Вэня и старухи Тянь, то это Чжао Вань и Чжао Шоу, испугавшись ответа за убийство женщины, специально все так подстроили, чтобы ответственность

饰，硬诬小人打死。且不要论别件，但据小人主仆俱被拿住，赵完是何等势力，却容小人打死二命？况死的俱年七十多岁，难道怎地不知利害，只拣垂死之人来打？爷爷推详这上，就见明白。"大尹道："既如此，当时怎就招承？"朱常道："那赵完衙门情熟，用极刑拷逼，若不屈招，性命已不到今日了。"赵完也禀道："朱常当日倚仗假尸，逢着的便打，合家躲避；那丁文、田婆年老奔走不及，故此遭了毒手。假尸缢死绳痕，是婺源县太爷亲验过的，岂是仵作妄报。如今日久腐烂，巧言诳骗爷爷，希图漏网反陷。但求细看招卷，曲直立见。"大尹道："这也难凭你说。"即教开棺检验。天下有这等作怪的事，只道尸首经了许久，料已腐烂尽了，谁知都一毫不变，宛然如生。那杨氏颈下这条绳痕，转觉显明，倒教仵作

за них целиком легла на меня. А если еще учесть, что людей моих было немного, то станет ясно, разве могли мы справиться с такой ватагой да еще убить у них двоих? Тем более что убитыми-то оказались старики – каждому за семьдесят. Но допустим, что с нами было трудно справиться, что мы были сильнее, так неужели ж мы специально выбирали и били только таких, которые вот-вот сами развалятся. Стоит вам, уважаемый начальник, на это обратить внимание, как сразу все будет ясно.

– Если это все так, то ты не должен был признавать свою вину, – сказал начальник.

– Да ведь у них там, в ямэне, уже так принято, что пытают жесточайшими пытками, – ответил Чжу Чан, – и если бы я тогда от всего отказывался, то не дожил бы до сегодняшнего дня.

Однако Чжао Вань показывал иное.

– В тот день Чжу Чан, облыжно обвиняя нас в убийстве женщины, ворвался ко мне, и его люди избивали у меня всех, кто только попадался им под руку, – говорил он. – Наши стали разбегаться, а Дин Вэнь и Тянь были слишком стары, потому они убежать не успели и поплатились жизнью. След от веревки на шее покойной видел лично начальник уезда Уюаньсянь, и не мог специалист по освидетельствованию трупов докладывать не то, что есть. А с тех пор столько времени прошло, что труп, наверно, начал разлагаться. Вот Чжу Чан и пытается обмануть вас, чтобы самому уйти от ответственности и возложить вину на других. Прошу вас внимательно просмотреть те показания, которые он давал прежде, и сразу будет ясно, где правда.

– Ну, словам тут трудно верить, – произнес начальник и распорядился, чтобы открыли гроб.

И бывают же на свете такие удивительные вещи! Времени прошло много, труп, казалось, должен был разложиться, но когда открыли гроб, то покойная лежала в нем, словно живая, а след от веревки на шее стал еще отчетливее. Специалист по

人没做理会。你道为何？他已得了朱常的钱财，若尸首烂坏了，好从中作弊，要出脱朱常，反坐赵完。如今伤痕见在，若虚报了，恐大尹还要亲验。实报了，如何得朱常银子。正在踌躇，大尹早已瞧破，就走下来亲验。那仵作人被大尹监定，不敢隐匿，一一实报。朱常在傍暗暗叫苦。大尹将所报伤处，将卷对看，分毫不差，对朱常道："你所犯已实，怎么又往上司诳告？"朱常又苦苦分诉。大尹怒道："还要强辨！夹起来！快说这缢死妇人是那里来的？"朱常受刑不过，只得招出："本日早起，在某处河沿边遇见，不知是何人撇下？"那大尹极有记性，忽地想起："去年邱乙大告称，不见了妻子尸首；后来卖酒王婆告小二打死王公，也称是日抬尸首，撇在河沿上起衅。至今尸首没有下落，莫不就是这个么？"暗记在心。当下将朱常、卜才都责三十，照旧死罪下狱，其馀家人减徒招

освидетельствованию просто не знал, что ему делать: он уже взял от сына Чжу Чана денежный подарок, и, если бы труп разложился, можно было бы смошенничать, чтоб освободить Чжу Чана и засадить Чжао Ваня, а тут след сохранился, скажешь не то – начальник возьмет да сам проверит, а сказать правду – так разве скажешь, когда деньги уже приняты.

Начальник сразу заметил, что специалист стоит в нерешительности, и сам направился к гробу. Тут уж специалисту ничего не оставалось, как доложить то, что он обнаружил.

Чжу Чан с ужасом наблюдал за происходящим. Начальник сверил сообщение специалиста с прежними показаниями и увидел – все сходится.

– Преступление твое явно, – сказал он, обращаясь к Чжу Чану. – Так как же ты посмел зря жаловаться и обманывать высшее начальство!

Чжу Чан снова начал оправдываться.

– Ты еще будешь тут нагло отпираться! – закричал начальник. – Говори немедленно, откуда взялась эта удавленная женщина! Зажать! – приказал он.

Чжу Чан не выдержал пытки.

– В тот день утром мы подобрали этот труп на берегу реки, а откуда он там взялся, я не знаю, – сказал он.

У начальника была хорошая память, и он вспомнил: в прошлом году некий Цю Ида подавал жалобы на Лю Саньвана, но трупа жены Цю Ида так и не обнаружили. Вспомнил он также, что Ван, жена хозяина винной лавки, подавала жалобу на своего слугу, обвиняя его в убийстве ее мужа; слуга тоже говорил, что именно в тот день они унесли труп и бросили его на берегу реки.

«А ведь труп женщины до сих пор не найден. Может быть, это он и есть?» – подумал начальник. Он приказал дать Чжу Чану и Бу Цаю по тридцать палок и снова посадил их в тюрьму

保。赵完等发落宁家，不题。

且说大尹回到县中，吊出邱乙大状词，并王小二那宗案卷查对，果然日子相同，撇尸地处一般，更无疑惑。即着原差，唤到邱乙大、刘三旺干证人等，监中吊出绰板婆孙氏，齐至尸场认看。此时正是五月天道，监中瘟疫大作，那孙氏刚刚病好，还行走不动，刘三旺与再旺扶挟而行。到了尸场上，仵作揭开棺盖，那邱乙大认得老婆尸首，放声号恸，连连叫道："正是小人妻子。"干证邻里也道："正是杨氏。"大尹细细鞫问致死情由，邱乙大咬定："刘三旺夫妻登门打骂，受辱不过，以致缢死。"刘三旺、孙氏，又苦苦折辩。地邻俱称是孙氏起衅，与刘三旺无干。大尹喝教将孙氏拶起。那孙氏是新病好的人，身子虚弱，又行走这番，劳碌过度，又费唇费舌折辩，渐渐神色改变。经着拶子，疼痛难忍，一口气收不来，翻身跌倒，呜呼哀哉！只因这一文钱上起，又送一条性

как приговоренных к смертной казни. Остальных людей Чжу Чана он присудил к каторжным работам, но пока выпустил на поруки. Чжао Ваня и его людей начальник отпустил.

Возвратясь к себе, начальник уезда велел найти и принести ему прежние показания Цю Ида и слуги старика Вана. Оказалось, что даты сходятся и труп именно в ту ночь был брошен у реки. Тогда он велел вызвать Цю Ида, Лю Саньвана и свидетелей, а также привести из тюрьмы в ямэнь горлохватку Сунь, чтобы все они присутствовали при освидетельствовании трупа.

Это была пора жаркого пятого месяца, когда в тюрьме свирепствовал мор. Сунь только успела оправиться от болезни, едва ходила, и ее привели, поддерживая с двух сторон, Лю Саньван и ее сын Цзайван.

Когда открыли гроб, Ида сразу же признал свою жену и, рыдая, закричал:

– Это моя жена!

Соседи тоже признали, что это жена Цю Ида, урожденная Ян. Тогда начальник уезда начал подробно расспрашивать о причине смерти Ян. Ида заявил:

– Лю Саньван и его жена ворвались ко мне в дом, набросились с руганью на мою жену и били ее. Она не смогла вынести такого позора и повесилась.

Лю Саньван и его жена упорно отрицали это, а соседи в один голос заявляли, что ссору затеяла Сунь и что Лю Саньван тут ни при чем.

Начальник уезда велел тогда зажать в тиски пальцы жены Лю Саньвана. Сунь едва оправилась от болезни, была совсем слаба, ей стоило большого труда добраться до зала присутствия, а тут еще пришлось говорить, оправдываться. Поэтому на ней просто лица не было. А когда ее зажали в тиски, то, не выдержав боли, она свалилась наземь и, увы, больше не поднялась.

И вот из-за медяка не стало еще одного человека. Вот уж дей-

命。正是：

地狱又添长舌鬼，
阳间少了绰板声。

大尹看见，即令放拶。刘三旺向前叫喊，喊破喉咙，也唤不转。再旺在旁哀哀啼哭，十分凄惨。大尹心中不忍，向邱乙大道："你妻子与孙氏角口而死，原非刘三旺拳手相交。今孙氏亦亡，足以抵偿。今后两家和好，尸首各自领归埋葬，不许再告；违者，定行重治。"众人叩首依命，各领尸首埋葬，不在话下。

且说朱常、卜才下到狱中，想起枉费许多银两，反受一场刑杖，心中气恼，染起病来，却又沾着瘟气，二病夹攻，不勾数日，双双而死。只因这一文钱上起，又送两条性命。

未诈他人，
先损自己。

说话的，我且问你：朱常生心害人，尚然得个丧身亡家之报；那赵完父子活活打死无辜二人，又诬陷了两条性命，他却

ствительно,

*В аду прибавился длинноязычный дух,
А в мире меньше стало бабой-скандалисткой.*

Начальник уезда тотчас велел снять тиски. Лю Саньван кричал, звал жену до хрипа, но все было бесполезно. Цзайван горько рыдал. Зрелище было невыносимое.

Начальнику уезда стало жалко пострадавших, и он сказал, обращаясь к Ида:

— Твоя жена поссорилась с Сунь и в конце концов покончила с собой. Лю Саньван вовсе ее не бил. Теперь же и сама Сунь умерла, так что смерть твоей жены отомщена. Отныне обе ваши семьи должны жить в мире. Похороните ваших жен, и чтобы в дальнейшем не было никаких жалоб. А если посмеете нарушить это решение, будете наказаны со всей строгостью.

Земно кланяясь начальнику, Лю Саньван и Цю Ида сказали, что во всем повинуются, и забрали трупы.

Что касается Чжу Чана и Бу Цая, то, оказавшись снова в тюрьме, они только и думали о том, что израсходовали уйму денег и все равно пострадали. Это их убивало. Между тем в тюрьме снова начался мор, эпидемия распространилась и на них, и оба они, проболев несколько дней, скончались.

Ушли еще две жизни из-за одной монеты. И получилось, что,

*Разжиться не успев на злом обмане,
Себя лишь сами погубили.*

Позволь-ка, рассказчик, скажете вы, ведь Чжу Чан только задумал зло против человека, однако кончил тем, что сам погиб, а Чжао Вань и его сын Чжао Шоу, которые убили двух невинных людей, да к тому же засудили и загубили еще двоих, остались

漏网安享，可见天理原有报不到之处。看官，你可晓得，古老有几句言语么？是那几句？古语道：

善有善报，
恶有恶报。
不是不报，
时辰未到。

那天公算子，一个个记得明白。古往今来，曾放过那个？这赵完父子漏网受用，一来他的顽福未尽；二来时候不到；三来小子只有一张口，没有两副舌，说了那边，便难顾这边，少不得逐节儿还你一个报应。闲话休题。且说赵完父子，又胜了朱常，回到家中，亲戚邻里，齐来作贺。吃了好几日酒。又过数日，闻得朱常、卜才，俱已死了，一发喜之不胜。田牛儿念着母亲暴露，领归埋葬不题。时光迅速，不觉又过年馀。原来赵完年纪虽老，还爱风月，身边有个偏房，名唤爱大儿。那爱

ненаказанными и живут себе преспокойно, в полном благополучии, и из всего этого, мол, ясно, что и небо не всегда воздает должное. Нет, уважаемые слушатели, вы ведь знаете, что есть старинное высказывание, которое гласит:

За добро воздастся добром,
а зло покарается злом.
И коль должное не воздано –
значит, время еще не пришло.

Небесный владыка, учитывая добрые и недобрые деяния, помнит каждое из них; издревле и поныне не ушел от наказания ни один, кто его заслужил. И если пока Чжао Вань и его сын ускользнули из сетей возмездия и наслаждались жизнью, то это, во-первых, потому, что период их шального счастья еще не кончился; во-вторых, потому, что вообще время отмщения не наступило; в-третьих, еще оттого, что у меня только один язык и нет двух ртов, и если я говорю об одном, то не могу одновременно говорить о другом. Но в конце концов я все-таки расскажу вам о возмездии.

Однако не будем разглагольствовать о постороннем, а вернемся прямо к Чжао Ваню и Чжао Шоу. После того как они вторично выиграли дело против Чжу Чана и приехали домой, родственники и соседи пришли поздравлять их, и они несколько дней подряд праздновали, пили и веселились. А еще через несколько дней они узнали, что Чжу Чан и Бу Цай – оба скончались, и радости их не было предела.

Что касается Тянь Нюэра, то, озабоченный тем, что его мать не похоронена, он, наконец, взял ее тело и предал земле.

Время летело быстро. Незаметно прошло больше года.

Чжао Вань, старик стариком, но любил повеселиться, и была у него вторая жена Айда. Эта довольно красивая женщина, кото-

大儿生得四五分颜色，乔乔画画，正在得趣之时。那老儿虽然风骚，到底老人家，只好虚应故事，怎能勾满其所欲？看见义孙赵一郎，身材雄壮，人物乖巧，尚无妻室，到有心看上了。常常走到厨房下，揸肩擦背，调嘴弄舌。你想世上能有几个坐怀不乱的鲁男子，妇人家反去勾搭，他可有不肯之理。两下眉来眼去，不则一日，成就了那事。彼此俱在少年，犹如一对饿虎，那有个饱期，捉空就闪到赵一郎房中，偷一手儿。那赵一郎又有些本领，弄得这婆娘体酥骨软，魄散魂销，恨不时刻并做一块。约莫串了半年有馀，一日，爱大儿对赵一郎说道："我与你虽然快活了这几多时，终是碍人耳目，心忙意急，不能勾十分尽兴。不如悄地逃往远处，做个长久夫妻。"赵一郎道："小娘子若真肯跟我，就在此，可做得夫妻，何必远去？"爱大儿道："你便是心上人了，有甚假意？只是怎地在

рая любила принарядиться и приукраситься, пребывала в самой поре привлекательного возраста и игривого настроения. Чжао Вань, хотя и не утратил темперамента, все-таки был уже стар, баловался с ней кое-как и, конечно, полностью не удовлетворял ее страсть.

Между тем Айда как-то обратила внимание на Чжао Илана, еще не женатого, рослого, здорового и сообразительного человека. Илан ей понравился. Нет-нет, да и захаживала она на кузню, задевала его, словно случайно, то плечом, то спиной, заводила шутливые разговоры. Так подумайте же сами, уважаемые слушатели, много ли на свете найдется мужчин, которые не поддались бы соблазну, когда сама женщина бросается к ним в объятия?! И вот движения бровей, многозначительные взгляды, и через какое-то время свершилось желанное для обоих. Илан и Айда были молоды, поэтому не могли насытиться друг другом, словно голодные тигры, и чуть выдавалась минута, Айда забегала в комнату Илана, чтобы побыть с ним наедине. К тому же Илан оказался искушенным в любви, так что при встречах с Айда доводил ее до того, что она размякала от неги, душа ее таяла и ей ни на минуту не хотелось с ним расставаться. Так они тайком встречались более полугода, и однажды Айда сказала Илану:

— Мы, конечно, в радости провели все это время, но все же нам приходится таиться от людей, на душе от этого неспокойно, и мы не можем полностью насладиться счастьем. Не лучше ли потихоньку уехать куда-нибудь подальше и прожить до конца наших дней как муж и жена.

— Мы и здесь можем жить как муж и жена, если ты на самом деле так ко мне относишься, — ответил ей Илан.

— Как же не на самом деле, если ты стал человеком моего сердца. Но только как это мы сможем быть мужем и женой, оставаясь здесь?

此就做的夫妻！"赵一郎道："向年丁老官与田婆，都是老爹与大官人自己打死诈赖朱家的，当时教我相帮他扛抬，曾许事完之日，分一分家私与我。那个棒槌，还是我藏好。一向多承小娘子相爱，故不说起。你今既有此心，我与老爹说，先要了那一分家私，寻个所在住下，然后再央人说，要你为配，不怕他不肯。他若舍不得，那时你悄地竟自走了出来，他可敢道个不字么？设或不达时务，便报与田牛儿，同去告官，教他性命也自难保。"爱大儿闻言，不胜欢喜，道："事不宜迟，作速理会。"说罢，闪出房去。次日赵一郎探赵完独自个在堂中闲坐，上前说道："向日老爹许过事平之后，分一分家私与我。如今朱家了帐已久，要求老爹分一股儿，自去营运。"赵完答道："我晓得了。"再过一日，赵一郎转入后边，遇着爱大儿，递个信儿道："方才与老爹说了，娘子留心察听，看可像肯的"爱大儿点头会意，各自开去不题。

— В свое время мой хозяин и его сын убили старика Дин Вэня и старуху Тянь, а вину свалили на Чжу Чана, — стал рассказывать ей Илан. — Они велели мне помочь им перенести трупы и пообещали, что, когда дело кончится, уделят мне часть своего имущества. Дубинку, которой они прикончили тех двоих, я припрятал. Но все это время ты так относилась ко мне, что мне не хотелось заговаривать с хозяином относительно обещанного. Однако раз у тебя сейчас такие серьезные намерения, то я попробую сначала поговорить со стариком об имуществе, потом откажусь от обещанной доли, поселюсь где-нибудь в другом месте и тогда попрошу людей поговорить с ним, чтобы он отдал за меня тебя. Думаю, он согласится. Если же не захочет расстаться с тобой, тогда возьмешь и потихоньку уйдешь от него — не станет же он из-за этого подымать шум. Если же он окажется недостаточно сообразительным, я расскажу все, как было, Тянь Нюэру, и мы вместе пойдем жаловаться в ямэнь. Тогда уж ему и жизни своей не спасти.

— Раз так, не медли — действовать надо быстро, — обрадованная, сказала Айда и выбежала из комнаты Илана.

На следующий день, улучив момент, когда Чжао Вань один сидел в зале, Илан подошел к нему и сказал:

— В свое время вы обещали, что когда дело уладится, то уделите мне часть имущества. Ныне с Чжу Чаном уже давно покончено, и я бы просил вас исполнить свое обещание, чтобы я мог сам начать какое-нибудь дело и самостоятельно жить.

— Понимаю, — ответил на это Чжао Вань.

Встретив на следующий день Айда, Илан сообщил ей:

— Я говорил со старым хозяином, так что ты имей это в виду и прислушивайся, действительно ли он согласен выделить мне долю.

Айда понимающе кивнула, и они разошлись.

После разговора с Иланом Чжао Вань позвал как-то Чжао

且说赵完叫赵寿到一个厢房中去,将门掩上,低低把赵一郎说话,学与儿子,又道:"我一时含糊应了他,如今还是怎地计较?"赵寿道:"我原是哄他的甜话,怎么真个就做这指望?"老儿道:"当初不合许出了,今若不与他些,这点念头,如何肯息?"赵寿沉吟了一回,又生起歹念,乃道:"若引惯了他,做了个月月红,倒是无了无休的诈端。想起这事,止有他一个晓得,不如一发除了根,永无挂虑。"那老儿若是个有仁心的,劝儿子休了这念,胡乱与他些小东西,或者免得后来之祸,也未可知。千不合,万不合,却说道:"我也有这念头,但没有个计策。"赵寿道:"有甚难处,明日去买些砒礵,下在酒中,到晚灌他一醉,怕道不就完事。外边人都晓得平日将他厚待的,决不疑惑。"赵完欢喜,以为得计。他父子商议,只道神鬼不知;那晓得却被爱大儿瞧见,料然必说此事,悄悄走来覆在壁上窥听。虽则听着几句,不当明白,恐怕

Шоу в боковое помещение, прикрыл плотно двери и шепотом пересказал ему все, что говорил ему Илан.

— Я неопределенно ответил ему, — добавил Чжао Вань под конец. — Но все-таки как же теперь быть?

— Да и я ведь в свое время пообещал ему это так, между прочим, — ответил Чжао Шоу. — Что же, он теперь заговорил об этом всерьез?

— Не следовало в свое время обещать, — заметил Чжао Вань, — а теперь, если ему ничего не дать, вряд ли он спокойно расстанется с мыслью об этом.

Чжао Шоу задумался на какой-то момент, и опять у него в голове родилась недобрая мысль.

— Если дать ему поблажку, то каждый месяц он захочет что-то получать и это превратится в вымогательство без конца и края, — сказал Чжао Шоу. — О наших делах знает только он один. Так лучше вырвать все с корнем, и забот не будет.

Если бы старик был человеком доброго нрава, он уговорил бы сына отбросить подобные мысли, дал бы Илану чего-нибудь, и, кто его знает, может быть, это не повлекло бы за собой дальнейшей беды. Но надо же было, чтобы вместо этого старик ответил:

— И я так считаю, только не знаю, как же это осуществить.

— А что тут сложного? — сказал Чжао Шоу. — Пойду завтра, куплю мышьяку, запущу в вино, напою его вечером, и делу конец. Соседи-то все знают, что мы всегда относились к нему хорошо, и ни у кого никаких подозрений не возникнет.

Чжао Вань счел план удачным и был доволен.

И конечно, пока отец и сын говорили друг с другом, они были уверены, что никто об этом не знает, и ни один из них не подозревал, что их подслушивает Айда. Она догадалась, что речь у них идет об Илане. И хоть она услышала только отдельные фразы и до конца не все поняла, однако, боясь, как бы кто-нибудь из

出来撞着，急闪入去。欲要报与赵一郎，因听得不甚真切，不好轻事重报。心生一计，到晚间，把那老儿多劝上几杯酒，吃得醉熏熏，到了床上，爱大儿反抱定了那老儿撒娇撒痴，淫声浪语。那老儿迷魂了，乘着酒兴，未免做些没正经事体。方在酣美之时，爱大儿道："有句话儿要说，恐气坏了你，不好开口。若不说，又气不过。"这老儿正顽得气喘吁吁，借那句话头，就停住了，说道："是那个冲撞了你？如此着恼！"爱大儿道："㕧耐一郎这厮，今早把风话撩拨我，我要扯他来见你，倒说：'老爹和大官人，性命都还在我手里，料道也不敢难为我。'不知有甚缘故，说这般满话。倘在外人面前，也如此说，必疑我家做甚不公不法勾当，可不坏了名声？那样没上下的人，怎生设个计策摆布死了，也省了后患。"那老儿道："元来这厮恁般无礼！不打紧，明晚就见功效了。"爱大儿道："明晚怎地就见功效？"那老儿也是合当命尽，将要药死

них не вышел и не увидел ее, долго стоять у двери не решилась. Хотела рассказать об этом Илану, но так как она не очень-то расслышала, о чем шла речь, то сочла неуместным говорить о том, чего, может быть, и нет. Тогда она пошла на хитрость. Вечером она напоила старика так, что он был совершенно пьян, в постели обнимала его, была с ним необычайно нежна, разнузданна, нашептывала ему такие вещи, от которых у старика помутилось сознание, и под влиянием вина он, конечно, позволил себе кое-какие шалости с ней.

И вот, в самый острый момент наслаждения, Айда вдруг заговорила:

— Собиралась кое-что сказать вам, да побоялась, что вы слишком расстроитесь, и не стала говорить. Но это настолько возмутительно, что не сказать вам тоже нельзя.

Старик, который едва мог перевести дыхание от любовной игры, воспользовался этим как передышкой и спросил:

— Кто же это посмел тебя обидеть и довести до такого возмущения? — спросил он.

— Это паршивец Илан. Сегодня он так поддевал меня всякими словами, что мне просто захотелось взять да притащить его к вам, но он сказал: «Жизнь старого и молодого господина в моих руках, вряд ли они посмеют что-нибудь со мной сделать». Я не знаю, почему он так говорил, — продолжала Айда, — но если бы это было сказано при ком-нибудь из посторонних, то люди наверняка заподозрили бы вас в чем-то несправедливом и незаконном и это испортило бы вашу репутацию. Надо было бы как-нибудь да что-нибудь придумать и покончить с таким человеком, чтобы потом у вас не было неприятностей.

— Вот негодяй, до какого безобразия дошел! — возмутился старик. — Ну ладно, ничего! Завтра вечером все будет уже в порядке.

— Что значит «завтра вечером все будет уже в порядке»? —

的话，一五一十说出。那婆娘得了实言，次早闪来报知赵一郎。赵一郎闻言，吃那惊不小，想道："这样反面无情的狠人！倒要害我性命，如何饶得他过？"摸了棒槌，锁上房门，急来寻着田牛儿，把前事说与。田牛儿怒气冲天，便要赶去厮闹。赵一郎止住道："若先嚷破了，反被他做了准备。不如竟到官司，与他理论。"田牛儿道："也说得是。还到那一县去？"赵一郎道："当初先在婺源县告起，这大尹还在，原到他县里去。"那太白村离县止有四十馀里，二人拽开脚步，直跑至县中。正好大尹早堂未退，二人一齐喊叫。大尹唤入，当厅跪下，却没有状词，只是口诉。先是田牛儿哭禀一番，次后赵一郎将赵寿打死丁文、田婆，诬陷朱常、卜才情繇细诉，将行凶棒槌呈上。大尹看时，血痕虽干，鲜明如昨。乃道："既

спросила Айда.

Видно, и старику не суждено было больше жить, поэтому он рассказал подробно, как они решили расправиться с Иланом.

Узнав обо всем толком, Айда на следующее утро нашла подходящий момент, прибежала к Илану и сообщила ему, что его ждет.

Илан не на шутку перепугался: «Вот они, эти лицемерные, бесчувственные люди! – подумал он. – Решили покончить и со мной. Так как же я теперь могу им простить!»

Заперев свою дверь и прихватив с собой дубинку, он тут же побежал к Тянь Нюэру и рассказал ему, как все было. Тянь Нюэр, взбешенный, собрался тотчас идти к Чжао Ваню и Чжао Шоу, но Илан остановил его:

— Если ты сейчас подымешь шум, они сумеют подготовиться. Уж лучше идти сразу в ямэнь, а там с ними и разговаривать.

— Ты прав, — ответил на это Тянь Нюэр. — Но в какой же уезд идти?

— В свое время подавали жалобу в Уюаньсянь. Начальник этого уезда все тот же, поэтому надо бы опять идти к нему, — сказал Илан.

Деревня Тайбоцунь находилась всего в сорока ли от уездного города, поэтому оба они сразу же бросились туда и явились прямо в ямэнь.

Начальник уезда еще не закончил утреннее присутствие, и, когда оба парня закричали о несправедливости, обиде, он велел их позвать. Молодые люди стали перед начальником на колени. Письменной жалобы у них не было, и они обратились с жалобой устно. Первым, рыдая и плача, доложил Тянь Нюэр, затем Илан рассказал, как Чжао Шоу убил Дин Вэня и старуху Тянь, а вину возвел на Чжу Чана и Бу Цая. При этом он передал начальнику дубинку, которой было совершено убийство. Начальник взглянул на дубинку и увидел совершенно отчетливые следы крови,

有此情，当时为何不首？"赵一郎道："是时因念主仆情分，不忍出首。如今恐小人泄漏，昨日父子计议，要在今晚将毒药鸩害小人，故不得不来投生。"大尹道："他父子私议，怎地你就晓得？"赵一郎急遽间，不觉吐出实话，说道："亏主人偏房爱大儿报知，方才晓得。"大尹道："你主人偏房，如何肯来报信？想必与你有奸么？"赵一郎被问破心事，脸色俱变，强词抵赖。大尹道："事已显然，不必强辨。"即差人押二人去拿赵完父子并爱大儿前来赴审。到得太白村，天已昏黑，田牛儿留回家歇宿，不题。

　　且说赵寿早起就去买下砒礵，却不见了赵一郎，问家中上下，都不知道。父子虽然有些疑惑，那个虑到爱大儿泄漏。次日清晨，差人已至，一索捆翻，拿到县中。赵完见爱大儿也拿了，还错认做赵一郎调戏他不从，因此牵连在内。直至赵一

хотя она и засохла.

– Раз все было так, почему же ты в свое время не сообщил об этом? – спросил начальник Илана.

– Мне было жалко их, потому и не захотел доносить, – ответил Илан. – Но теперь Чжао Вань и Чжао Шоу побоялись, как бы я не проговорился об этом, и вчера решили, что сегодня вечером отравят меня. Тут уж мне ничего не оставалось, как явиться с просьбой оградить меня.

– Откуда же ты узнал, чтó именно задумали Чжао Вань и его сын?

Застигнутый врасплох, Илан невольно выдал то, что было:

– Это все благодаря Айда, второй жене старика-хозяина. Она сообщила мне об этом, вот я и узнал.

– Вторая жена твоего хозяина? С какой же стати она решила тебе сообщать об этом? Наверно, ты с ней в любовной связи?

Вопрос угодил прямо в точку. Чжао Илан весь переменился в лице, стал отговариваться.

– Дело тут ясное, так что нечего отпираться, – бросил ему начальник и тут же велел двум прислужникам направиться вместе с Иланом и Тянь Нюэром за Чжао Ванем, Чжао Шоу и Айда, чтобы доставить их в уезд на суд. Но когда они пришли в Тайбоцунь, был уже поздний вечер, и Нюэр оставил всех у себя переночевать.

В тот день Чжао Шоу с утра купил мышьяк, но найти Илана нигде не мог. Он стал расспрашивать о нем домашних, однако никто из них не знал, куда тот девался. Чжао Вань и Чжао Шоу недоумевали, что бы это могло означать, и встревожились. Ни тому, ни другому, конечно, не приходило в голову, что Айда их выдала. А на следующий день с самого утра уже явились прислужники из ямэня, связали всех и доставили в город.

Видя, что Айда тоже оказалась среди арестованных, Чжао Вань подумал сначала, что это Илан – раз он заигрывал с ней,

郎说出，报他谋害情由，方知向来有奸，懊悔失言。两下辨论一番，不肯招承。怎当严刑煅炼，疼痛难熬，只得一一细招。大尹因他害了四命，情理可恨，赵完父子，各打六十，依律问斩。赵一郎奸骗主妾，背恩反噬；爱大儿通同奸夫，谋害亲夫，各责四十，杂犯死罪，齐下狱中。田牛儿发落宁家。一面备文，申报上司，具疏题请，不一日，刑部奉旨，倒下号札，四人俱依拟，秋后处决。只因这一文钱，又送了四条性命。虽然是冤各有头，债各有主，若不因那一文钱争闹，杨氏如何得死？没有杨氏的死尸，朱常这诈害一事，也就做不成了。总为这一文钱，共害了十三条性命。这段话叫做《一文钱小隙造奇冤》。奉劝世人，舍财忍气为上。有诗为证：

相争只为一文钱，

а она не поддавалась, потому тот и решил втянуть ее в дело. И только когда Илан изложил перед начальником уезда все обстоятельства, связанные с убийством, а под конец рассказал, как и его собирались прикончить, Чжао Вань понял, что между Иланом и Айда была давняя связь, и не мог себе простить, что проговорился.

Между сторонами начались пререкания. Чжао Вань и Чжао Шоу не хотели сознаваться в содеянном, однако пыток они не выдержали и выложили все, как было. В связи с тем что Чжао Вань и Чжао Шоу погубили четырех человек, дело выглядело чрезвычайно серьезным. Им всыпали по шестьдесят палок каждому и, согласно закону, приговорили к смертной казни. Что касается Илана, который соблазнил вторую жену хозяина и таким образом за добро ответил злом, то ему и Айда, находившейся с ним в любовной связи, обоим дали по сорок палок и тоже осудили их как преступников, заслуживающих смертной казни. Всех четверых посадили в тюрьму. Тянь Нюэра отпустили домой. Одновременно было составлено донесение в высшую инстанцию, и через некоторое время после проверки дела поступило распоряжение всех четверых казнить в конце осени.

И вот из-за одной монеты умерли еще четыре человека. И хотя, как говорится, обида всегда имеет причину, а долг – заимодавца, но если бы не этот скандал из-за медяка, не покончила бы с собой Ян, а не было бы трупа Ян, то и Чжу Чан не смог бы пустить в ход свои злокозни. Словом, из-за какого-то одного медяка было погублено тринадцать жизней.

Этот рассказ называется «Пустяковая ссора из-за медяка приводит к неслыханным бедам». Он учит людей не думать о богатстве и прежде всего быть сдержанными в своих поступках. Стихи говорят:

Всего лишь из-за медяка

小隙谁知奇祸连！
劝汝舍财兼忍气，
一生无事得安然。

*возникла ссора меж детьми.
Такой, казалось бы, пустяк,
    а сколько сгублено людей!
Совет даю: будь терпелив
    и о наживе думать брось,
Тогда и бед не будешь знать –
    всю жизнь спокойно проживешь.*

Цзинь гу цигуань
Глава 22

КИТАЙСКАЯ КЛАССИКА

第二十二卷

勘皮靴单证二郎神

柳色初浓，馀寒似水，纤雨如尘。一阵东风，縠纹微皱，碧波粼粼。

仙娥花月精神，奏凤管鸾箫斗新。万岁声中，九霞杯内，长醉芳春。

这首词调寄〔柳梢青〕，乃故宋时一个学士所作。单表北宋太祖开基，传至第八代天子，庙号徽宗，便是神霄玉府虚净宣和羽士道君皇帝。这朝天子，乃是江南李氏后主转生。父皇神宗天子，一日在内殿看玩历代帝王图像，见季后主风神体态，有蝉脱秽浊，神游八极之表，再三赏叹。后来便梦见季

ГЛАВА 22

КАК ПО ЯРЛЫКУ В САПОГЕ РАЗОБЛАЧИЛИ БОГА ЭРЛАНА

Ветви ивы недавно зелень густая покрыла,
уходит последняя стужа с талой водой;
Мелкою пылью дождь моросит беспрестанно,
и с легким порывом восточного ветра
рябью шелковой, тонкой
смялась пруда изумрудная гладь.
Повсюду, будто бы феи, живые цветы;
изощряются в новых напевах свирели.
И среди криков «Многие, многие лета!»
за прекрасным вином, что в чары
златые налито,
во хмелю беспробудном
за весною проводит весну он.

Стихотворение это написано на мотив «Зеленеют ветви ивы». Сочинил его один ученый минувшей сунской династии, и речь в нем, собственно, о восьмом – со времени первого сунского императора Тай-цзу – императоре Северной Сун, посмертное храмовое имя которого было Хуэй-цзун, даосский титул – «Император, служитель владыки обители верховного неба, бесстрастный даос Сюань-хэ». Хуэй-цзун был, собственно, Ли Юем – последним императором династии Южная Тан – в его перерождении. Дело в том, что, когда Шэнь-цзун, отец Хуэй-цзуна, однажды рассматривал портреты императоров былых времен, он восхитился благородным, одухотворенным выражением лица Ли Юя. Потом ему как-то приснился сон, что Ли Юй снизошел

后主投身入宫，遂诞生道君皇帝。少时封为端王。从小风流俊雅，无所不能。后因哥哥哲宗天子上仙，群臣扶立端王为天子。即位之后，海内乂安，朝廷无事。道君皇帝颇留意苑囿。宣和元年，遂即京城东北隅，大兴工役，凿池筑囿，号寿山银岳。命宦官梁师成董其事。又命朱勔取三吴二浙三川两广珍异花木，瑰奇竹石以进，号曰"花石纲"。竭府库之积聚，萃天下之伎巧，凡数载而始成。又号为万岁山。奇花美木，珍禽异兽，充满其中。飞楼杰阁，雄伟壤丽，不可胜言。内有玉华殿，保和殿，瑶林殿，大宁阁，天真阁，妙有阁，层峦阁，琳霄亭，骞凤垂云亭，说不尽许多景致。时许侍臣蔡京、王黼、高俅、童贯、杨戬、梁师成纵步游赏。时号"宣和六贼"。有诗为证：

с небес во дворец. После этого и родился Хуэй-цзун. В детстве он получил титул князя Дуань. С юных лет он был элегантен, изящен, остроумен, талантлив. Когда император Чжэ-цзун скончался, на престол был возведен его брат, дуаньский князь, то есть Хуэй-цзун. В стране тогда воцарился покой, и при дворе не происходило ничего чрезвычайного. Император питал особую любовь к садам и заповедникам. И вот в первом году Сюань-хэ он повелел в северо-западном участке столицы начать строительство огромного сада с прудами, которому дал название Северовосточная гора долголетия. Ведать этим он приказал сановнику внутренней службы Лянь Шичэну. Другому сановнику – Чжу Мяню поручил обеспечить доставку со всех концов страны необыкновенных камней, деревьев, цветов, бамбука и прочего. Называлось это «поставкой цветов и камней». Все государственные средства расходовались на устройство сада, и самые искусные мастера из различных районов страны были призваны для этого в столицу. Через несколько лет строительство закончилось, и сад переименовали в Гору многолетия. Сад изобиловал удивительными цветами, редчайшими деревьями, диковинными птицами и зверями. Там красовались высокие строения и башни, беседки, и нет слов, чтобы выразить их великолепие. Среди всего этого – дворцы: Божественное процветание, Хранящий мир, Бессмертных роща; павильоны – Умиротворенный покой, Духовная истина, Совершенное прозрение, Горная гряда; беседки – Заоблачные выси, Парящий феникс и многое другое – всего не перечтешь.

И тем, кого в ту пору называли «шестью ворами периода Сюаньхэ» – царедворцам Цай Цзину, Ван Фу, Гао Цю, Тун Гуаню, Ян Цзяню и Лян Шичэну, – император довольно часто разрешал гулять в этом парке, бывать в его дворцах. Вот что говорят об этом стихи:

琼瑶错落密成林，
竹桧交加尔有阴。
恩许尘凡时纵步，
不知身在五云深。

单说保和殿西南，有一坐玉真轩，乃是官家第一个宠幸安妃娘娘妆阁，极是造得华丽。金铺屈曲，玉槛玲珑，映彻辉煌，心目俱夺。时侍臣蔡京等，赐宴至此，留题殿壁。有诗为证：

保和新殿丽秋辉，
诏许尘凡到绮闱。
雅宴酒酣添逸兴，
玉真轩内看安妃。

不说安妃娘娘宠冠六宫。单说内中有一位夫人，姓韩名玉翘。妙选入宫，年方及笄。玉佩敲磬，罗裙曳云；体欺皓雪之容光，脸夺芙蓉之娇艳。只因安妃娘娘三千宠爱偏在一身，

Громоздятся горами редчайшие камни,
бамбук и деревья прохладную тень создают.
Но по милости свыше гуляли там те,
кто ценить не хотел, что в заоблачной выси они.

Следует сказать, что на западной стороне дворца Хранящий мир был выстроен роскошный павильон Яшмовая истина для Аньфэй, любимой наложницы императора. Позолоченные кольца на его дверях, окна с позолоченными украшениями, изящные перила, решетки из яшмы – все так и блестело, ослепляя взор. Однажды император призвал Цай Цзина и других пятерых приближенных царедворцев на пир в самом павильоне. На стене в одном из залов знатные гости оставили даже поэтические надписи. Вот что по этому поводу говорят стихи:

Хранящий мир – новый дворец
блеском прельщает, красою.
Дозволено милостью свыше
смертным войти в те покои.
Душевный подъем возвышает
кубок вина, что пир вдохновляет;
И тут же красавица-фея,
прелестная дама двора.

Не будем много говорить о том, что Аньфэй пользовалась большей любовью императора, чем любая другая женщина из шести внутренних дворцовых покоев. Поведаем о некоей Хань Юйцяо, одной из наложниц императора. Она попала во дворец вместе с другими избранными девицами, когда ей минуло пятнадцать лет, в год совершеннолетия. Лицо – нежнее цветка лотоса, тело – белизны сверкающего снега; развевающаяся, словно облако, шелковая юбка с приятно звенящими яшмовыми подве-

韩夫人不沾雨露之恩。时值春光明媚，景色撩人，未免恨起红茵，寒生翠被。月到瑶阶，愁莫听其凤管；虫吟粉壁，怨不寐于鸳衾。既厌晓妆，渐融春思，长吁短叹，看看惹下一场病来。有词为证：

  任东风老去，吹不断泪盈盈。记春浅春深，春寒春暖，春雨春晴，都断送佳人命。落花无定

сками. Она была прелестна! Но император не жаловал ее своей милостью – всю его любовь сумела привлечь к себе Аньфэй. И в прекрасную, чарующую пору весны, когда все вокруг будоражило сердце и мысли, Юйцяо с горькой досадой смотрела на великолепные подстилки и, лежа под изумрудным пуховым одеялом, чувствовала, как холод проникал в ее душу. А когда сияние луны освещало порог ее покоев, она была не в силах слушать чудесные звуки свирели, и стрекотание сверчка где-то возле стены не давало ей заснуть. Дошло до того, что у нее отпало желание по утрам наводить на себя красоту, померкли в сердце радужные чувства, исчез влечения трепет, она стала часто вздыхать, и по всему было видно, что ее начал одолевать недуг. Поистине, как в стихотворении:

Уже состарился
    вновь уходящий
        ветер весенний,
и слез моих давних ему
    не осушить никак,
        не осушить...
Всплывут ли в памяти
    дни ранней весны,
        дни ли расцвета,
весенний ли холод,
    теплые дни,
        погожее ль время, дожди и дожди –
все ранит душу,
    уносит последние дни...
Лепестки опадают,
    с ветром куда улетят,
        как знать?
И за каждым из них

挽春心。芳草犹迷舞蝶，绿杨空语流莺。

玄霜着意捣初成，回首失云英。但如醉如痴，如狂如舞，如梦如惊，香魂至今迷恋，问真仙消息最分明。几夜相逢何处，清风明月蓬瀛。

渐渐香消玉减，柳颦花困，太医院诊脉，吃下药去，如水浇石一般。忽一日，道君皇帝在于便殿，敕唤殿前太尉杨戬前来，天语传宣道："此位内家，原是卿所进奉。今着卿领去，到府中将息病体。待得痊安，再许进宫未迟。仍着光禄寺每日送膳，太医院伺候用药。略有起色，即便奏来。"当下杨戬叩

словно тянутся,
*   будто бы*
их удержать норовят,
*   весенние чувства мои.*
Цветов уже нет,
*   а бабочка кружит и кружит*
*   над ароматным стеблем.*
Лишь с иволгой иве
*   не пошептаться никак –*
*   иволге что беззаботной до ивы зеленой?*
Не сбылись мечты,
*   нет больше надежд.*
И проходит так жизнь,
*   то ль в опьяненье,*
*   то ли в безумье,*
то ли в дурмане пляски тревожной,
*   то ли во сне,*
*   во сне...*

С каждым днем, как говорится, таял аромат ее обаяния, блекла красота, брови все чаще сдвигались, нежность лица увядала. Юйцяо осматривали императорские лекари, она принимала разные снадобья, но ничто не помогало: будто камень водой поливали. И вот однажды император призвал к себе военного министра Ян Цзяня и сказал ему:

– Женщину по имени Хань Юйцяо доставили во дворец вы. Пожалуй, лучше всего было бы, если бы вы же и забрали ее к себе – пусть она у вас отдохнет и полечится. Возвратится, когда поправится. Ведающим дворцовым столом прикажите ежедневно доставлять ей еду, а дворцовым лекарям – навещать ее и врачевать. Когда ей станет получше, доложите.

Ян Цзянь земно поклонился императору, не медля распо-

头领命，即着官身私身搬运韩夫人宫中箱笼装奁，一应动用什物器皿。用暖舆抬了韩夫人，随身带得养娘二人，侍儿二人。一行人簇拥着，都到杨太尉府中。太尉先去对自己夫人说知，出厅迎接。便将一宅分为两院，收拾西园与韩夫人居住，门上用锁封着，只许太医及内家人役往来。太尉夫妻二人，日往候安一次。闲时就封闭了门。门傍留一转桶，传递饮食、消息。正是：

　　映阶碧草自春色，
　　隔叶黄鹂空好音。

将及两月，渐觉容颜如旧，饮食稍加。太尉夫妻好生欢喜。办下酒席，一当起病，一当送行。当日酒至五巡，食供两套，太尉夫人开言道："且喜得夫人贵体无事，万千之喜。旦晚奏过官里，选日入宫，未知夫人意下如何？"韩夫人叉手

рядился, чтобы люди перевезли в его резиденцию весь туалет Юйцяо, ее сундуки, утварь и прочее, а для самой Юйцяо приготовили паланкин. И вот Юйцяо в сопровождении двух нянь и двух служанок из дворца, вместе с людьми, присланными за ней Ян Цзянем, направилась к дому военного министра. Жена министра, предупрежденная мужем, вышла встретить дорогую гостью.

Резиденция министра сразу же была разгорожена, и западная часть строений с садом отведена для Юйцяо. На половину Юйцяо дозволялось проходить лишь императорским лекарям да прислуге женской половины; ежедневно, раз в день, Юйцяо навещали Ян Цзянь и его жена. Больше никого туда не пропускали, и ворота в сад всегда держали запертыми на замок. Возле ворот поставили специальный бочонок, чтобы передавать пищу, письма. Вот уж поистине,

> *На пороге весной*
> *без привета, одна,*
> *зеленеет былинка,*
> *И на пение пташки*
> *из гущи ветвей*
> *не ответит никто.*

Прошло около двух месяцев. Юйцяо начала постепенно поправляться – она и выглядела уже почти как прежде, и есть стала лучше. Ян Цзяня и его жену это очень радовало, и однажды жена министра велела приготовить вино и яства в честь выздоровления Юйцяо. При этом она имела в виду и предстоящие проводы.

– Вот вы и поправились! Как хорошо! – сказала жена Ян Цзяня, когда чарки уже не раз поднимались и одни закуски сменились другими. – Может быть, стоит доложить об этом императо-

告太尉、夫人道："氏儿不幸，惹下一天愁绪，卧病两月，才得小可。再要在此宽住几时。伏乞太尉、夫人方便，且未要奏知官里。只是在此打搅，深为不便。氏儿别有重报，不敢有忘。"太尉、夫人只得应允。过了两月，却是韩夫人设酒还席。叫下一名说评话的先生，说了几回书。节次说及唐朝宣宗宫内，也是一个韩夫人。为因不沾雨露之恩，思量无计奈何。偶向红叶上题诗一首，流出御沟。诗曰：

　　流水何太急？
　　深宫尽日闲。
　　殷勤谢红叶，
　　好去到人间。

却得外面一个应试官人，名唤于佑，拾了红叶，就和诗

ру, – продолжала она, – выбрать день и проводить вас во дворец, как вы думаете?

– О, я, несчастная, хотела бы... – проговорила Юйцяо, сложив с мольбою руки перед грудью. – Видите ли, одолела меня эта ужасная тоска, провалялась я целых два месяца, и мне только-только стало немного легче. Поэтому я хотела бы еще некоторое время побыть у вас, пожить спокойно. Очень прошу вас, госпожа, сделать одолжение и не сообщать пока императору. Я знаю, что доставляю вам много беспокойства, мне очень неловко, но я никогда не забуду вашей доброты и постараюсь не остаться в долгу.

Жена министра, конечно, не стала возражать.

Через два месяца Юйцяо устроила ответное угощение. Был приглашен сказитель, он рассказал несколько историй. Среди них – одну о красавице, которая тоже жила во дворце и тоже имела фамилию Хань. Было это во времена танского императора Сюань-цзуна. Император не удостаивал эту женщину своей любовью, и она очень страдала. Однажды она сорвала в саду красный листок, написала на нем стихи и пустила листок по течению речки. В стихах говорилось:

> *Почему ты так быстротечна, вода,*
> *   а в глубинах дворца*
> *   бесконечно так тянется,*
> *   тянется день?*
> *О, молю тебя, красный листочек,*
> *   доплыви, доплыви,*
> *   путь тебе добрый*
> *   к людям простым за ограду дворца.*

Листок этот за пределами дворца подобрал человек, который приехал в столицу на экзамены. Звали его Юй Ю. Он сложил

一首。也从御沟中流将进去。后来那官人一举成名。天子体知此事，却把韩夫人嫁与于佑。夫妻百年偕老而终。这里韩夫人听到此处，蓦上心来，忽地叹一口气。口中不语，心下寻思："若得奴家如此侥幸，也不枉了为人一世！"当下席散，收拾回房。睡至半夜，便觉头痛眼热，四肢无力，遍身不疼不痒，无明业火熬煎，依然病倒。这一场病，比前更加沉重。正是：

屋漏更遭连夜雨，
船迟更遇打头风。

太尉夫人早来候安，对韩夫人说道："早是不曾奏过官里宣取入宫。夫人既到此地，且是放开怀抱，安心调理。且未要把入宫一节，记挂在心。"韩夫人谢道："感承夫人好意，只是氏儿病入膏肓，眼见得上天远，入地便近，不能报答夫人厚恩。来生当效犬马之报。"说罢，一丝两气，好伤感人。太尉夫人甚不过意，便道："夫人休如此说。自古吉人天相，眼下

стихи в ответ и пустил листок в ту же речку, но по течению во дворец. Человек этот впоследствии добился успеха и славы. Император узнал потом об этой истории, выдал госпожу Хань за Юй Ю, и они прожили вместе до старости. Когда сказитель дошел до счастливого конца, Юйцяо невольно вздохнула. Вслух она ничего не произнесла, но про себя подумала: «Если бы мне так повезло, я бы считала, что не зря прожила на свете».

Вскоре хозяйка и гостья расстались. Юйцяо вернулась к себе, проспала до полуночи и почувствовала, что голова у нее раскалывается, глаза болят, руки и ноги обессилели, все тело ноет, зудит. Ее снова стали одолевать бесконечные мысли, и она опять заболела. На этот раз ей было хуже, чем прежде. Вот уж поистине,

Крыша течет –
    а тут еще дождь бесконечный;
В лодке плывешь –
    так встречные ветры назло.

На следующее утро, когда жена министра зашла проведать Юйцяо, она застала ее совсем больной.

– Хорошо, что не доложили императору о вашем выздоровлении, – сказала она Юйцяо. – Очень прошу вас, спокойно отдыхайте и не думайте о том, что вам надо возвращаться во дворец.

– Благодарю вас, – ответила Юйцяо, – но мне настолько плохо, что теперь, наверное, как говорится, до небес далеко, а до земли поближе. Боюсь, не отблагодарить мне вас за ваши заботы. Видимо, лишь в будущем перерождении удастся служить вам преданной собакой или лошадью. – Говоря это, она горестно вздыхала, и было тяжело смотреть на нее.

– Не надо так! – успокаивала ее жена министра, сама встревоженная и обеспокоенная. – Издревле известно, что добрым

凶星退度，自然贵体无事。但说起来，吃药既不见效，枉淘坏了身子。不知夫人平日在宫，可有甚愿心未经答谢？或者神明见责，也不可知。"韩夫人说道："氏儿入宫以来，每日愁绪萦丝，有甚心情许下愿心。但今日病势如此，既然吃药无功，不知此处有何神圣，祈祷极灵，氏儿便对天许下愿心。若得平安无事，自当拜还。"太尉夫人说道："告夫人得知。此间北极佑圣真君，与那清源妙道二郎神，极是灵应。夫人何不设了香案，亲口许下保安愿心。待得平安，奴家情愿陪夫人去赛神答礼。未知夫人意下何如？"韩夫人点头应允。侍儿们即取香案过来。只是不能起身，就在枕上，以手加额，祷告道："氏儿韦氏，早年入宫，未蒙圣眷，惹下业缘病症，寄居杨府。若得神灵庇护，保佑氏儿身体康健，情愿绣下长幡二首，外加礼物，亲诣庙廷顶礼酬谢。"当下太尉夫人，也拈香在手，替韩夫人祷告一回，作别，不提。可霎作怪，自从许下愿心，韩夫

людям небо приходит на помощь. Глядишь, зловещая звезда, довлеющая над вами, отойдет, и вы поправитесь. И незачем травить себя лекарствами, раз вам от них не легче. Но вот я подумала, – продолжала она затем, – не случалось ли с вами, когда вы были во дворце, чтобы вы дали какой-нибудь обет и не выполнили его? Может быть, именно этим вы и разгневали духов?

– С тех пор как я попала во дворец, меня одолела такая тоска, что мне было даже не до обетов! Но теперь, когда мне так плохо и лекарства не помогают, – продолжала она, – я готова хоть сейчас дать перед небом обет, и если все будет в порядке, то непременно выполню его. Не знаю только, какие здесь божества отзывчивы.

– У нас известны своей чудотворной благодатью владыка севера – святой Сюаньу и божество Эрлан. Может быть, вам действительно стоит приготовить курения, помолиться о здравии и дать обет, а когда вы поправитесь, я с удовольствием поеду вместе с вами в храм, чтобы исполнить обет, данный божеству. Что скажете?

Юйцяо кивнула в знак согласия. Служанки тут же приготовили столик и зажгли курильные свечи. Юйцяо, у которой не было сил подняться, прямо в постели, опершись на подушку и приложив руку к челу, произнесла:

– Я, Хань Юйцяо, с ранних лет попала во дворец. До сих пор я не удостоилась внимания владыки и навлекла на себя болезнь своим безотчетным влечением. И вот живу я теперь в доме министра Яна. Если божественные силы окажут мне покровительство и помогут поправиться, я обещаю вышить две большие хоругви и с другими дарами явиться в храм поклониться и воздать благодарение.

Пока Юйцяо произносила свою молитву, госпожа Ян с курильными свечами в руках молилась за нее. Затем они расстались.

人渐渐平安无事。将息至一月之后，端然好了。太尉夫人不胜之喜。又设酒起病，太尉夫人对韩夫人说道："果然是神道有灵，胜如服药万倍。却是不可昧心，负了所许之物。"韩夫人道："氏儿怎敢负心！目下绣了长幡，还要屈夫人同去了还愿心。未知夫人意下何如？"太尉夫人答道："当得奉陪。"当日席散，韩夫人取出若干物事，制办赛神礼物，绣下四首长幡。自古道得好：

火到猪头烂，
钱到公事办。

凭你世间稀奇作怪的东西，有了钱，那一件做不出来。不消几日，绣就长幡，用根竹竿叉起，果然是光彩夺目。选了吉日良时，打点信香礼物，官身私身，簇拥着两个夫人，先到北极佑圣真君庙中。庙官知是杨府钧眷，慌忙迎接至殿上，宣读

И поразительная вещь: с тех пор как Юйцяо дала обет, она с каждым днем стала чувствовать себя лучше, а через месяц совсем поправилась. Жена министра, радуясь ее выздоровлению, устроила по этому поводу угощение.

— Божества-то, оказывается, действительно отозвались и сотворили чудо. Куда там всяким лекарствам! — сказала за трапезой жена министра. — Однако нельзя забывать о данном обете и не поднести обещанных даров.

— Ну что вы, разве я могу отказаться от данных обещаний, поступить против совести! — сказала в ответ Юйцяо. — На днях я вышью полотнища и буду просить вас пойти вместе со мной в храм, чтобы воздать за милость. Вы не откажете?

— С удовольствием пойду с вами.

Тут же после пиршества Юйцяо отобрала ценные вещи, чтобы купить на них дары для подношения в храме, и шелк, из которого она собиралась сделать четыре хоругви. Метко издревле говорится:

Дай нужный жар –
*   и свиная дойдет голова;*
Дай нужные деньги –
*   любые уладят дела.*

Ведь действительно: каким бы удивительным, невероятным ни казалось то, что предстоит сделать, имей только деньги – все будет выполнено! Не прошло и нескольких дней, как хоругви с вышитыми надписями были готовы. Подвешенные на бамбуковые древки, они ослепляли своей красотой.

И вот был выбран счастливый день и час, собрали дары, курильные свечи, и обе женщины в сопровождении слуг направились сначала в Храм владыки севера. Настоятель храма, зная, что явились знатные дамы из дома самого министра, поспешил

疏文，挂起长幡。韩夫人叩齿礼拜。拜毕，左右两廊游遍。庙官献茶。夫人分付当道的赏了些银两，上了轿簇拥回来。一宿晚景不提。明早又起身，到二郎神庙中。却惹出一段蹊跷作怪的事来。正是：

情知语是钩和线，
从前钓出是非来。

话休烦絮。当下一行人到得庙中。庙官接见，宣疏拈香礼毕。却好太尉夫人走过一壁厢。韩夫人向前轻轻将指头挑起销金黄罗帐幔来。定睛一看，不看时万事全休，看了时，吃那一惊不小！但见：

头裹金花幞头，身穿赭衣绣袍，腰系蓝田玉

выйти им навстречу и провел их в зал. Здесь было зачитано молитвенное обращение и водружены хоругви. Затем Юйцяо стала молиться, стуча зубами и земно кланяясь. Когда Юйцяо кончила молиться, они прошлись по галереям храма, и настоятель предложил им чай. Юйцяо распорядилась, чтобы оставили несколько ланов серебра в качестве пожертвований храму, после чего женщины сели в паланкин и отбыли.

Прошла ночь. На следующий день утром Юйцяо вместе с госпожой Ян снова отправилась в храм. На этот раз они поехали в храм божества Эрлана. И вот тут-то и случилось удивительное, необыкновенное происшествие. Поистине,

> *Известно давно,*
> *что слово – крючок,*
> *И ловятся им*
> *неприятности только.*

Но не будем многословны. Итак, Юйцяо вместе с сопровождающими ее людьми прибыла в храм. Настоятель их встретил, было зачитано молитвенное обращение, возжены курильные свечи, совершены поклонения. Тут на какой-то момент жена министра отошла чем-то полюбоваться, а Юйцяо тем временем приблизилась к окаймленной золотом шелковой занавеске, за которой должно было находиться изображение божества Эрлана, и легонько, кончиком пальца приподняла ее. Не загляни она за эту занавеску, ничего бы и не произошло. Но то, что она увидела, так ее поразило, что она стояла, словно завороженная:

> *Повязка в золотых цветах на голове,*
> *Расцвеченный халат пурпурный,*
> *Украшенный нефритом пояс,*
> *Узоры-фениксы парят на черных сапогах.*

带，足登飞凤乌靴。虽然土木形骸，却也丰神俊雅，明眸皓齿。但少一口气儿，说出话来。

当下韩夫人一见，目眩心摇，不觉口里悠悠扬扬，漏出一句俏语低声的话来："若是氏儿前程远大，只愿将来嫁得一个丈夫，恰似尊神模样一般，也足称生平之愿。"说犹未了，恰好太尉夫人走过来，说道："夫人，你却在此祷告甚么？"韩夫人慌忙转口道："氏儿并不曾说甚么。"太尉夫人再也不来盘问。游玩至晚，归家，各自安歇不题。正是：

要知心腹事，
但听口中言。

却说韩夫人到了房中，卸去冠服，挽就乌云，穿上便服，手托香腮，默默无言。心心念念，只是想着二郎神模样。蓦然计上心来，分付侍儿们端正香案，到花园中人静处，对天祷告："若是氏儿前程远大，将来嫁得一个丈夫，好像二郎尊神模样，煞强似入宫之时，受千般凄苦，万种愁思。"说罢，

И хоть из глины, дерева была фигура,
Но белизной сверкали зубы, искрилися глаза.
Казалось, столько было в ней душевного порыва,
Что, чуть вдохни в нее дыхание живое,
Раскроет божество уста, заговорит.

От одного взгляда на божество у Юйцяо в глазах словно потемнело, и душу охватило смятение. И тут, помимо сознания, у нее вырвались слова, которые вслух не произносят:

– Если еще суждено что-то в жизни, выйти бы замуж за такого, который похож на это божество! Ничего большего не желала бы.

В это время к ней подошла жена министра.

– О чем это вы молитесь? – спросила она Юйцяо.

– О нет, я ничего не говорила, – спохватившись, ответила та.

Жена министра не стала допытываться. Они погуляли еще по храму, к вечеру вернулись домой и разошлись отдыхать. Вот уж поистине,

Коль хочешь знать, что на уме у человека, –
На языке что у него, послушай.

Возвратясь к себе, Юйцяо переоделась в домашнее платье и прибрала по-домашнему волосы. Подперев ладонью щеку, она молча сидела, и в мыслях у нее только и было божество Эрлан. Но вдруг, приняв какое-то решение, она велела служанке приготовить столик для возжигания курений. И вот в саду, в тихом уединенном месте, подняв взор к небу, она стала молиться: «Если суждено мне еще что-то хорошее в жизни, то выйти бы мне замуж за такого мужчину, который был бы похож на Эрлана, – это куда лучше, чем возвращаться во дворец и страдать от бесконечной тоски и печали!» Тут она не удержалась, и слезы

不觉纷纷珠泪滚下腮边。拜了又祝，祝了又拜。分明是痴想妄想。不道有这般巧事！韩夫人再三祷告已毕，正待收拾回房，只听得万花深处，一声响亮，见一尊神道，立在夫人面前。但见：

龙眉凤目，
皓齿鲜唇，
飘飘有出尘之姿，
冉冉有惊人之貌。
若非阆苑瀛洲客，
便是餐霞吸露人。

仔细看时，正比庙中所塑二郎神模样，不差分毫来去。手执一张弹弓，又像张仙送子一般。韩夫人又惊又喜。惊的是天神降临，未知是祸是福；喜的是神道欢容笑口，又见他说出话来。便向前端端正正道个万福，启朱唇，露玉齿，告道："既蒙尊神下降，请到房中，容氏儿展敬。"当时二郎神笑吟吟同

бисеринками покатились по щекам.

Бесплодные мечты, несбыточные надежды! Что и говорить! Но Юйцяо кланялась и снова молилась, молилась и снова била поклоны. И кто мог бы подумать, что на свете случаются такие удивительные вещи. Когда Юйцяо закончила свою долгую молитву и уже собралась было вернуться к себе, внезапно словно гром раздался за кустами и перед ней предстал какой-то человек:

> *Глаза божественны, величественны брови;*
> *уста пурпурны, белизной сияют зубы.*
> *Весь легок, словно в мир иной*
> *вот-вот он вознесется;*
> *Как облаков едва заметный ход,*
> *он плавен, грациозен.*
> *И коль не житель он*
> *священных гор и островов,*
> *Наверняка тогда бессмертный,*
> *что воздухом одним и чистою росой живет.*

Внимательно вглядевшись, она признала в нем то самое божество, которое видела в храме. В руке он держал самострел, стреляющий шариком, и этим напоминал в то же время бессмертного Чжана-чадодателя.

Страх и радость охватили Юйцяо. Страшно ей было потому, что с неба снизошло божество, и как знать — к добру это или к несчастью. Рада же она была потому, что и следа гнева не видела на лице божества, напротив, легкая улыбка озаряла его чело. Юйцяо чинно его приветствовала и, раскрыв алые губы, обнажив зубы, белые, как яшма, проговорила:

— Раз вы соблаговолили явиться сюда, прошу вас пройти в дом и позволить мне как подобает вам поклониться.

夫人入房，安然坐下。夫人起居已毕，侍立在前。二郎神道："早蒙夫人厚礼。今者小神偶然闲步碧落之间，听得夫人祷告至诚。小神知得夫人仙风道骨，原是瑶池一会中人。只因夫人凡心未静，玉帝暂谪下尘寰，又向皇宫内苑，享尽人间富贵荣华。谪限满时，还归紫府，证果非凡。"韩夫人见说，欢喜无任。又拜祷道："尊神在上：氏儿不愿入宫。若是氏儿前程远大，将来嫁得一个良人，一似尊神模样，偕老百年，也不辜负了春花秋月，说甚么富贵荣华！"二郎神微微笑道："此亦何难。只恐夫人立志不坚。姻缘分定，自然千里相逢。"说毕起身，跨上槛窗，一声响喨，神道去了。韩夫人不见便罢，既然

Довольный, улыбаясь, Эрлан последовал за Юйцяо. Войдя в комнату, он спокойно, без всякого стеснения сел. Юйцяо снова поклонилась ему и застыла перед ним.

– Утром я принял ваше подношение, – заговорил Эрлан, – а нынче, прогуливаясь по небесам, услышал вашу искреннюю молитву. Мне известно, что в вас заложено божественное начало и что вы являетесь бессмертной – одной из тех, кто бывает на пиру в обители Си Ван-му. Но оказалось, вы не смогли отрешиться от мирских страстей, и небесный владыка Юй-ди в наказание за это сослал вас в мир сует. Вам дано было попасть в императорский дворец, чтобы вы могли пользоваться достатком и почестями. Когда срок наказания истечет, вы снова вернетесь в обитель богов и духовное блаженство ваше будет беспредельно.

Услышав такое, Юйцяо чрезвычайно обрадовалась и, снова кланяясь, проговорила:

– О божество! Я не хочу возвращаться во дворец. И если суждено мне еще что-то хорошее в жизни, то выйти бы мне за какого-нибудь порядочного человека, который внешностью был бы похож на вас. С ним бы я прожила жизнь до ста лет, и не пропали бы зря мои молодые годы, не пропали бы для меня цветы весны и осенние лунные вечера. А о почестях и достатке в мирской жизни я и думать не хочу.

– Ну что же, это нетрудно, – улыбаясь, сказал Эрлан. – Важно, чтобы вы были тверды в своем решении, тогда сама собой сложится судьба и вы найдете свое даже за тысячи и тысячи ли.

Сказав это, Эрлан поднялся, вспрыгнул на окно, снова будто раздался гром, и божество исчезло.

Не появись тут Эрлан, все было бы ладно, но когда Юйцяо увидела его таким, в образе живого человека, она прямо-таки лишилась ума и, словно опьяненная, не раздеваясь, улеглась в постель. Но сладостное чувство томления не давало ей заснуть,

见了这般模样，真是如醉如痴，和衣上床睡了。正是：

　　欢娱嫌夜短，
　　寂寞恨更长。

番来覆去，一片春心，按纳不住。自言自语，想一回，定一回："适间尊神降临，四目相视，好不情长！怎地又瞥然而去。想是聪明正直为神，不比尘凡心性，是我错用心机了！"又想一回道："是适间尊神丰姿态度，语笑雍容，宛然是生人一般。难说见了氏儿这般容貌，全不动情？还是我一时见不到处，放了他去？算来还该着意温存。便是铁石人儿，也告得转。今番错过，未知何日重逢！"好生摆脱不下。眼巴巴盼到天明，再做理会。及至天明，又睡着去了。直到傍午，方才起来。当日无情无绪，巴不到晚。又去设了香案，到花园中祷告如前："若得再见尊神一面，便是三生有幸。"说话之间，忽然一声响喨，夜来二郎神又立在面前。韩夫人喜不自胜，将一

и она только ворочалась с боку на бок. Разное приходило ей в голову. Она пыталась заставить себя отбросить одолевавшие ее мысли, но, не замечая того, разговаривала сама с собой: «Вот был он здесь только что, глядели мы друг другу в глаза, столько чувств было в его взгляде! Почему же он так внезапно ушел? Должно быть, из-за того, что у меня были неподобающие помыслы. Да, у божества, разумного и светлой души, на уме, конечно, не то, что у простых смертных. Но вид у него... да и держится он, улыбается, ну прямо как обычный человек, – продолжала рассуждать вслух Юйцяо. – Так неужели же красота моя ничуть его не тронула? Нет, вероятно, я просто сглупила. Наверное, надо было проявить больше внимания и ласки, л тогда будь он из железа или камня, и то не остался бы равнодушен. Да, упустила нынче случай, а когда еще доведется встретиться!» И от этих мыслей она никак не могла избавиться. Поистине,

Ночь любви коротка,
Час тоски бесконечен.

Юйцяо уже не терпелось, чтобы настало утро: казалось, там будет виднее, как быть. Но когда начало светать, она заснула и проспала до самого полудня. У нее не было никакого настроения что-либо делать, она только и ждала вечера.

Вечером она снова велела поставить в саду столик для курения и опять стала молиться: «О, если бы мне еще раз увидеть вас, божество, я была бы счастлива и в нынешней жизни и во всех будущих перерождениях!»

Не успела она произнести эти слова, как вдруг раздался уже знакомый ей громоподобный звук и божество Эрлан снова предстало перед ней. Юйцяо была вне себя от радости; печаль и тоска, накопившиеся за томительный день ожидания, растаяли, словно лед. Подойдя к божеству, она поклонилась ему и, уже не

天愁闷，已冰消瓦解了。即便向前施礼，对景忘怀："烦请尊神入房，氏儿别有衷情告诉。"二郎神喜孜孜堆下笑来，便携夫人手，共入兰房。夫人起居已毕。二郎神正中坐下，夫人侍立在前。二郎神道："夫人分有仙骨，更坐不妨。"夫人更斜身对二郎神坐下。即命侍儿安排酒果，在房中一杯两盏，看看说出衷肠话来。道不得个：

春为茶博士，
酒是色媒人。

当下韩夫人解佩出湘妃之玉，开唇露汉署之香，"若是尊神不嫌秽亵，暂息天上征轮，少叙人间恩爱。"二郎神欣然应允，携手上床，云雨绸缪。夫人倾身陪奉，忘其所以。盘桓至五更。二郎神起身，嘱付夫人保重，再来相看。起身穿了衣服，执了弹弓，跨上槛窗，一声响喨，便无踪影。韩夫人死心塌地，道是神仙下临，心中甚喜。只恐太尉夫人催他入宫，只有五分病，装做七分病，间常不甚十分欢笑。每到晚来，精

отдавая себе отчета в том, что делает, сказала:

– Прошу вас, пройдемте ко мне, я бы хотела поведать вам свои сокровенные мысли.

Улыбка озарила лицо Эрлана, он взял Юйцяо за руку, и они вместе прошли в ее покои. Эрлан сел посреди комнаты, а она, поклонившись и поприветствовав его, стала в сторонке.

– Ведь в вас есть божественное начало, вы можете сесть, – сказал ей Эрлан.

Тогда Юйцяо скромно присела и приказала служанке подать вино, сладости и фрукты. Одну за другой, они выпили несколько чарок, и Юйцяо вот-вот уже была готова высказать то, что у нее на душе. Не случайно говорят:

Весна – пора спроса на чай.
Вино – лучшая сваха в любви.

Но вдруг вместо всяких слов Юйцяо сбросила с себя одежду и прильнула к устам Эрлана.

– Если вы не пренебрежете мной, то, может, оставите, хоть на миг, вашу небесную колесницу и предадитесь мирским чувствам, – проговорила она.

Эрлан радостно кивнул, и рука об руку они направились к ее ложу. Вместе они провели всю ночь. Утром, сказав Юйцяо, чтобы она берегла себя и что они еще встретятся, Эрлан встал, оделся, взял самострел и вспрыгнул на окно. Раздался громоподобный звук, и он исчез.

Полная уверенности в том, что снизошло к ней божество, Юйцяо была бесконечно счастлива. И хотя она чувствовала, что выздоравливает, однако опасалась, как бы жена министра не начала снова предлагать ей вернуться во дворец, и потому делала вид, будто ей совсем худо. Днем она старалась даже не улыбаться, лишь вечером, помимо воли, становилась воодушевленной

神炫耀，喜气生春。神道来时，三杯已过，上床云雨，至晓便去，非止一日。忽一日，天气稍凉，道君皇帝分散合宫秋衣。偶思韩夫人，就差内侍捧了旨意，敕赐罗衣一袭，玉带一围，到于杨太尉府中。韩夫人排了香案，谢恩礼毕，内侍便道："且喜娘娘贵体无事。圣上思忆娘娘，故遣赐罗衣玉带，就问娘娘病势已痊，须早早进宫。"韩夫人管待使臣，便道："相烦内侍则个。氏儿病体只去得五分。全赖内侍转奏，宽限进宫，实为恩便。"内侍应道："这个有何妨碍。圣上那里也不少娘娘一个人。入宫时，只说娘娘尚未全好，还须耐心保重便了。"韩夫人谢了，内侍作别不题。到得晚间，二郎神到来，对韩夫人说道："且喜圣上宠眷未衰，所赐罗衣玉带，便可借

и радостной. И когда являлся Эрлан, они, выпив две-три чарки, в блаженстве проводили ночь, а утром Эрлан исчезал.

Так продолжалось не один день.

Наступила прохладная пора. Император, как обычно, велел раздать всем во дворце осеннюю одежду, и тут вспомнил о Юйцяо. Призвав одного из евнухов, он распорядился, чтобы тот взял положенные для осени теплые вещи, пояс, украшенный нефритом, и направился в дом министра Яна.

Когда явился посланец от императора, Юйцяо велела приготовить столик для курений, земно кланялась и благодарила.

— Рад, что вы в добром здравии, — сказал евнух, обращаясь к Юйцяо после церемонии. — Император думает о вас и вот прислал вам шелковую осеннюю одежду, нефритовый пояс; велел справиться, как вы себя чувствуете, и выразил желание, чтобы вы не задерживались с возвращением во дворец, если поправились.

— Я еще не совсем здорова, — говорила Юйцяо, угощая посланца чаем. — Так что прошу вас сделать одолжение соответствующим образом доложить об этом императору, чтобы мне было разрешено пока побыть еще здесь. Очень буду вам признательна и всецело полагаюсь в этом на вас.

— Ну что ж здесь такого, — отвечал евнух. — Были бы вы во дворце одна и если не хватало бы только вас — другое дело. Вернусь и доложу, что вы еще не поправились, что надо вам окрепнуть и потому вы вынуждены пока повременить с возвращением.

Юйцяо поблагодарила посланца, и он откланялся.

В тот же день вечером, как обычно, явился Эрлан.

— Рад, что император по-прежнему питает к вам добрые чувства, — сказал он Юйцяо и спросил: — А можно мне взглянуть на шелковую одежду и нефритовый пояс, которые прислал вам император?

观。"夫人道："尊神何以知之？"二郎神道："小神坐观天下，立见四方。谅此区区小事，岂有不知之理？"夫人听说，更一发将出来看。二郎神道："大凡世间宝物，不可独享。小神缺少围腰玉带。若是夫人肯舍施时，便完成善果。"夫人便道："氏儿一身已属尊神，缘分非浅。若要玉带，但凭尊神将去。"二郎神谢了。上床欢会。未至五更起身，手执弹弓，拿了玉带，跨上槛窗，一声响喨，依然去了。却不道是：

若要人不知，
除非己莫为。

韩夫人与太尉居止，虽是一宅分为两院，却因是内家内人，早晚愈加堤防。府堂深稳，料然无闲杂人辄敢擅入。但近日来常见西园彻夜有火，唧唧哝哝，似有人声息。又见韩夫人精神旺相，喜容可掬。太尉再三踌蹰。便对自己夫人说道："你见韩夫人有些破绽出来么？"太尉夫人说道："我也有些

— Как вы узнали об этом? — удивилась Юйцяо.

— Я вижу все и знаю все, что делается на свете. А уж о таком пустяковом деле как мне не знать!

Юйцяо достала халат и пояс и показала их Эрлану.

— Вообще-то ценными вещами человеку не надлежит пользоваться одному, — сказал Эрлан. — Кстати, мне как раз недостает нефритового пояса. Не пожертвуете ли мне его? Это было бы вашим благим деянием.

— Что пояс? Я сама вся ваша и счастлива этим. Берите, если он вам нужен, и все.

Эрлан поблагодарил, и они снова предавались любви. Утром Эрлан встал, взял самострел, пояс, вскочил на окно и исчез как обычно. Но не случайно говорят:

*Не дознаются люди о том лишь,
Чего сам никогда ты не делал.*

Напомним, что когда Юйцяо поселилась в доме министра, то половина строений с садом была отгорожена и отведена для нее. Таким образом, Юйцяо жила как бы совсем отдельно. Но поскольку она была дамой из императорского дворца, сад ее особенно тщательно охранялся, хотя все и понимали, что в дом министра, да еще в его внутреннюю часть, находящуюся в глубине резиденции, вряд ли кто посторонний посмеет проникнуть. И все же министр заметил, что в той части сада, где живет Юйцяо, в последнее время вечерами допоздна светится огонек; ему показалось даже, что там кто-то все время разговаривает. Не ускользнуло от него и то, что та стала оживленной и радостное выражение не сходило с ее лица. Все это повергло министра в недоумение. Он не раз задумывался над этим и как-то спросил жену:

— Не кажется ли тебе, что с госпожой Хань происходит что-то

疑影。只是府中门禁甚严，决无此事，所以坦然不疑。今者太尉既如此说，有何难哉。且到晚间，着精细家人，从屋上扒去，打探消息，便有分晓，也不要错怪了人。"太尉便道："言之有理。"当下便唤两个精细家人，分付他如此如此，教他"不要从门内进去，只把摘花梯子，倚在墙外，待人静时，直扒去韩夫人卧房，看他动静，即来报知。此事非同小可的勾当，须要小心在意。"二人领命去了。太尉立等他回报。不消两个时辰，二人打看得韩夫人房内这般这般，便教太尉屏去左右，方才将所见韩夫人房内坐着一人说话饮酒，"夫人房内声声称是尊神，小人也仔细想来，府中墙垣又高，防闲又密，就有歹人，插翅也飞不进。或者真个是神道也未见得。"太尉听说，吃那一惊不小。叫道："怪哉！果然有这等事！你二人休得说谎。此事非同小可。"二人答道："小人并无半句虚谬。"太尉便道："此事只许你知我知，不可泄漏了消

неладное?

– Должна признаться, что у меня зародились кое-какие подозрения, – ответила та. – Но за воротами у нас следят строго, поэтому я и подумала: что здесь может особое произойти. Однако раз уж и вы заговорили об этом, то надо выяснить; благо, это нетрудно. Пусть кто-нибудь из слуг половчее вечером потихоньку перелезет к ней в сад, посмотрит, поглядит, что там творится, и будет все ясно. А то, может, зря плохо думаем о человеке.

Он тут же позвал двух слуг, велел им взять лестницу, приставить ее к стене, а когда стемнеет, перелезть на ту сторону, посмотреть, что происходит в комнате у госпожи Хань, и сразу же доложить ему. Причем министр предупредил, чтобы они ни в коем случае не входили на половину Юйцяо через ворота, что дело это чрезвычайно серьезное и нужно быть очень осторожными. Получив распоряжение, слуги ушли.

Министр стал с нетерпением ждать, чт<5 они ему сообщат. И вот часа через четыре слуги наконец вернулись. Они попросили министра удалить всех из зала и только тогда доложили, что в комнате у Юйцяо сидит какой-то незнакомец, что они пьют вино и беседуют. «Причем, – говорили слуги, – госпожа Хань все время называет его божеством. И вот мы подумали: может быть, это действительно какое-то божество. Ведь стены у нас высокие, дом охраняется надежно, и какому-нибудь проходимцу, будь он хоть с крыльями, и то туда не залететь!»

Министр не на шутку перепугался.

– Удивительно! Неужели может быть такое! – воскликнул он. – Смотрите, чтобы мне без вранья, – пригрозил он слугам, – это ведь дело серьезное.

– И на полслова мы не соврали, – отвечали те.

– Ладно, обо всем этом должны знать только я и вы. Глядите, никому не проговоритесь!

Слуги поклонились и ушли.

息。"二人领命去了。太尉转身对夫人一一说知。"虽然如此，只是我眼见为真。我明晚须亲自去打探一番，便看神道怎生模样。"捱至次日晚间，太尉复唤过昨夜打探二人来，分付道："你两人着一个同我过去，着一人在此伺候。休教一人知道。"分付已毕，太尉便同一人过去，捏脚捏手，轻轻走到韩夫人窗前，向窗眼内把眼一张，果然是房中坐着一尊神道，与二人说不差。便待声张起来，又恐难得脱身。只得忍气吞声，依旧过来，分付二人休要与人胡说。转入房中，对夫人说知就里："此必是韩夫人少年情性，把不住心猿意马，便遇着邪神魍魉，在此淫污天眷，决不是凡人的勾当。便须请法官调治。你须先去对韩夫人说出缘由，待我自去请法官便了。"夫人领命。明早起身，到西园来，韩夫人接见。坐定，茶汤已过，太尉夫人屏去左右，对面论心，便道："有一句话要对

Министр рассказал о том, что узнал, жене и добавил:

– И все же я должен собственными глазами все это увидеть. Завтра я сам отправлюсь туда и посмотрю, как выглядит это божество.

На следующий день, вечером, он позвал тех же слуг и наказал им:

– Из вас двоих один переберется со мной туда, а другой останется снаружи, возле стены, и будет ждать. Но чтобы никто об этом не знал.

Через некоторое время министр вместе с одним из слуг был в саду Юйцяо, тихонько подошел к окну ее комнаты и заглянул в щелочку. Слуги не соврали: в комнате действительно сидел какой-то неизвестный ему человек, похожий на божество. Министр хотел было закричать, поднять шум, но побоялся, что ему самому при этом несдобровать. Оставалось только молча, затаив гнев, прежним путем вернуться к себе. Слугам он еще раз приказал, чтобы они не смели болтать.

Удалившись во внутренние покои, министр рассказал жене о том, что увидел, и поделился с ней своими мыслями:

– Наверно, госпожа Хань, когда была еще совсем молоденькой, не сумела совладать со своими чувствами и навлекла на себя какую-то нечисть, которая теперь здесь оскверняет даму из императорского дворца. Это проделки не простого человека. Надо будет пригласить даоса-заклинателя: пусть расправится с этим существом. Ты пойди расскажи госпоже Хань все, как есть, и предупреди ее, – попросил он жену, – а я распоряжусь, чтобы пригласили заклинателя.

Утром следующего дня жена министра пошла к Юйцяо. Та вышла ей навстречу, провела к себе. Выпив чаю, жена министра отослала служанок и, когда осталась с глазу на глаз с Юйцяо, сказала:

– Мне нужно кое о чем вас спросить. С кем это вы у себя в

夫人说知。夫人每夜房中，却是与何人说话，唧唧哝哝，有些风声，吹到我耳朵里。只是此事非同小可，夫人须一一说知，不要隐瞒则个。"韩夫人听说，满面通红，便道："氏儿夜间房中并没有人说话。只氏儿与养娘们闲消遣，却有甚人到来这里！"太尉夫人听说，便把太尉夜来所见模样，一一说过。韩夫人吓得目睁口呆，罔知所措。太尉夫人再三安慰道："夫人休要吃惊。太尉已去请法官到来作用，便见他是人是鬼。只是夫人到晚间，务要陪个小心，休要害怕。"说罢，太尉夫人自去。韩夫人到捏着两把汗。看看至晚，二郎神却早来了。但是他来时，那弹弓紧紧不离左右。却说这里太尉请下灵济宫林真人手下的徒弟，有名的王法官，已在前厅作法。比至黄昏，有人来报："神道来了。"法官披衣仗剑，昂然而入，直至韩夫人房前，大踏步进去，大喝一声："你是何妖邪！却敢淫污天眷！不要走，吃吾一剑！"二郎神不慌不忙，便道："不得无

комнате каждую ночь подолгу разговариваете? Кое-что, правда, дошло до моих ушей, но дело это настолько серьезное, что вы должны мне сами все, как есть, рассказать, ничего не утаивая.

Юйцяо залилась краской.

— Я ни с кем посторонним ночью в комнате не разговаривала. Разве что вот с нянями переброшусь словом-другим от нечего делать. Кто из посторонних может попасть сюда? — отвечала она.

Тогда жена министра подробно рассказала о том, что видел накануне ночью ее муж.

Перепуганная насмерть, Юйцяо застыла с широко раскрытыми глазами, не зная, как ей быть.

— Не тревожьтесь, пожалуйста! Не тревожьтесь! — успокаивала ее жена министра. — Муж уже велел пригласить заклинателя, и, когда он придет, выясним, что это за существо является к вам. Однако вечером, — продолжала она, — вы должны быть осторожны. Только ничего не бойтесь.

С этим жена министра ушла, оставив Юйцяо в полной растерянности и в страхе.

Эрлан явился в тот вечер, как только начало темнеть. Как и всегда, когда бывал у Юйцяо, он не расставался с самострелом и держал его возле себя.

Тем временем известный даос-заклинатель Ван, ученик праведного Линя из храма Линцзи, уже был в доме министра и приступил к заклинательным действам.

Когда стемнело, слуги доложили, что тот, кого ждут, уже здесь. Тогда Ван набросил на себя магическую накидку и, держа в руках меч, с величавым видом быстро направился в сад и прошел прямо в комнату Юйцяо.

— Что ты за нечисть такая! Как смеешь позорить даму из императорского дворца! — закричал даос и бросился с мечом на Эрлана.

礼！"但见：

> 左手如托泰山，
> 右手如抱婴孩，
> 弓开如满月，
> 弹发似流星。

当下一弹，中王法官额角上，流出鲜血来，霍地望后便倒，宝剑丢在一边。众人慌忙向前扶起，往前厅去了。那神道也跨上槛窗，一声响喨，早已不见。当时却是怎地结果？正是：

> 说开天地怕，
> 道破鬼神惊。

却说韩夫人见二郎神打退了法官，一发道是真仙下降，愈加放心，再也不慌。且说太尉已知法官不济。只得到赔些将息钱，送他出门。又去请得五岳观潘道士来。那潘道士专一行持五雷天心正法，再不苟且，又且足智多谋。一闻太尉呼唤，

— Потише, потише! – спокойно произнес тот и

Левой рукой,
словно гору Тайшань поднимая,
Правою,
будто к груди прижимая младенца,
Натянул тетиву –
полной луною лук. изогнулся,
Звездою стремительной
вылетел шарик.

Шарик угодил даосу в висок, потекла кровь, заклинатель выронил из рук меч, упал. Люди бросились к нему, подняли и унесли. Эрлан тут же вскочил на окно – раздался громоподобный звук, и он исчез. Чем же в конце концов все это кончилось?

Расскажешь –
земле и небу страшно станет;
Поведаешь –
охватит ужас духов и богов.

Когда Юйцяо увидела, как Эрлан расправился с заклинателем, она окончательно уверовала в то, что к ней снизошло настоящее божество, перестала тревожиться и успокоилась.

Что касается министра Яна, то он понял: даос Ван недостаточно искусен в своем деле. Поэтому, дав заклинателю денег на лечение, министр приказал своим людям проводить его до храма.

Затем он распорядился, чтобы пригласили некоего Паня, даоса из храма Уюэгуань. Даос этот славился искусством поражать «гро-мом из кулака»; был он известен также как человек серьезный, мудрый и находчивый. Он не замедлил явиться, и министр

便来相见。太尉免不得将前事一一说知。潘道士便道："先着人引领小道到西园看他出没去处，但知是人是鬼。"太尉道："说得有理。"当时，潘道士别了太尉，先到西园韩夫人卧房，上上下下，看了一会。又请出韩夫人来拜见了，看了他气色。转身对太尉说："太尉在上，小道看来，韩夫人面上，部位气色，并无鬼祟相侵。只是一个会妖法的人做作。小道自有处置。也不用书符咒水打鼓摇铃，待他来时，小道瓮中捉鳖，手到拿来。只怕他识破局面，再也不来，却是无可奈何。"太尉道："若得他再也不来，便是干净了。我师且留在此，闲话片时则个。"说话的，若是这厮识局知趣，见机而作，恰是断线鹞子，一般再也不来，落得先前受用了一番，且又完名全节，再去别处利市，有何不美，却不道是："得意之事，不可再作，得便宜处，不可再往。"

подробно рассказал ему обо всем случившемся.

– Пусть кто-нибудь проведет меня в тот сад, – попросил даос, – хочу посмотреть, каким путем он приходит, как уходит, чтобы понять, человек это или нечисть какая.

Паня тут же провели в сад, где находились покои Юйцяо. Осмотрев все вокруг, он затем попросил, чтобы Юйцяо вышла к нему, и, поклонившись ей, стал разглядывать ее лицо.

Возвратившись к министру, Пань сообщил:

– Господин министр, на мой взгляд, и выражение лица госпожи Хань, и все линии на ее лице говорят о том, что никакая нечисть не коснулась ее. Это просто проделки какого-то негодяя, который владеет колдовским искусством. Но я знаю, как быть и что делать. Тут не нужны ни заклинательные надписи, ни заговоренная вода, ни барабаны, ни колокольчики. Пусть только пожалует, я тотчас схвачу его, как черепаху в жбане. Боюсь одного: раз он теперь знает, что его здесь ждут, то и вообще не явится. Тогда уж ничего не поделаешь.

– Если он больше не придет, значит, с этим покончено, и ладно, – сказал министр. – Ну, а пока побудьте здесь, побеседуем, подождем.

Рассказчик, скажете вы, если этот человек, выдающий себя за Эрлана, не глуп, достаточно сообразителен и действует, учитывая обстоятельства, то он, как сорвавшийся с нитки бумажный змей, не должен был бы возвращаться сюда. Вышло бы, что он и благами какими-то здесь попользовался, и в то же время сохранил свое достоинство и свою честь. Искал бы себе счастья и удачи в каком-нибудь другом месте – чего же лучше?! Так-то это так, но часто забывают о том, что

Счастья не пытают дважды,
Не ждут удачи за удачей.

却说那二郎神毕竟不知是人是鬼。却只是他尝了甜头,不达时务,到那日晚间,依然又来。韩夫人说道:"夜来氏儿一些不知,冒犯尊神。且喜尊神无事,切休见责。"二郎神道:"我是上界真仙,只为与夫人仙缘有分,早晚要度夫人脱胎换骨,白日飞升。叵耐这蠢物!便有千军万马,怎地近得我!"韩夫人愈加钦敬,欢好倍常。却说早有人报知太尉。太尉便对潘道士说知。潘道士禀知太尉,低低分付一个养娘,教他只以服事为名,先去偷了弹弓,教他无计可施。养娘去了。潘道士结束得身上紧簇,也不披法衣,也不仗宝剑,讨了一根齐眉短棍,只教两个从人,远远把火照着,分付道:"若是你们怕他弹子来时,预先躲过,让我自去,看他弹子近得我么?"二人都暗笑道:"看他说嘴!少不得也中他一弹。"却说养娘先去,以服事为名,挨挨擦擦,渐近神道身边。正与韩夫人交杯换盏,不堤防他偷了弹弓,藏过一壁厢。这里从人引领潘道士

И Эрлан, кем бы он ни был – человеком или нечистой силой, отведав сладкого и утратив всякое чувство меры, следующим вечером снова явился к Юйцяо.

– Прошу вас, не вините меня за вчерашнее, – сразу же сказала она. – Я не знала, что может произойти такое, что с вами поступят неподобающе. Но, к счастью, с вами ничего худого не случилось, – добавила она.

– Я ведь небожитель, – отвечал Эрлан. – И раз мы связаны неземными узами, я призван помочь вам, чтобы вы в конце концов освободились от мирской плоти и вознеслись на небеса. А тот вчерашний заклинатель – просто глупец, – продолжал он. – Не знал, что тысячам, даже десяткам тысяч воинов не одолеть меня.

Юйцяо прониклась к Эрлану еще бо́льшим почтением, и в этот вечер они были особенно счастливы и нежны друг с другом.

О появлении Эрлана немедленно доложили министру Яну, а тот сказал об этом Паню. Тогда Пань посоветовал министру отправить к Юйцяо служанку якобы прислуживать Юйцяо и наказать той, чтобы она незаметно унесла самострел Эрлана. Сам Пань переоделся в одежду, плотно облегающую тело, попросил только, чтобы ему дали надежную палку и – без всякой магической накидки, без меча – в сопровождении двух слуг, которые должны были освещать ему путь, направился на половину Юйцяо.

– Если вы боитесь самострела, – бросил он на ходу слугам, – то спрячьтесь, я войду один – мне-то его самострел не страшен.

«Ну и болтун! Погоди, и в тебя он закатит свой шарик!» – мысленно усмехались слуги.

Между тем посланная к Юйцяо служанка была уже там.

Улучив момент, когда Эрлан с Юйцяо подняли чарки, служанка потихоньку унесла самострел и спрятала его.

到得门前，便道："此间便是。"丢下法官，三步做两步，躲开去了。却说潘道士掀开帘子，纵目一观，见那神道安坐在上。大喝一声，舞起棍来，匹头匹脑，一径打去。二郎神急急取那弹弓时，再也不见。只叫得一声"中计！"连忙退去，跨上槛窗。说时迟，那时快，潘道士一棍打着二郎神后腿，却打落一件物事来。那二郎神一声响喨，依然向万花深处去了。潘道士便拾起这物事来，向灯光下一看，却是一只四缝乌皮皂靴。且将去禀覆太尉道："小道看来，定然是个妖人做作，不干二郎神之事。却是怎地拿他便好？"太尉道："有劳吾师，且自请回。我这里别有措置，自行体访。"当下酬谢了潘道士去了。结过一边。

太尉自打轿到蔡太师府中，直至书院里，告诉道：如此如此，这般这般。"终不成恁地便罢了！也须吃那厮耻笑，不成模样！"太师道："有何难哉！即今着落开封府滕大尹领这靴

Слуги с даосом Панем к тому времени подходили к дверям Юйцяо.

– Пришли! – сказали слуги и, оставив заклинателя, метнулись прочь и притаились в саду.

Откинув занавеску в комнате Юйцяо, Пань увидел то самое божество, спокойно там восседавшее. С громким криком Пань бросился вперед и замахнулся на него палкой. Эрлан потянулся к самострелу, но того на месте не оказалось.

– Ловушка! – вскрикнул Эрлан и тут же, увернувшись от удара, вскочил на окно.

Рассказывать долго, а произошло все это в какое-то мгновение. Даос угодил палкой Эрлану по ноге, и тотчас что-то полетело на землю. Одновременно прогремел раскат грома, и Эрлан исчез.

Пань поднял то, что упало, и при свете светильника увидел обыкновенный черный полусапог с четырьмя швами. Забрав сапог с собой, Пань направился к министру.

– Да, должно быть, действительно здесь какой-то негодяй-колдун безобразничает, – сказал он министру, – и все это не имеет никакого отношения к настоящему божеству. Только как поймать этого негодяя?

– Благодарю, извините, что пришлось утруждать вас, – проговорил министр. – Возвращайтесь пока к себе. Я теперь сам предприму, что следует.

Получив вознаграждение, даос ушел.

Министр тут же приказал подать паланкин и отправился к Цай Цзину, старшему наставнику наследника императора. В кабинете у Цай Цзина министр рассказал обо всем, что произошло у него в доме.

– Неужели так это и оставить?! Ведь смеяться же будет над нами этот мерзавец! Позор просто! – заключил он свой рассказ.

– Ну, дело это несложное, – сказал в ответ Цай Цзин. – Пусть

去作眼，差眼明手快的公人，务要体访下落，正法施行。"太尉道："谢太师指教。"太师道："你且坐下。"即命府中张干办火速去请开封府滕大尹到来。起居拜毕，屏去人从，太师与太尉齐声说道："帝辇之下，怎容得这等人在此做作！大尹须小心在意，不可怠慢。此是非同小可的勾当。且休要打草惊蛇，吃他走了。"大尹听说，吓得面色如土，连忙答道："这事都在下官身上。"领了皮靴，作别回衙，即便升厅，叫那当日缉捕使臣王观察过来，喝退左右，将上项事细说了一遍。"与你三日限，要捉这个杨府中做不是的人来见我。休要大惊小怪。仔细体察，重重有赏。不然，罪责不小。"说罢，退厅。王观察领了这靴，将至使臣房里，唤集许多做公人，叹了

нынче же начальник области заберет этот сапог – он послужит, как говорится, нитью, – выделит ловких и толковых людей, прикажет им во что бы то ни стало найти виновного, а когда его поймают, судить по закону.

– Благодарю вас за указание, – проговорил министр, собираясь откланяться.

– Нет, вы посидите, – сказал Цай Цзин и тут же отправил своего управляющего Чжана за начальником области. Тот не замедлил явиться. После положенных приветствий Цай Цзин рассказал начальнику области, господину Тэну, о случившемся.

– Как можно, чтобы возле самой обители императора творилось такое безобразие? Невероятно! Этому случаю вы должны уделить особое внимание и не допускать здесь небрежения. Ведь это не шутки! В то же время, конечно, не следует, как говорится, зря бить палкой по траве и только змей пугать – упустите преступника, – чуть ли не в один голос говорили Цай Цзин и министр.

Услышав такое, начальник области посерел от страха.

– Положитесь на меня, – ответил он, взял сапог и поспешил проститься.

Вернувшись к себе в ямэнь, господин Тэн тут же прошел в зал присутствия и распорядился, чтобы к нему вызвали ведающего группой сыска инспектора Вана. Когда тот явился, он велел служителям удалиться, а затем уже рассказал Вану обо всем, что ему только что стало известно.

– Три дня даю тебе сроку. Чтобы человек этот был пойман, чтобы был у меня здесь! – сказал в заключение начальник. – Но делать надо все тихо, без шума – сначала следует все проведать. Поймаешь – будешь награжден, нет – достанется тебе сполна.

С этими словами Тэн покинул зал присутствия.

Упрятав сапог, инспектор Ван вернулся к себе и собрал своих подчиненных. Те сразу, конечно, обратили внимание на то, как

一口气,只见:

>眉头搭上双□锁,
>腹内新添万斛愁。

却有一个三都捉事使臣姓冉名贵,唤做冉大,极有机变。不知替王观察捉了几多疑难公事。王观察极是爱他。当日冉贵见观察眉头不展,面带忧容,再也不来答扰,只管南天北地,七十三八十四说开了去。王观察见他们全不在意,便向怀中取出那皮靴向桌上一丢,便道:"我们苦杀是做公人!世上有这等糊涂官府。这皮靴又不会说话,却限我三日之内,要捉这个穿皮靴在杨府中做不是的人来。你们众人道是好笑么?"众人轮流将皮靴看了一会。到冉贵面前。冉贵也不采,只说:"难、难、难!官府真个糊涂。观察,怪不得你烦恼。"那王观察不听便罢,听了之时,说道:"冉大,你也只管说道难,这桩事便怎地干休罢了?却不难为了区区小子,如何回得大尹的说话?你们众人都在这房里撰过钱来使的,却说是难、难、

сокрушенно инспектор вздыхает, как у него

*Замком печали сомкнуты брови,
Словно море забот на душе.*

Следует сказать, что одним из старших группы сыска у инспектора Вана был некий Жань Гуй, которого обычно называли «Жань старший». Находчивый и изобретательный, Жань Гуй за время службы у инспектора Вана сумел распутать немало трудных дел, и Ван очень его ценил и любил. Видя нахмуренные брови и мрачное выражение лица начальника, Жань Гуй не стал ни о чем его спрашивать и завел разговор как ни в чем не бывало о том, о сем, на самые различные, не имеющие никакого отношения к делу сыска темы. На озабоченность инспектора никто не обращал внимания. Тогда Ван вытащил из-за пазухи сапог и швырнул его на стол.

— Сущее наказание быть служителем ямэня! — проговорил он при этом. — И есть же на свете такие болваны-начальники. Сапог-то — вещь бессловесная, рассказать ничего не расскажет, а мне, видите ли, дают три дня на то, чтобы поймать человека, который учинил безобразие в резиденции министра и которому принадлежит вот этот сапог. Смешно вам, да? — заключил он и тут же поведал, в чем дело.

Все стали рассматривать сапог, передавая его из рук в руки. Когда сапог положили перед Жань Гуем, тот даже не взглянул на него.

— Да, трудное, трудное дело! — проговорил он. — Ну и безмозглые же эти начальники. То-то, инспектор, ты так расстроен!

Не слышать бы инспектору Вану этих слов.

— Что ты, Жань старший, заладил: «трудно» да «трудно», — возмутился он. — Так и оставить это дело, что ли? В каком же положении оказываюсь я, ваш так называемый начальник? С

难！"众人也都道："贼情公事还有些捉摸。既然晓得他是妖人，怎地近得他。若是近得他，前日潘道士也捉勾多时了。他也无计奈何，只打得他一只靴下来。不想我们晦气，撞着这没头脑的官司，却是真个没捉处。"当下王观察先前只有五分烦恼，听得这篇言语，句句说得有道理，更添上十分烦恼。只见那冉贵不慌不忙，对观察道："观察且休要输了锐气。料他也只是一个人，没有三头六臂，只要寻他些破绽出来，便有分晓。"即将这皮靴番来覆去，不落手看了一回。众人都笑起来，说道："冉大，又来了！这只靴又不是一件稀奇作怪，眼中少见的东西，止无过皮儿染皂的，线儿扣缝的，蓝布吊里的，加上楦头，喷口水儿，弄得紧棚棚好看的。"冉贵却也不来揽揽，向灯下细细看那靴时，却是四条缝，缝得甚是紧密。看至靴尖，那一条缝略有些走线。冉贵偶然将小指头拨一拨，

чем явлюсь к начальнику области? Что скажу ему? – не унимался Ван. – Сами ведь небось не первый день у меня на жизнь зарабатываете, а только и слышу от вас: "трудно" да "трудно".

– Когда дело касается бандита или вора, можно что-то предпринять, а здесь какой-то колдун. Что мы можем с ним поделать? – оправдывались подчиненные Вана. – Если бы с ним легко было совладать, даос Пань сразу схватил бы его в тот вечер. А то даже сам Пань оказался перед ним бессилен – сбил с него сапог, и только. Не повезло нам, – продолжали они, – надо же, чтобы свалилось на нашу голову такое дело! Неизвестно даже, с какого конца за него взяться. Действительно, так просто с этим не справиться.

Справедливые доводы сыщиков окончательно обескуражили раздосадованного инспектора.

– Ну ладно, не падай духом, не огорчайся прежде времени! – спокойно проговорил вдруг Жань Гуй. – Небось такой же он простой смертный, как и все, – не шесть же рук у него и три головы?! Надо только найти зацепку, и тогда можно будет попробовать разобраться.

Жань Гуй взял сапог, стал вертеть его, рассматривать со всех сторон, не выпуская из рук.

– Ну вот, наш старина Жань опять за свое, – подсмеивались над ним сыщики. – Что сапог-то этот столько разглядывать? Невидаль, что ли, какая? Кусок кожи окрасили в черный цвет, прошили ниткой, подложили голубую подкладку, вогнали колодку, набрали в рот воды да и опрыснули – вот и получилась тугой красивой формы обувь.

Жань Гуй не обращал на их слова никакого внимания: напротив, он подошел к светильнику и стал еще пристальнее рассматривать сапог: четыре шва, стянуты туго, отличная работа... И тут он заметил, что в одном месте шов на носке будто бы чуть разошелся. Ногтем Жань Гуй несколько раз машинально провел

拨断了两股线,那皮就有些撬起来。向灯下照照里面时,却是蓝布托里。仔细一看,只见蓝布上有一条白纸条儿,便伸两个指头进去一扯,扯出纸条。仔细看时,不看时万事全休,看了时,却如半夜里拾金宝的一般。那王观察一见也便喜从天降,笑逐颜开。众人争上前看时,那纸条上面却写着:"宣和三年三月五日铺户任一郎造。"观察对冉大道:"今岁是宣和四年。眼见得做这靴时,不上二年光景。只捉了任一郎,这事便有七分。"冉贵道:"如今且不要惊了他。待到天明,着两个人去,只说大尹叫他做生活,将来一索捆番,不怕他不招。"观察道:"道你终是有些见识!"当下众人吃了一夜酒,一个也不敢散。看看天晓,飞也似差两个人捉任一郎。不消两个时辰,将任一郎赚到使臣房里,番转了面皮,一索捆番。"这厮大胆,做得好事!"把那任一郎吓了一跳,告道:"有事便好好说。却是我得何罪,便来捆我?"王观察道:"还有甚说!这靴儿可不是你店中出来的?"任一郎接着靴,仔细看了一

по этому месту – двойная нить лопнула, и кожа слегка оттопырилась. Заглянув под кожу, Жань Гуй увидел голубую подкладку, а между подкладкой и кожей – какую-то белую бумажку. Засунув туда два пальца, он вытащил бумажку и, когда взглянул на нее, чуть не ахнул, словно нашел в ночи сверкающий бриллиант. И начальник группы, взглянув на лоскуток, так просиял, будто счастье с неба свалилось.

Тогда и все остальные бросились разглядывать бумажку. Оказалось, что на ней написано: «Изготовлено мастером Жэнь Иланом в третьем году Сюань-хэ, в пятый день третьего месяца».

– Нынче у нас четвертый год, – проговорил Ван, обращаясь к Жань Гую. – Ясно, что сапог этот сшит не ранее чем два года назад. Надо сразу взять этого Жэнь Илана, тогда можно будет считать, что виден конец дела.

– Нет, не сейчас – не стоит в такое позднее время тревожить его, а то насторожится, – сказал Жань Гуй. – Лучше завтра направим к нему кого-нибудь, скажем, что начальник области просит его явиться, хочет, мол, поручить ему какую-то работу, а вот когда он придет, тут уж мы скрутим его, и он выложит все, как есть.

– А голова у тебя все-таки толковая! – похвалил Ван.

Расходиться они не стали, всю ночь провели за вином, а когда рассвело, двое служащих помчались к Жэнь Илану и вскоре привели его в помещение группы сыска. Здесь церемониться с ним уже не стали – повалили на пол и скрутили.

– Мерзавец ты этакий! Смелые же вытворяешь шутки! – кричали на него служители.

– Скажите по-хорошему, в чем дело?! – закричал сапожник. – Чем я провинился? Почему вы связали меня?

– О чем говорить еще! Сапог этот из твоей мастерской? – бросил инспектор.

Внимательно разглядев сапог, Жэнь Илан ответил:

看，告观察："这靴儿委是男女做的。却有一个缘故：我家开下铺时，或是官员府中定制的，或是使客往来带出去的，家里都有一本坐簿，上面明写着某年某月某府中差某干办来定制做造。就是皮靴里面，也有一条纸条儿，字号与坐簿上一般的。观察不信，只消割开这靴，取出纸条儿来看，便知端的。"王观察见他说着海底眼，便道："这厮老实，放了他好好与他讲。"当下放了任一郎，便道："一郎休怪，这是上司差遣，不得不如此。"就将纸条儿与他看。任一郎看了道："观察，不打紧。休说是一两年间做的，就是四五年前做的，坐簿还在家中。却着人同去取来对看，便有分晓。"当时又差两个人，跟了任一郎，脚不点地，到家中取了簿子，到得使臣房里。王观察亲自从头检看。看至三年三月五日，与纸条儿上字号对照相同。看时，吃了一惊，做声不得。却是蔡太师府中张干办来定制的。王观察便带了任一郎，取了皂靴，执了坐簿，火速到府厅回话。此是大尹立等的勾当，即便出至公堂。王观察将上项事说了一遍，又将簿子呈上。将这纸条儿亲自与大尹对照相同。大尹吃了一惊。"原来如此。"当下半疑不信，沉吟了一

— Уважаемый начальник! Сапог этот действительно сшил я. Но только выслушайте меня. С тех пор как я завел свое дело, все заказы я заношу в специальную тетрадь — то ли это заказ для какого-нибудь начальника, то ли обувь, которую покупает проезжий человек. В тетради все указано: в каком году, в каком месяце, кто заказал или кого прислали сделать заказ. И даже внутрь обуви, — продолжал сапожник, — я всегда вкладываю бумажный ярлык с записью, когда она изготовлена. Если не верите, разрежьте сапог и там найдете такую бумажку — прочтете, и все будет ясно.

Видя, что Жэнь Илан говорит правдиво, по существу, Ван приказал:

— Ладно, развяжите его! Он как будто не врет. Потолкуем по-хорошему.

Сапожника развязали.

— Илан, не обижайся! Мы действуем по поручению начальства. Пришлось так поступить, — продолжал начальник сыска, обращаясь к сапожнику, и передал ему бумажку, вынутую из сапога.

— Ну, это не сложно выяснить, — проговорил сапожник, взглянув на бумажку. — Сапог сшит в прошлом или в позапрошлом году; но даже если бы он был сделан лет пять назад, все равно — тетрадь с записями я храню у себя, можно послать людей ко мне домой, взять ее, и тогда будет ясно, кому принадлежит этот сапог.

Двум служащим было велено сопровождать Илана. В лавке сапожника они нашли нужную тетрадь и тут же вместе с Иланом помчались назад.

Начальник сыска сам стал листать страницы записей, и когда дошел до записи третьего года, третьего месяца, пятого дня, то не на шутку перепугался. Оказалось, что в этот год, в этот месяц и в этот день сапоги заказывал управляющий Чжан, ведавший

会，开口道："怎地时，不干任一郎事，且放他去。"任一郎磕头谢了，自去。大尹又唤转来分付道："放便放你，却不许说向外人知道。有人问你时，只把闲话支吾开去。你可小心记着。"任一郎答应道："小人理会得。"欢天喜地的去了。

大尹带了王观察、冉贵二人，藏了靴儿簿子，一径打轿到杨太尉府中来。正直太尉朝罢回来。门吏报覆，出厅相见。大尹便道："此间不是说话处。"太尉便引至西偏小书院里，屏去人从，止留王观察、冉贵二人，到书房中伺候。大尹便将从前事历历说了一遍，如此如此，"却是如何处置？下官未敢

делами в доме Цай Цзина, наставника наследника престола.

Ни слова не говоря, Ван взял сапог и тетрадь и, приказав Илану следовать за ним, чуть ли не бегом направился к начальнику области. Начальник, с нетерпением ждавший известий от Вана, сразу же вышел в зал присутствия. Ван доложил ему о сапожнике и подал тетрадь.

– Ах вот как! – воскликнул в тревоге начальник, сличив запись в тетради с тем, что было написано на бумажном ярлыке, вынутом из сапога, и задумался, не зная, верить всему этому или нет. – Раз так, – вымолвил он наконец, – Илан тут ни при чем. Отпустить его.

Илан земно кланялся и благодарил. Когда сапожник направился к выходу, начальник остановил его:

– Постой! Отпускать-то я тебя отпускаю, но смотри: чтоб никому ни слова об этих сапогах. Если спросят, зачем за тобой посылали, сошлись на какое-нибудь дело, не имеющее к этому отношения. Не забудь!

– Понимаю, – ответил тот и, радостный, удалился.

Начальник области прибрал сапог и тетрадь, приказал подать паланкин, чтобы направиться к министру Яну. Начальнику сыска и Жань Гую велено было сопровождать его. К этому времени министр как раз вернулся после присутствия из императорского дворца. Ему доложили о начальнике области, и он тут же вышел в зал.

– Хотелось бы не здесь отдать вам отчет о порученном деле, – попросил начальник области после приветствий. Тогда министр повел всех троих в небольшой садик в стороне от главного здания – там находился его кабинет, – и они прошли внутрь без прислуги. Тут начальник области рассказал обо всем, что удалось выяснить.

– Сам я не осмелился принять какого-либо решения, – добавил он под конец и спросил: – Как прикажете теперь поступить?

擅便。"太尉看了，呆了半晌，想道："太师国家大臣，富贵极矣，必无此事。但这只靴是他府中出来的，一定是太师亲近之人，做下此等不良之事。"商量一会，欲待将这靴到太师府中面质一番。诚恐干碍体面，取怪不便。欲待阁起不题，奈事非同小可，曾经过两次法官，又着落缉捕使臣，拿下任一郎问过，事已张扬。一时糊涂过去，他日事发，难推不知。倘圣上发怒，罪责非小。左思右想，只得分付王观察、冉贵自去。也叫人看轿，着人将靴儿簿子，藏在身边，同大尹径奔一处来。正是：

踏破铁靴无觅处，
得来全不费工夫。

当下太尉大尹，径往蔡太师府中。门首伺候报覆多时，太师叫唤入来书院中相见。起居茶汤已毕。太师曰："这公事

Разглядывая запись в тетради и бумажный ярлык, министр рассуждал про себя: «Не может быть, чтобы наставник – такой важный государственный сановник и один из самых знатных людей – был причастен к этому делу. Вероятно, кто-то из его приближенных совершил этакую пакость».

Он уже собрался было взять сапог и явиться к Цай Цзину, чтобы расспросить его лично, но затем решил, что не стоит: неудобно, наставник может обидеться. Приходило ему в голову и другое: оставить все это, замять дело. В то же время он понимал, что дело это чрезвычайно серьезное и о нем уже многим известно – прошло оно через руки двух государственных чинов, к тому же сыщиками был арестован сапожник, которого затем допрашивали. Следовательно, оставить дело не доведенным до конца нельзя: рано или поздно все это может дойти до кого-нибудь, да еще неизвестно до кого, – тогда неведением не отделаешься, а если при этом еще попадешь под гневное настроение императора, то кара последует немалая.

Думал он, думал и наконец велел инспектору Вану и Жань Гую возвращаться к себе. Сам же взял сапог и тетрадь и, приказав подать паланкин, вместе с начальником области отправился прямо туда, куда решил явиться. Вот уж действительно,

Бывает, истопчешь железный башмак –
  ищешь – не можешь найти,
И видишь вдруг – вот оно то, что искал:
  где-то совсем под рукой.

Итак, министр вместе с начальником области направились прямо в резиденцию наставника наследника императора. Ждать им пришлось довольно долго, пока докладывали наставнику, и вот наконец Цай Цзин велел провести их к нему в кабинет. После взаимных приветствий, когда хозяин и гости отпили по глот-

有些下落么？"太尉道："这贼已有主名了。却是干碍太师面皮，不敢擅去捉他。"太师道："此事非同小可，我却如何护短得？"太尉道："太师便不护短，未免吃个小小惊恐。"太师道："你且说是谁？直恁地疑难！"太尉道："乞屏去从人，方敢胡言。"太师即时将从人赶开。太尉便开了文匣，将坐簿呈上与太师检看过了，便道："此事须太师爷自家主裁，却不干外人之事。"太师连声道："怪哉！怪哉！"太尉道："此系紧要公务，休得见怪下官。"太师道："不是怪你，却是怪这只靴来历不明。"太尉道："簿上明写着府中张干办定做，并非谎言。"太师道："此靴纵是张千定造，交纳过了，与他无涉。说起来，我府中冠服衣靴履袜等件，各自派一个养娘分掌。或是府中自制造的，或是往来馈送，一出一入的，

ку чаю, Цай Цзин спросил:

– Ну, как то дело? Выяснено уже что-нибудь?

– Да. Преступник уже известен, – отвечал министр. – Но дело в какой-то мере касается вашего доброго имени, поэтому мы не решаемся схватить его.

– Да ведь дело это исключительно важное... Разве могу я тут вмешиваться и защищать кого бы то ни было!? – ответил Цай Цзин.

– Даже если вы не станете защищать этого человека, некоторых неприятностей вам не избежать.

– Да кто же это такой, что вы не смеете поступить с ним, как следует поступать в подобных случаях?

– Удалите, пожалуйста, ваших слуг, – попросил министр, – и тогда я решусь доложить вам.

Цай Цзин немедленно удалил слуг. Министр раскрыл небольшой короб и достал оттуда тетрадь. Когда Цай Цзин прочел соответствующую запись, министр проговорил:

– Как вы видите, дело касается вашего человека, и решать, как нам действовать, по-видимому, следует вам самому.

– Странно, странно, – не переставая повторял Цай Цзин.

– Это чрезвычайно важное происшествие, – говорил министр, – так вы уж извините меня.

– Я вас и не виню, я только недоумеваю, на ком мог быть этот сапог.

– В тетради ясно значится, что заказ был сделан вашим управляющим Чжаном, и так ведь оно и есть, – ответил министр.

– Чжан Цянь только заказывал эти сапоги, но он их сдал, и, следовательно, к нему это не имеет никакого отношения, – отвечал Цай Цзин. – У меня в доме всеми вещами – шляпами, одеждой, туфлями, носками и прочим – ведают пожилые служанки. Если мы заказываем что-нибудь из вещей, если получаем что-

一一开载明白，逐月缴清报数，并不紊乱。待我吊查底簿，便见明白。"即便着人去查那一个管靴的养娘，唤他出来。当下将养娘唤至，手中执着一本簿子。太师问道："这是我府中的靴儿，如何得到他人手中？即更查来。"当下养娘逐一查检，看得这靴是去年三月中，自着人制造的，到府不多几时，却有一个门生，叫做杨时，便是龟山先生，与太师极相厚的。升了近京一个知县，前来拜别。因他是道学先生，衣敝履穿，不甚齐整。太师命取圆领一袭，银带一围，京靴一双，川扇四柄，送他作嘎程。这靴正是太师送与杨知县的。果然前件开写明白。太师即便与太尉大尹看了。二人谢罪道："恁地又不干太师府中之事！适间言语冲撞，只因公事相逼，万望太师海涵！"太师笑道："这是你们分内的事，职守当然，也怪你不得。只是杨龟山如何肯恁地做作？其中还有缘故。如今他任所去此不远。我潜地唤他来问个分晓。你二人且去，休说与人知

то в дар или сами что-нибудь дарим – всегда делается соответствующая запись, в конце каждого месяца подводятся итоги, и никаких недоразумений до сих пор никогда не случалось. Надо будет, пожалуй, проверить записи, и тогда все выяснится.

Цай Цзин тут же велел позвать служанку, ведающую одеждой и обувью. Та не замедлила явиться с тетрадью в руках.

– Каким образом вот эти сапоги, которые мы заказывали, очутились у кого-то на стороне? – спросил у нее Цай Цзин. – Проверь сейчас же.

Служанка стала листать записи, и оказалось, что в середине третьего месяца прошлого года сапоги эти были заказаны по распоряжению самого наставника. Но вскоре после того как их принесли, они вместе с халатом, серебряным поясом и четырьмя веерами были подарены известному ученому Ян Ши.

Следует сказать, что Ян Ши был в добрых отношениях с Цай Цзином. Когда Ян Ши получил назначение на должность начальника одного из уездов, расположенных неподалеку от столицы, он зашел проститься с Цай Цзином. Будучи философом, Ян Ши не очень обращал внимание на одежду – платье и туфли на нем были поношены. В связи с этим Цай Цзин и решил подарить ему сапоги и остальные указанные в записи вещи.

Цай Цзин передал министру и начальнику области тетрадь, которую принесла служанка, и они сами прочли эту запись.

– Следовательно, эта история не имеет никакого отношения и к вам, уважаемый наставник, – проговорили почти в один голос министр и начальник области. – Простите нас за высказанные только что неподобающие слова, но к тому вынудил нас ход дела, – извинялись они.

– Это ведь ваша обязанность, вы так и должны были поступить, и винить вас не в чем, – улыбаясь, отвечал Цай Цзин и продолжал: – Но, не пойму, как же Ян Ши мог позволить себе содеять подобное? Тут что-то не так. Я вызову к себе Ян Ши,

道。"二人领命，作别回府不题。

太师即差干办火速去取杨知县来。往返两日，便到京中，到太师跟前。茶汤已毕，太师道："知县为民父母，却怎地这般做作；这是迷天之罪。"将上项事一一说过。杨知县欠身禀道："师相在上。某去年承师相厚恩，未及出京，在邸中忽患眼痛。左右传说，此间有个清源庙道二郎神，极是盼蚤有灵，便许下愿心，待眼痛痊安，即往拈香答礼。后来好了，到庙中烧香。却见二郎神冠服件件整齐，只脚下乌靴绽了，不甚相称。下官即将这靴舍与二郎神供养去讫。只此是真实语。知县生平不欺暗室，既读孔、孟之书，怎敢行盗跖之事？望太师详

расспрошу его об этом сам и выясню, в чем тут дело, благо, уезд его неподалеку отсюда. А вы возвращайтесь, и пусть все остается пока между нами.

Поклонившись Цай Цзину, министр и начальник области простились и ушли.

Цай Цзин тотчас отправил людей с приказом немедленно доставить к нему Ян Ши. Через два дня Ян Ши уже был в столице и предстал перед наставником. После того как подали чай, Цай Цзин заговорил:

— Что же вы, занимаете пост отца и матери народа, а позволяете себе проделывать невесть какие вещи. Ведь это преступление, о котором страшно и подумать. — Тут Цай Цзин рассказал о деле с Юйцяо.

— Уважаемый наставник, — встав и поклонившись Ца Цзину, начал Ян Ши. — В прошлом году, когда вы щедро одарили меня, я еще не успел выехать из столицы, как стало у меня неладно с глазами. В гостинице, где я жил тогда, мне сказали, что есть тут храм божества Эрлана и что божество это очень отзывчиво. Я просил божество об исцелении и дал обет, что, когда болезнь пройдет, отправлюсь в храм возжечь курения и отблагодарить божество подношениями. Потом с глазами все стало хорошо, и я пошел в храм, где возжег курения. Будучи в храме, я обратил внимание на то, что головной убор и одежда на божестве очень хороши и аккуратны, но на одном сапоге шов разошелся. У божества был величественный вид, и этот сапог портил впечатление. Тогда я пожертвовал божеству те самые сапоги, которые вы соблаговолили мне в свое время подарить. Все, что я сказал сейчас, истинная правда. В жизни своей я не совершал ничего непорядочного, даже темной ночью, когда меня никто не видит. Изучая мудрости Конфуция и Мэн-цзы, посмею ли я уподобиться Дао Чжи? Так что очень прошу вас в этом деле разобраться, — закончил Ян Ши.

察。"太师从来晓得杨龟山是个大儒，怎肯胡作。听了这篇言语，便道："我也晓得你的名声。只是要你来时问个根由，他们才肯心服。"管待酒食，作别了知县自去，分付休对外人泄漏。知县作别自去。正是：

　　日前不做亏心事，
　　半夜敲门不吃惊。

　　太师便请过杨太尉、滕大尹过来，说开就里，便道："恁地又不干杨知县事。还着开封府用心搜捉便了。"当下大尹做声不得。仍旧领了靴儿，作别回府，唤过王观察来分付道："始初有些影响，如今都成画饼。你还领这靴去，宽限五日，务要捉得贼人回话。"当下王观察领这差使，好生愁闷。便到使臣房里，对冉贵道："你看我晦气！千好万好，全仗你跟

Цай Цзин понимал, что такой крупный ученый, как Ян Ши, вряд ли мог пойти на бесчестное дело. Поэтому, выслушав его, сказал:

— Ваше доброе имя мне известно, но мне нужно было установить, как это недоразумение могло случиться. Иначе я сам не знал, как все объяснить другим.

Затем он велел подать обед, после которого распрощался с Ян Ши, попросив его никому ни о чем не рассказывать.

От Цай Цзина Ян Ши отправился обратно к себе в уезд. Вот уж действительно,

Коль днем не совершил худого,
То ночью стук в ворота не страшит.

После ухода Ян Ши Цай Цзин велел пригласить к себе министра Ян Цзиня и начальника области. Он рассказал им о разговоре с Ян Ши.

— Получается, что и Ян Ши тут ни при чем. Придется вам, уважаемый начальник области, приложить усилия и продолжить розыск, — добавил в заключение Цай Цзин.

Возразить что-либо на это начальник области, конечно, не мог. Оставалось только забрать сапог и откланяться. Возвратясь к себе, он снова вызвал Вана и рассказал ему о выяснившихся обстоятельствах.

— Поначалу казалось, что удалось найти концы, а получилось, что во всем этом не больше проку, чем в лепешке, нарисованной на земле, — добавил он под конец. — Заберите обратно этот сапог, и чтобы преступник был схвачен и доставлен сюда. На этот раз даю вам пять дней сроку.

Получив такое распоряжение, Ван очень опечалился и, возвратясь в сыскное помещение, поведал обо всем Жань Гую.

— Вот гляди, как мне везет! — досадовал Ван. — На великое

究出任一郎来。既是太师府中事体，我只道官官相护，就了其事。却如何从新又要这个人来，却不道是生菜铺中没买他处！我想起来，既是杨知县舍与二郎神，只怕真个是神道一时风流兴发，也不见得。怎生地讨个证据回复大尹？"冉贵道："观察不说，我也晓得不干任一郎事，也不干蔡太师、杨知县事。若说二郎神所为，难道神道做这等亏心行当不成。一定是庙中左近妖人所为。还到庙前庙后，打探些风声出来。捉得着，观察休欢喜；捉不着，观察也休烦恼。"观察道："说得是。"即便将靴儿与冉贵收了。冉贵却装了一条杂货担儿，手执着一个玲珑□琅的东西，叫做个惊闺，一路摇着，径奔二郎神庙中来。歇了担儿，拈了香，低低祝告道："神明鉴察，早早保佑冉贵捉了杨府做不是的，也替神道洗清了是非。"拜罢，连讨

счастье, благодаря тебе докопались до этого сапожника, и, когда оказалось, что тут замешано имя наставника императорского наследника, я полагал – чин чина выгородит и с делом будет покончено. Так нет, снова требуют найти этого негодяя, да еще срочно. Им невдомек, что ли, что в овощной лавочке нам его не купить. Ну ладно, – перебил он тут себя. – Вот что: Ян Ши отдал эти сапоги в виде подношения Эрлану, следовательно, остается полагать, что именно у этого божества и зародились игривые мысли, кто его знает. Но как найти верные улики, которые можно было бы представить начальнику?

– Если бы ты не заговорил об этом сейчас, я бы сам поделился с тобой той же мыслью, – отвечал Жань Гуй. – Я тоже считаю, что и сапожник, и начальник уезда Ян Ши – оба тут ни при чем. Остается полагать, что это проделки божества Эрлана. Только неужто божество способно на такое! – продолжал Жань Гуй. – Наверняка это совершил кто-нибудь из тех, кто владеет колдовским искусством и живет при храме или поблизости от него. Надо будет походить вокруг да около храма и попытаться что-нибудь разузнать. Удастся поймать кого следует – не будем прыгать от радости, а не удастся – расстраиваться тоже не будем.

– Ты прав, – согласился Ван и прибрал сапог. – Пусть тогда будет у меня.

Жань Гуй в тот же день собрал разные мелкие вещи, уложил их в две корзины, взвалил на плечо коромысло и, вертя в руке барабанчик-погремушку, направился к храму Эрлана.

Оставив ношу возле храма, он вошел внутрь, возжег курения и тихим голосом обратился с мольбой к божеству:

– О всевидящий! Прошу тебя, помоги мне схватить человека, учинившего безобразие в доме министра. Тогда я хоть смою с тебя позор, обелю твое доброе имя.

Затем, земно поклонившись, он вытянул из чаши одну за дру-

了三个签，都是上上大吉。冉贵谢了出门，挑上担儿，庙前庙后，转了一遭，两只眼东观西望，再也不闭。看看走至一处，独扇门儿，门傍却是半窗，门上挂一顶半新半旧斑竹帘儿，半开半掩，只听得叫声："货卖过来！"冉贵听得叫，回头看时，却是一个后生妇人。便道："告小娘子，叫小人有甚事？"妇人道："你是收买杂货的，却有一件东西在此，胡乱卖几文与小厮买嘴吃。你用得也用不得？"冉贵道："告小娘子，小人这个担儿，有名的叫做百纳仓，无有不收的。你且把出来看。"妇人便叫小厮拖出来与公公看。当下小厮拖出什么东西来？正是：

　　鹿迷秦相应难辨，
　　蝶梦庄周未可知。

　　当下拖出来的，却正是一只四缝皮靴，与那前日潘道士打下来的一般无二。冉贵暗暗喜不自胜。便告小娘子："此是不

гой три гадательные бирки – все три предсказывали большую удачу. Поблагодарив божество, Жань Гуй вышел, поднял коромысло с ношей и пошел бродить вокруг храма, посматривая при этом то вправо, то влево. Так он приблизился к какому-то дому, прошел мимо одностворчатой двери, перед которой висела хоть и не новая, но и не совсем старая бамбуковая штора; штора была чуть приподнята.

– Эй, продавец! Подойди сюда! – услышал Жань Гуй и, повернув голову, увидел молодую женщину.

– Что нужно вам? – отозвался Жань Гуй.

– Ты ведь не только продаешь, но и покупаешь? – спросила женщина. – А у меня тут, – продолжала она, – есть одна вещица. Хочу за сколько-нибудь продать ее – мальчишке на сладости. Посмотри, пригодится она тебе?

– Должен сказать вам, молодая госпожа, что корзины мои называются всевмещающими и нет таких вещей, которых бы я не брал. Давайте, покажите!

Женщина крикнула мальчику, чтобы он вынес что-то показать, и тот принес, как бы вы думали, что? Трудно даже поверить... Вот уж действительно,

План коварный замыслил Чжао Гао,
и не знали как отвечать –
коня он привел иль оленя.
Сон увидел философ Чжуан-цзы
и решить, проснувшись, не мог:
во сне он был бабочкой сам
Иль бабочке снится сейчас,
что она философ.

А принес мальчик не что иное, как полусапог с четырьмя швами – точь-в-точь такой же, какой был сбит с Эрлана даосом

成对的东西，不值甚钱。小娘子实要许多，只是不要把话来说远了。"妇人道："胡乱卖几文钱，小厮们买嘴吃，只凭你说罢了。只是要公道些。"冉贵便去便袋里摸一贯半钱来，便交与妇人道："只恁地肯卖便收去了。不肯时，勉强不得。正是一物不成，两物见在。"妇人说："甚么大事，再添些罢。"冉贵道："添不得。"挑了担儿就走。小厮就哭起来。妇人只得又叫回冉贵来便道："多少添些，不打甚紧。"冉贵又去摸出二十文钱来道："罢，罢，贵了，贵了！"取了靴儿，往担内一丢，挑了便走。心中暗喜："这事已有五分了！且莫要声张，还要细访这妇人来历，方才有下手处。"是晚，将担子寄与天津桥一个相识人家，转到使臣房里。王观察来问时，只说还没有消息。

到次日，吃了早饭，再到天津桥相识人家，取了担子，依先挑到那妇人门首。只见他门儿锁着，那妇人不在家里了。冉贵眉头一皱，计上心来。歇了担子，捱门儿看去。只见一个老汉坐着个矮凳儿，在门首将稻草打绳。冉贵陪个小心，问道：

Панем.

— Так это же один сапог, не пара, чего ж он стоит! — говорил Жань Гуй женщине, а сам едва сдерживал охватившую его радость. — Ну а сколько вы за него все-таки хотите? — продолжал он. — Только, пожалуйста, не слишком того, поближе к делу.

— Да уж торговаться не стану — мальчишке бы на сладости хватило. Сколько назовешь — столько и ладно, но ты тоже давай почестному, — ответила та.

Тогда Жань Гуй вынул полторы связки монет и протянул их женщине.

— Вот так, — проговорил он при этом. — Хотите — возьмите, нет — уговаривать не буду. Ведь одна штука из пары — не вещь.

— Подумаешь, полторы связки медяков! Уж прибавь немного.

— Нет, не могу, — ответил Жань Гуй и поднял коромысло на плечо. Тут мальчик заревел, и женщина удержала Жань Гуя.

— Да прибавь хоть сколько-нибудь, и ладно.

— Ну, так и быть, — проговорил Жань Гуй и дал женщине еще двадцать монет. — Но дорого! Дорого!

Бросив сапог в одну из корзин, Жань Гуй поднял коромысло и пошел. «Ну что ж, дело, можно сказать, наполовину сделано, — радостный, думал он про себя. — Только, пожалуй, лучше пока никому ничего не говорить. Разузнаю, кто эта женщина, тогда будет ясно, как правильней действовать».

Он занес свои корзинки к знакомому, жившему у моста Тяньцзиньцяо, и вернулся в сыскное отделение. На расспросы Вана Жань Гуй ответил, что пока ничего нового нет.

На следующее утро, после завтрака, Жань Гуй зашел за своими корзинами и снова направился к дому, где жила та женщина. Но она, по-видимому, куда-то уехала, так как на двери висел замок. Подумав немного, Жань Гуй положил на землю коромысло с ношей, а сам пошел дальше, всматриваясь в каждый соседний дом. Возле одного из них перед входом на низенькой скамеечке

"伯伯，借问一声。那左手住的小娘子，今日往那里去了？"老汉住了手，抬头看了冉贵一看，便道："你问他怎么！"冉贵道："小子是卖杂货的。昨日将钱换那小娘子旧靴一只，一时间看不仔细，换得亏本了。特地寻他退还讨钱。"老汉道："劝你吃亏些罢。那雌儿不是好惹的。他是二郎庙里庙官孙神通的亲表子。那孙神通一身妖法，好不利害！这旧靴一定是神道替下来，孙神通把与表子换些钱买果儿吃的。今日那雌儿往外婆家去了。他与庙官结识，非止一日。不知甚么缘故，有两三个月忽然生疏。近日又渐渐来往了。你若与他倒钱，定是不肯，惹毒了他，对孤老说了，就把妖术禁你，你却奈何他不得！"冉贵道："原来恁地，多谢伯伯指教。"冉贵别了老汉，覆身挑了担子，嘻嘻的喜容可掬，走回使臣房里来。王观察迎着问道："今番想得了利市了？"冉贵道："果然，你且取出前日那只靴来我看。"王观察将靴取出。冉贵将自己换来

сидел старик и плел веревку. Подойдя к нему, Жань Гуй вежливо спросил:

– Дядюшка, позвольте узнать у вас, молодая женщина, которая живет вон там, в том доме слева, куда она девалась?

Старик перестал плести и поднял глаза на Жань Гуя.

– А зачем она тебе? – поинтересовался он.

– Видите ли, я скупщик вещей. Вчера я купил у этой женщины старый сапог. Но тогда я хорошенько не разглядел его, а потом понял, что прогадал. Вот хочу теперь вернуть ей сапог и забрать свои деньги.

– Прогадал немного – не беда! – отвечал старик. – Мой тебе совет, лучше не связывайся с ней. Она любовница настоятеля храма Эрлана – Сунь Шэньтуна, а он так искусно владеет колдовством, что ой-ой-ой. Сапог, который она тебе продала, был, наверно, на божестве, а как ему сменили сапоги, Сунь Шэньтун отдал их своей любовнице, чтобы она купила на них сладостей ребенку. Нынче эта женщина отправилась к своим родным, – продолжал старик. – Она уж с давних пор водит знакомство с этим настоятелем. Только вот последние месяца три, не знаю почему, он у нее почти не бывал, а недавно снова стал частенько заглядывать... Значит, ты хочешь забрать у нее свои деньги?! Ни за что она не согласится возвратить тебе их, а разозлишь ее – так еще расскажет своему любовнику, и тот такие пустит в ход чертовские штучки, что ничего ты с ним не поделаешь.

– Вот оно как! – проговорил Жань Гуй. – Благодарю вас, дядюшка, что вразумили.

Он тут же простился со стариком, взял свою ношу и, радостный, направился в сыскное помещение.

– А! Сегодня тебе, наверно, повезло? – встретил его вопросом начальник сыска.

– Да, – отвечал Жань Гуй. – А ну, дай-ка сюда наш сапог, сейчас посмотрим.

这只靴比照一下，毫厘不差。王观察忙问道："你这靴那里来的？"冉贵不慌不忙，数一数二，细细分剖出来："我说不干神道之事，眼见得是孙神通做下的不是！便不须疑！"王观察欢喜的没入脚处，连忙烧了利市，执杯谢了冉贵："如今怎地去捉？只怕漏了风声，那厮走了，不是耍处！"冉贵道："有何难哉！明日备了三牲礼物，只说去赛神还愿。到了庙中，庙主自然出来迎接。那时掷盏为号，即便捉了。不费一些气力。"观察道："言之有理。也还该禀知大尹，方去捉人。"当下王观察禀过大尹，大尹也喜道："这是你们的勾当。只要小心在意，休教有失。我闻得妖人善能隐形遁法，可带些法物去，却是猪血狗血大蒜臭屎，把他一灌，再也出豁不得。"王观察领命，便去备了法物。过了一夜，明晨早到庙中，暗地着

Ван достал сапог, Жань Гуй вынул свой, сличили – точь-в-точь, пара!

– Где ты раздобыл его?! – воскликнул Ван.

– Я же говорил, что божество тут ни при чем. Ясно, что это проделки Сунь Шэньтуна. Сомнений нет, – заключил свой рассказ Жань Гуй.

От радости у Вана ходуном заходили ноги. Тут же он решил отметить эту удачу, достал вино и с чаркой в руке благодарил Жань Гуя.

– Но как теперь его поймать? – говорил Ван. – Боюсь, дойдут до него слухи и он удерет. Плохая будет шутка!

– Ну, это нетрудно, – ответил Жань Гуй. – Завтра приготовим три жертвенные скотины – ягненка, поросенка, теленка, вино и прочее и под видом, что желаем воздать благодарение божеству, придем в храм. Сунь Шэньтун как настоятель, разумеется, встретит нас, и тогда мы без труда схватим его – сигналом будет брошенная на пол чарка с вином.

– Верно, согласен! – ответил Ван. – Но все-таки надо сказать обо всем начальнику и получить его разрешение.

И тут же он отправился к начальнику области и доложил ему, как обстоит дело.

– Ну что ж, поступайте, как считаете нужным, – обрадованный, сказал начальник. – Только будьте осторожны, чтобы не допустить оплошности. Я слышал, что эти чародеи-колдуны способны и становиться невидимыми, и вообще исчезать на глазах у всех. Поэтому надо бы вам иметь при себе противоколдовское средство из свиной и собачьей крови, чеснока, мочи и облить его этой смесью – тогда уж он никуда не денется.

Ван ушел заготавливать необходимое согласно наставлению начальника.

Прошла ночь. На следующее утро Ван со всей своей группой был уже в храме. Людям с противоколдовским средством

人带了四般法物，远远伺候。捉了人时，便前来接应。分付已了，王观察却和冉贵换了衣服，众人簇拥将来，到殿上拈香。庙官孙神通出来接见。宣读疏文未至四五句，冉贵在傍斟酒，把酒盏望下一掷，众人一齐动手，捉了庙官。正是：

> 浑似皂雕追紫燕，
> 真如猛虎啖羊羔。

再把四般法物劈头一淋。庙官知道如此作用，随你泼天的神通，再也动弹不得。一步一棍，打到开封府中来。府尹听得捉了妖人，即便升厅，大怒喝道："叵耐这厮！帝辇之下，辄敢大胆，兴妖作怪，淫污天眷，奸骗宝物，有何理说！"当下孙神通初时抵赖，后来加起刑法来，料道脱身不得。只得从前一一招了，招称："自小在江湖上学得妖法，后在二郎庙出家，用钱夤缘作了庙官。为因当日在庙中听见韩夫人祷告，要嫁得个丈夫，一似二郎神模样。不合辄起奸心，假扮二郎神

он велел пока держаться в стороне, но напомнил, чтобы они действовали сразу же, как только схватят Сунь Шэньтуна. Переодевшись в нарядное, подобающее для этого случая платье, Ван и Жань Гуй со своими людьми прошли в зал и возжгли курения.

Сунь Шэньтун вышел к ним, начал читать молитвенное обращение, но не успел произнести и нескольких слов, как Жань Гуй, стоявший неподалеку и наливавший жертвенное вино, бросил чарку на пол. Люди дружно кинулись к настоятелю и скрутили его. Поистине,

Словно орлы на ласточку ринулись,
Словно тигры ягненка схватили.

Тут же на голову Сунь Шэньтуна вылили противоколдовское средство. Настоятель знал, что теперь, каким бы ни владел он магическим искусством, он уже ничего сделать не сможет.

Сунь Шэньтуна повели в управление начальника области и дорогой то и дело подгоняли ударами палок.

Услышав, что поймали и привели преступника-колдуна, начальник области незамедлительно вышел в зал присутствия.

— Негодяй ты этакий! — закричал начальник. — Как ты посмел возле самой обители императора вытворять всякую колдовскую чертовщину, осквернять даму из дворца, выманивать у нее драгоценности! Говори, если есть у тебя что сказать в оправдание!

Поначалу Сунь Шэньтун все отрицал, но потом, когда применили пытки, понял, что ему не отвертеться, и во всем признался:

— С молодых лет, бродя цо свету, я научился магическим приемам, а затем стал даосом в храме Эрлана. Различными путями — где пользуясь чьим-либо покровительством, где иначе — я добился того, что сделался настоятелем этого храма. Однажды я услышал, как госпожа молится о том, чтобы выйти замуж за человека, внешностью похожего на Эрлана. По недомыслию я ре-

模样，淫污天眷，骗得玉带一条。只此是实。"大尹叫取大枷枷了，推向狱中，教禁子好生在意收管，须要请旨定夺。当下叠成文案，先去禀明了杨太尉。太尉即同到蔡太师府中商量，奏知道君皇帝，倒了圣旨下来："这厮不合淫污天眷，奸骗宝物，准律凌迟处死。妻子没入官。追出原骗玉带，尚未出笏，仍归内府。韩夫人不合辄起邪心，永不许入内，就着杨太尉做主，另行改嫁良民为婚。"当下韩氏好一场惶恐。却也了却想思债，得遂平生之愿。后来嫁得一个在京开官店的远方客人，说过不带回去的。那客人两头往来，尽老百年而终。这是后话。开封府就取出庙官孙神通来，当堂读了明断，贴起一片芦席，明写犯由，判了一个剐字，推出市心，加刑示众。正是：

шил нарядиться так, как было одето божество, осквернил даму, выманил у нее нефритовый пояс. Вот вся правда.

Начальник области приказал принести большую кангу. Сунь Шэньтуна заковали, бросили в тюрьму, а надзирателям велели строго следить за ним, пока не придет решение самого императора на то, как с колдуном поступить.

Тут же было составлено дело и обо всем доложено министру Яну. Министр отправился к Цай Цзину, посоветовался с ним, и затем о деле Сунь Шэньтуна довели до сведения императора. Последовало распоряжение, в котором говорилось: «.Преступника, позволившего себе обесчестить даму из дворца, выманить у нее драгоценный пояс, четвертовать в соответствии с законом; жену и детей забрать в казенные учреждения; нефритовый пояс, поскольку он еще не был в употреблении, вернуть в казну; что же касается Хань Юйцяо, то ей, которая дозволила неподобающим чувствам зародиться в душе, запретить доступ во дворец, а министру Ян Цзяню поручить подыскать для нее добропорядочного простолюдина и выдать ее замуж».

Хотя Юйцяо и пережила в связи со всей этой историей много тревог и волнений, но все же заветные мечты ее сбылись. Впоследствии ее выдали замуж за купца из дальнего края, который содержал крупную лавку в столице. Купец этот сразу предупредил, что домой, в свою семью, он Юйцяо не повезет. Он постоянно ездил к себе на родину и через некоторое время возвращался обратно. Так они прожили до старости, до конца своей жизни.

Но это мы уже забежали вперед.

После получения приказа императора начальник области велел привести Сунь Шэньтуна в зал присутствия. Ему зачитали вынесенное по делу решение, затем к спине прикрепили кусок циновки с четко выведенной надписью: «Четвертовать» — и повели на площадь, чтобы казнить на глазах у народа. Вот уж дей-

从前作过事，
没兴一齐来。

当日看的真是挨肩叠背。监斩官读了犯由，刽子叫起恶杀都来。一齐动手，剐了孙神通，好场热闹。原系京师老郎传流，至今编入野史。正是：

但存夫子三分礼，
不犯萧何六尺条。
自古奸淫应横死，
神通纵有不相饶。

ствительно,

*За все, что было содеяно прежде,
Пришел один невеселый конец.*

В день казни людей собралось столько, что действительно, как говорится, плечо давило плечо, в спину грудь упиралась. Ведающий казнью зачитал, в чем обвинялся преступник, и палачи с громким криком «Да помогут нам боги кары!» взялись за дело. Ну и зрелище было!

История, рассказанная здесь, передавалась почтенными старцами в столице, дошла до нас, и ныне можно ее найти в различных собраниях повестей. Поистине,

*Имей хоть долю благородства,
    которому учил мудрец Конфуций,
Ты не нарушишь уложений,
    введенных некогда министром Сяо.
А что касается разврата,
    то он всегда карался небом.
И в нем повинный не уйдет от казни,
    какой бы ни владел магическою силой.*

Цзинь гу цигуань
Глава 23

КИТАЙСКАЯ КЛАССИКА

第二十三卷

钱多处白丁横带　运退时刺史当艄

诗云：

荣枯本是无常数，
何必当风使尽帆？
东海扬尘犹有日，
白衣苍狗刹那间。

话说人生荣华富贵，眼前的多是空花，不可认为实相。如今人一有了时势，便自道是万年不拔之基；傍边看的人，也是一样见识。岂知转眼之间，灰飞烟灭。泰山化作冰山，极是不难的事。俗语两句说得好："宁可无了有，不可有了无。"专为贫贱之人，一朝变泰，得了富贵，苦尽甜来，滋味深长。若

ГЛАВА 23

ПРОСТОЛЮДИН ЗА БОЛЬШИЕ ДЕНЬГИ ПОЛУЧАЕТ ДОЛЖНОСТЬ; СУДЬБА ОТВЕРНУЛАСЬ – И НАЧАЛЬНИК ОБЛАСТИ СТАНОВИТСЯ НА ДЖОНКЕ РУЛЕВЫМ

В стихах говорится:

*Ни в счастье, ни даже в несчастье
    вечного нет ничего,
Зачем же стремиться куда-то,
    мчаться на всех парусах?
Настанет пора, и восточное море
    пыльною будет равниной;
Вон облачко – легкою тканью казалось,
    а превратилось в какого-то пса.*

Лроцветание и слава, роскошь и богатство – не более, чем призрачные огоньки, которые то промелькнут перед глазами, то исчезнут, и нельзя принимать их за что-то постоянное и реальное. Тем не менее стоит только человеку добиться могущества и власти, чтобы он тут же возомнил, будто по ложение его вовек нерушимо. Точно так же думают и те, кто смотрит на такого со стороны. Однако совсем не трудно в мгновение ока рассеяться дыму, развеяться пеплу и золотым горам превратиться в горы льда. Очень хорошо говорится в пословице: лучше не иметь и обрести, чем иметь и потерять. Если бедняк в одно прекрасное утро превращается в богатого и знатного человека, горю его приходит конец, и его жизнь становится беспредельно счастливой. Если же богатый и знатный вдруг лишается всех преиму-

是富贵之人，一朝失势，落泊起来，这叫做"树倒猢狲散"，光景着实难堪了。却是富贵的人，只据目前时势，横着胆，昧着心，任情做去，那里管后来有下稍没下稍？曾有一个笑话，道是一个老翁有三子，临死时分付道："你们倘有所愿，实对我说，我死后求之上帝。"一子道："我愿官高一品。"一子道："我愿田连万顷。"末一子道："我无所愿，愿换大眼睛一对。"老翁大骇道："要此何干？"其子道："等我撑开了大眼，看他们富的富，贵的贵。"此虽是一个笑话，正合着古人云：

长将冷眼观螃蟹，
看你横行得几时。

虽然如此，然那等熏天赫地富贵人，除非是遇了朝廷诛戮，或是生下子孙不肖，方是败落散场，再没有一个身子上先前做了贵人，以后流为下贱，现世现报，做人笑柄的。看官，而今且

ществ и становится бедняком, то все те, кто в свое время вертелись возле него, разбегаются, как обезьяны с упавшего дерева, и положение его оказывается поистине невыносимым. И все же богачи, пользуясь силой, которой они облапреки совести и разуму и вовсе не думают о том, к чему все это приведет.

Есть такой анекдот об одном старике и его трех сыновьях.

Перед смертью старик сказал сыновьям:

– Пусть каждый из вас скажет, чего он хочет; когда я умру, я попрошу за вас владыку неба.

– Я хотел бы иметь высокий чин, – ответил ему первый сын.

– А я хотел бы иметь пашни в десятки тысяч цинов, – сказал второй.

– У меня нет никаких желаний, – заявил младший, – разве что взамен своих иметь пару огромных глаз.

– Зачем? – удивился старик.

– А чтобы лучше разглядеть, как будет расти в чине один и богатеть другой.

Хоть это и анекдот, но он как раз соответствует изречению древних:

Взглядом спокойным со стороны
　посмотрю-ка я, краб, на тебя,
Долго ль ты будешь творить невесть что,
　ходить поперек всем и вся?

Так-то оно так, однако семьи крупных богачей и знатных сановников разоряются лишь в том случае, если богача или сановника казнят за какие-нибудь проступки или же если у них вырастают непутевые сыновья и внуки. И никогда не бывает, чтобы знатный и богатый человек вдруг ни с того ни с сего докатился до положения бедняка, чтобы возмездие за какие-нибудь его тяжкие грехи постигло его еще на этом свете и чтобы он

听小子先说一个好笑的，做个入话。

唐朝僖宗皇帝即位，改元乾符。是时阉宦骄横。有个小马坊使内官田令孜，是上为晋王时有宠，及即帝位，使知枢密院，遂擢为中尉。上时年十四，专事游戏，政事一委令孜，呼为阿父，迁除官职，不复关白。其时京师有一流棍，叫名李光，专一阿谀逢迎，谄事令孜。令孜甚是喜欢、信用，荐为左军使。忽一日，奏授朔方节度使。岂知其人命薄，没福消受，敕下之日，暴病卒死。遗有一子，名唤德权，年方二十馀岁。令孜老大不忍，心里要抬举他，不论好歹，署了他一个剧职。时黄巢破长安，中和元年，陈敬瑄在成都，遣兵来迎僖皇。令

стал посмешищем для людей.

А теперь, читатель, послушайте, я расскажу вам забавный случай в качестве вступления.

Это было при династии Тан, когда на престол вступил император Си-цзун, давший своему правлению девиз Цянь-фу. Вся государственная власть в то время была в руках евнухов, и они творили что им вздумается. Среди них при дворе был и некий Тянь Линцзы.

Человек этот находился в милости у императора, когда тот был еще князем удела Пу. Когда же наследник вступил на престол, он сначала назначил Тянь Линцзы на должность начальника канцелярии прошений, а затем повысил его в чине и дал ему пост начальника войск дворцовой охраны. Императору в то время было всего четырнадцать лет. Все свое время он проводил в развлечениях и забавах, а управление полностью возложил на Тянь Линцзы, которого называл отцом. И Тянь Линцзы сам решал даже такие дела, как перемещение чиновников по службе, позволяя себе не докладывать об этом императору.

В то время в столице жил один лоботряс по фамилии Ли, по имени Гуан. Ли Гуан всячески заискивал перед Тянь Линцзы. Тот был очень им доволен, доверял ему, продвинул на должность своего омощника и однажды в докладе императору рекомендовал Ли Гуана на пост наместника северных пограничных земель. Но, видно, Ли Гуану не суждено было на роду такое счастье. В день, когда вышел императорский указ о его назначении, Ли Гуан заболел и вскоре умер. После него остался сын по имени Дэцюань. Когда отец умер, Дэцюаню было двадцать с чем-то лет. Безгранично сочувствуя юноше, Тянь Линцзы стремился вывести его в люди и, мало думая о достоинствах Дэцюаня, устроил его на высокую должность. Это было как раз незадолго перед тем, как Хуан Чао занял столицу – город Чанъань. В первом году Чжун-хэ Чэнь Цзинсюань из Чэнду послал в столицу

孜遂劝僖皇幸蜀，令孜扈驾，就便叫了李德权同去。僖皇行在住于成都，令孜与敬瑄相与交结，盗专国柄，人皆畏威。德权在两人左右，远近仰奉，凡奸豪求名求利者，多贿赂德权，替他两处打关节。数年之间，聚贿千万，累官至金紫光禄大夫、检校右仆射，一时熏灼无比。后来僖皇薨逝，昭皇即位。大顺二年四月，西川节度使王建屡表请杀令孜、敬瑄。朝廷惧怕二人，不敢轻许。建使人告敬瑄作乱、令孜通凤翔书，不等朝廷旨意，竟执二人杀之。草奏云：

开柙出虎，孔宣父不责他人；当路斩蛇，孙叔敖盖非利己。专杀不行于阃外，先机恐失于彀中。

于时追捕二人馀党甚急，德权脱身，遁于复州。平日枉有金银

войско, приглашая императора под охраной его армии проследовать в Сычуань. Тянь Линцзы уговорил императора отправиться в Сычуань и, так как он сам был в его свите, предложил Дэцюаню отправиться вместе с ним. Тянь Линцзы и Чэнь Цзинсюань завязали дружбу, захватили в свои руки всю государственную власть, всех держали в страхе и подчинении, а Дэцюань тем временем увивался около них, стараясь во всем им угождать. Разные мошенники и богачи, которые стремились добиться имени и положения, как правило, подкупали Дэцюаня, с тем чтобы тот ходатайствовал за них перед Тянь Линцзы и Чэнь Цзинсюанем. Дэцюань за несколько лет скопил миллионы, продвинулся в чине до советника, а затем до первого министра при императоре и был на вершине богатства и знатности.

Но вот умер император Си-цзун, на престол вступил император Чжао-цзун. В четвертом месяце второго года его правления под девизом Да-шунь наместник области Сычуань, некий Ван Цзянь, посылал императору один за другим доклады, в которых требовал казни Тянь Линцзы и Чэнь Цзинсюаня. Но император боялся их и не решился на это. Тогда Ван Цзянь подговорил кое-кого, те донесли, что Чэнь Цзинсюань замыслил поднять мятеж, а Тянь Линцзы находится в тайной связи с Фэнсянским наместником; на основании этого донесения, не дожидаясь императорского указа, Ван Цзянь схватил обоих сановников, казнил их, а императору написал донесение, в котором говорилось:

Тигр выскочил из клетки, и Конфуций не обвинял никого, кроме стражи, Суньшу Ао убил змею на своем пути, но не потому, что он думал о себе. Злоупотребившие властью казнены за пределами столицы, дабы не случилось беды в самой столице.

После казни обоих сановников начали жестоко преследовать

财货万万千千，一毫却带不得，只走得空身。盘缠了几日，衣服多当来吃了，单衫百结，乞食通途。可怜昔日荣华，一旦付之春梦。

却说天无绝人之路。复州有个后槽健儿，叫做李安，当日李光未际时，与他相熟。偶在道上行走，忽见一人褴褛丐食，仔细一看，认得是李光之子德权，心里恻然。邀他到家里，问他道："我闻得你父子在长安富贵，后来破败，今日何得在此？"德权将官司追捕田、陈馀党，脱身亡命，到此困穷的话，说了一遍。李安道："我与汝父有交，你便权在舍下住几时。怕有人认得，你可改个名，只认做我的侄儿，便可无事。"德权依言，改名彦思，就认他这看马的做叔叔，不出街上乞化了。未及半年，李安得病将死。彦思见后槽有官给的工食，遂叫李安投状，道："身已病废，乞将侄彦思继充后

их приверженцев. Дэцюань бежал и скрывался в Фучжоу. Из всех несметных богатств, которые он в свое время скопил, ему не удалось взять с собой ни гроша, так он и ушел в чем был. После первых же дней скитаний он променял на еду почти всю свою одежду и дошел до того, что остался в одном тонком халате и побирался в пути. Все его былое богатство исчезло, как мимолетный сон.

И все-таки, как говорится, небо не оставляет человека без тропы.

В Фучжоу служил конюхом некий Ли Ань. Ли Ань дружил с Ли Гуаном, отцом Дэцюаня, когда тот еще ничего собой не представлял. И вот случилось, что однажды Ли Ань увидел на дороге нищего. Внимательно присмотревшись к оборванцу, он признал в несчастном сына своего старого друга. Сердце Ли Аня прониклось жалостью, и он пригласил Дэцюаня к себе.

— Я слышал, что ты и твой отец стали богатыми и знатными в Чанъани. Потом я узнал, что вы разорились. Но каким же образом ты очутился здесь?

Дэцюань подробно рассказал Ли Аню о том, что сейчас преследуют приверженцев Тянь Линцзы и Чэнь Цзинсюаня, о том, как он бежал из столицы и дошел до такого положения.

— Твой отец был мне другом. Поживи пока у меня, а чтобы никто об этом не узнал, можешь изменить имя и выдавать себя за моего племянника. Думаю, что все обойдется.

Дэцюань так и сделал. Он стал называть себя Яньсы и выдавать за племянника Ли Аня. Теперь ему не нужно было ходить по улицам и попрошайничать. Но не прошло полугода, как Ли Ань тяжело заболел, положение его было безнадежным. Дэцюань, зная, что должность конюха, которую занимал Ли Ань, казенная и что конюхи находятся на государственном довольствии, попросил Ли Аня написать заявление, что, мол, он, Ли Ань, тяжело болен и просит его должность передать племянни-

槽。"不数日，李安果死，彦思遂得补充健儿，为牧守圉人，不须忧愁衣食，自道是十分侥幸。岂知渐渐有人晓得他曾做仆射过的。此时朝政紊乱，法纪废弛，也无人追究他的踪迹。但只是起他个混名，叫他做看马季仆射。走将出来时，众人便指手点脚，当一场笑话。

看官，你道仆射是何等样大官，后槽是何等样贱役！如今一人身上，先做了仆射，收场结果，做得个看马的，岂不可笑？却又一件：那些人依附内相，原是冰山，一朝失势，破败死亡，此是常理。留得残生看马，还是便宜的事，不足为怪。如今再说当日同时有一个官员，虽是得官不正，侥幸来的，却是自己所挣。谁知天不帮衬，有官无禄。并不曾犯着一个对头，并不曾做着一件事体，都是命里所招，下稍头弄得没出豁，比此更为可笑。诗曰：

富贵荣华何足论？

ку Яньсы.

Через несколько дней Ли Ань скончался, и Дэцюань занял его место. Ему не приходилось заботиться ни о еде, ни о платье, и он почитал себя крайне счастливым. В конце концов люди, конечно, узнали, что Дэцюань раньше занимал должность министра при императоре, но в стране в это время царил беспорядок, законы строго не соблюдались, и в такой обстановке никто не собирался заниматься Дэцюанем и копаться в его прошлом. Дали только ему шутливое прозвище «Ли – конюх-министр», а при встрече указывали на него пальцем и смеялись над ним.

Подумай, читатель, насколько высока должность министра и как низка должность конюха! И право, смешно видеть одного и того же человека сначала в должности министра, а потом на положении конюха. Но дело в том, что люди, которые вроде Дэцюаня опираются на всемогущих царедворцев, как на надежную гору, забывают о том, что гора-то эта ледяная; и когда сильные мира сего утрачивают свое могущество и власть, приходит конец и их прихлебателям. Это, собственно, естественное положение вещей, и можно считать, что Дэ-цюаню еще повезло, если ему удалось остаться в живых и стать конюхом.

А теперь расскажу об одном чиновнике, который жил в те же времена. Хоть он и получил чин не совсем обычным путем, а благодаря существовавшему тогда льготному положению, но добился он этого сам, без чьей-либо помощи. Однако небо ему не помогло: чин-то был, а жалованья – нет. За всю жизнь он не нажил ни одного врага, но зато и ничего значительного не свершил. Такова уж была его судьба. Человек этот вызывает к себе бесконечно большее сочувствие, чем Дэцюань. Вот стихи об этом:

*Богатство и знатность не стоят того,
    чтобы о них говорить, –*

从来世事等浮云。
登场傀儡休相吓，
请看当艄郭使君。

这本话文就是唐僖宗朝，江陵有一个人，叫做郭七郎。父亲在日，做江湘大商，七郎长随着船上去走的。父亲死过，是他当家了。真个是家资巨万，产业广延，有鸦飞不过的田宅，贼扛不动的金银山，乃楚城富民之首。江淮河朔的贾客，多是领他重本，贸易往来。却是这些富人，唯有一项不平心，是他本等：大等秤进，小等秤出。自家的，歹争做好；别人的，好争做歹。这些领他本钱的贾客，没有一个不受尽他累的。各各吞声忍气，只得受他。你道为何？只为本钱是他的，那江湖上走的人，拚得陪些辛苦在里头，随你尽着欺心算帐，还只是仗他资本营运，毕竟有些便宜处。若一下冲撞了他，收拾了本钱去，就没蛇得弄了。故此随你克剥，只是行得去的，本钱越弄越大。所以富的人只管富了。

那时有一个极大商客，先前领了他几万银子，到京都做

*Ведь все уплывает на свете, течет,
словно облако в небе.
И на чиновный помост все взошедшие, вы
не пугайте других,
А лучше взгляните, как стал рулевым
господин Го Цилан.*

Рассказ этот относится к периоду правления того же императора Си-цзуна, о котором была речь. В городе Цзянлине жил некий Го Цилан. Отец его, крупный торговец, промышлял по рекам Янцзыцзян и Сяншуй. Цилан постоянно разъезжал с отцом, а после его смерти стал полным хозяином дела. Без преувеличения можно сказать, что он владел необозримыми землями и богатства его исчислялись сотнями тысяч, ворону не облететь было его полей, грабителю – не сдвинуть с места его золота, и не было в Цзянлине никого богаче Го Цилана.

Цилан ссужал своим капиталом торговцев в районе рек Хуайхэ и Янцзыцзян. И всем этим торговцам не нравилось в Цилане одно – он, как говорится, большой мерой брал, а малой мерой давал и свое плохое серебро упорно выдавал за хорошее, а чужое хорошее при расчете нагло оценивал как плохое. Его должники оказывались, таким образом, в очень невыгодном положении. И все же они терпели и молчали. И как вы полагаете, почему? Только потому, что Цилан был владельцем большого капитала. Купцы предпочитали молчать при расчете – ведь как-никак, а благодаря его капиталу они что-то могли заработать. Попробуй они перечить ему и ссориться с ним, тот потребовал бы назад свои деньги, и тогда пришлось бы им сесть на мель. Поэтому, как он их ни обсчитывал, все ему сходило, капитал его рос, и деньги, как говорится, шли к деньгам.

В свое время один крупный купец взял у него несколько десятков тысяч серебром и отправился торговать в столицу. Про-

生意，去了几年，久无音信。直到乾符初年，郭七郎在家，想着这主本钱没着落。他是大商，料无失所，可惜没个人往京去一讨。又想一想道："闻得京都繁华去处，花柳之乡，不若借此事由，往彼一游。一来可以索债，二来买笑追欢，三来觑个方便，觅个前程，也是终身受用。"算计已定。七郎有一个老母、一弟、一妹在家，奴婢下人无数，只是未曾娶得妻子。当时分付弟妹承奉母亲，着一个都管看家，馀人各守职业做生理。自己却带几个惯走长路、会事的家人在身边，一面到京都来。七郎从小在江湖边生长，贾客船上往来，自己也会撑得篙，摇得橹，手脚快便，把些饥餐渴饮之路，不在心上。不则一日到了。

　　元来那个大商姓张，名全，混名"张多宝"。在京都开几处解典库，又有几所缣段铺，专一放官吏债，打大头脑的。至于居间说事，买官鬻爵，只要他一口担当，事无不成。也有叫他做"张多保"的，只为凡事多是他保得过，所以如此称呼。满京人无不认得他的，郭七郎到京，一问便着。他见七郎到

шел не один год, а известий от этого человека не было. И вот однажды в начале годов Цянь-фу Цилан вспомнил, что долг этот еще не возвращен. Однако он знал, что должник его – крупный торговец, и потому был спокоен. Он только сожалел, что некого было послать за деньгами в столицу. И вот как-то раз он подумал: «Я слышал, что столица – это прекрасный город, где полно увеселительных домов с удивительными красавицами. Почему бы мне не воспользоваться случаем и самому не съездить туда? Можно будет и повеселиться с красавицами, и долг получить, а при случае и должность, которая обеспечит меня на всю жизнь». Рассудив так, он решил ехать в столицу. У Цилана были мать, брат и сестра, несчетное количество прислуги, но так как он еще не был женат, то заботы о матери на время отсутствия поручил брату и сестре. Приказав управляющему следить за хозяйством и оставив кому следовало распоряжения, он захватил с собой несколько слуг, привыкших к дальним путешествиям и понимавших толк в делах, и направился в столицу. Цилан вырос на воде, много плавал на джонках с торговцами, умел владеть багром и веслом, был очень ловок и опытен в этом деле, поэтому все неудобства и тяжести пути для него ничего не значили, и он очень быстро добрался до столицы.

Оказалось, что должник Цилана – купец Чжан Добао – держал в столице несколько ломбардов и лавок, в которых торговал шелком. Кроме того, он ссужал деньгами чиновников и имел связи с «большими людьми». Что до посредничества в каком-нибудь деле: в покупке ли, в продаже ли чинов, то стоило ему только взяться, а уж на успех можно было определенно рассчитывать. Кличка его была «Чжан – Всемущий», но некоторые называли его «Чжан – Всемогущий», потому что он действительно мог взять на себя любое дело. Человека этого знала вся столица, и, когда Цилан приехал туда, он без труда его разыскал. Чжан Добао радушно встретил своего старого

了，是个江湘债主，起初进京时节，多亏他的几万本钱做桩，才做得开，成得这个大气概。一见了欢然相接，叙了寒温，便摆起酒来。把轿去教坊里请了几个有名的□衎，前来陪侍，宾主尽欢。酒散后，就留一个绝顶的妓者，叫做王赛儿，相伴了七郎，在一个书房里宿了。富人待富人，那房舍精致，帷帐华侈，自不必说。

次日起来，张多保不待七郎开口，把从前连本连利一算，约该有十来万了，就如数搬将出来，一手交兑。口里道："只因京都多事，脱身不得。亦且挈了重资，江湖上难走，又不可轻易托人，所以迟了几年。今得七郎自身到此，交明了此一宗，实为两便。"七郎见他如此爽利，心下喜欢。便道："在下初入京师，未有下处。虽承还清本利，却未有安顿之所。有烦兄长替在下寻个寓舍何如？"张多保道："舍下空房尽多，闲时还要招客，何况兄长通家，怎到别处作寓？只须在舍下安歇，待要启行时，在下周置动身，管取安心无虑。"七郎大喜，就在张家间壁一所大客房住了。当日取出十两银子送与王

кредитора, чей капитал помог ему в свое время основать дело и широко развернуться. Поговорив с гостем о том о сем, Чжан Добао велел подать вина и отправил паланкины за известными гетерами. После вина хозяин попросил одну из самых красивых гетер, Сайэр, составить компанию Цилану, и гость остался с ней вдвоем в кабинете хозяина. Само собой разумеется, что кабинет был обставлен и убран со всей роскошью и утонченным изяществом – ведь богач принимал богача! На следующий день Чжан Добао, не дожидаясь напоминаний Цилана, подсчитал свой долг и полностью вернул его, учтя даже проценты с капитала. Всего получилось более ста тысяч.

Передавая деньги, Чжан Добао сказал:

– Дела все мешали мне выбраться из столицы, да и путешествовать с большими деньгами теперь небезопасно. А такое дело ведь каждому не поручишь. Вот я и задержался с возвратом долга. Ну, а теперь, когда вы сами оказались здесь, мне просто представился очень удобный случай вернуть вам ваши деньги.

Цилан, видя, как легко и просто было покончено с деловыми расчетами, остался очень доволен и тут же обратился к богачу с просьбой:

– Я в столице впервые и пока нигде не остановился. Благодарю вас, что отдали долг и положенные проценты, но хотел бы еще затруднить вас и попросить подыскать мне какое-нибудь жилье, где бы я мог спокойно поселиться.

– Свободных помещений у меня самого много, – ответил ему Чжан Добао. – Здесь всегда останавливаются торговцы. Ну, а о вас и говорить не приходится – ведь мы с вами старые знакомые. Я и представить себе не могу, чтобы вы жили где-то в другом месте. Живите у меня, а когда вздумаете вернуться домой, от меня же и соберетесь в дорогу. Уверяю вас, что здесь вы обойдетесь без излишних хлопот.

Цилан обрадовался и поселился в помещении для приезжих

赛儿，做昨日缠头之费。夜间七郎摆还席，就央他陪酒。张多保不肯要他破钞，自己也取十两银子来送，叫还了七郎银子。七郎那里肯？推来推去，大家多不肯收进去，只便宜了这王赛儿，落得两家都取了，两人方才快活。是夜宾主两个与同王赛儿，行令作乐饮酒，愈加熟分有趣，吃得酩酊而散。王赛儿本是个有名的上厅行首，又见七郎有的是银子，放出十分擒拿的手段来。七郎一连两宵，已此着了迷魂汤。自此同行同坐，时刻不离左右，径不放赛儿到家里去了。赛儿又时常接了家里的姊妹，轮递来陪酒插趣，七郎赏赐无算。那鸨儿又有做生日、打差买物事、替还债许多科分出来，七郎挥金如土，并无吝惜。才是行径如此，便有帮闲钻懒一班儿人，出来诱他去跳槽。大凡富家浪子，心性最是不常，搭着便生根的，见了一处，就热一处。王赛儿之外，又有陈娇、黎玉、张小小、郑翩翩，几处往来，都一般的撒漫使钱。那伙闲汉又领了好些王孙

гостей рядом с домом Чжан Добао. В тот же день Цилан дал Сайэр десять ланов серебра за вчерашние услуги, а вечером решил устроить ответное угощение и опять-таки попросил ее составить им компанию. Чжан Добао не хотел, чтобы его гость тратился, вынул десять ланов серебра, дал их Сайэр и настаивал, чтобы Цилан взял свои деньги. Тот, конечно, не соглашался. Долго они спорили, никто не хотел брать своих денег назад, от чего выгадала только Сайэр — приняла от обоих, чем доставила и тому и другому большое удовольствие. Этот вечер гость и хозяин провели за вином, пили, развлекались. Сайэр и Цилан все больше и больше нравились друг другу. Пировавшие разошлись, когда уже порядком охмелели.

Надо сказать, что Сайэр была знаменитой и опытной гетерой, и когда она поняла, что у Цилана много денег, то пустила в ход все свои чары. Двух ночей подряд было вполне достаточно, чтобы Цилан потерял голову. С тех пор они вместе проводили время, и Цилан ни на шаг не отпускал красавицу от себя, даже домой не позволял ей уходить. Сайэр приглашала своих подруг, и они — то одна, то другая — приезжали развлекать Цилана, за что он каждый раз щедро их одаривал. А хозяйка заведения, у которой жили эти девицы, еще выдумывала разные предлоги, чтобы поживиться, — то день рождения, то неотложные покупки, то срочный долг. Цилан не жалея тратил деньги, и вокруг него сразу собралась толпа прихлебателей, которые уговаривали его побывать у других гетер.

Богатые бездельники в этом отношении особенно легкомысленны — где зацепятся, там и пристанут, какую увидят, к той и загорятся чувствами. И Цилан проводил время не только с Сайэр, но и с Чэнь Цзяо, Ли Юй, Чжан Сяосяо, Чжэн Пяньпянь и всюду с необыкновенной легкостью сорил деньгами. Затем те же бездельники познакомили его с азартными игроками, родовитыми сынками богачей и знати, — затевалась игра с шулерскими

贵戚好赌博的，牵来局赌，做圈做套，赢少输多，不知骗去了多少银子。

七郎虽是风流快活，终久是当家立计好利的人。起初见还的利钱多在里头，所以放松了些手。过了三数年，觉道用得多了，捉捉后手看，已用过了一半有多了。心里猛然想着家里头，要回家，来与张多保商量。张多保道："此时正是濮人王仙芝作乱，副掠郡县，道路梗塞。你带了偌多银两，待往那里去？恐到不得家里。不如且在此盘桓几时，等路上平静好走，再去未迟。"七郎只得又住了几日。

偶然一个闲汉，叫做包走空包大，说起朝廷用兵紧急，缺少钱粮，纳了些银子，就有官做；官职大小，只看银子多少。说得郭七郎动了火。问道："假如纳他数百万钱，可得何官？"包大道："如今朝廷昏浊，正正经经纳钱，就是得官，也只有数，不能勾十分大的。若把这数百万钱，拿去私下买嘱了主爵的官人，好歹也有个刺史做。"七郎吃一惊道："刺史也是钱买得的？"包大道："而今的世界，有甚么正经？有了钱，百事可做。岂不闻崔烈五百万买了个司徒么？而今空名大

приемами, и Цилан, конечно, чаще проигрывал, чем выигрывал; и бог знает сколько денег выманили они у него. Цилан хоть и любил весело провести время, но все же был дельцом, прежде всего думавшим о выгоде. Сначала, получив от Чжан Добао долг с процентами, он тратил деньги свободно, но спустя два-три года почувствовал, что израсходовался, и, подсчитав остаток, увидел, что растратил больше половины. Тогда он вспомнил о доме и решил, что пора возвращаться. Когда он сообщил о своих намерениях Чжан Добао, тот стал его отговаривать:

— Сейчас восстал Ван Сяньчжи, повсюду грабежи, разбои, по дорогам не проехать, — говорил он, — куда же вы двинетесь с такими деньгами. Боюсь, что до дому не доберетесь! Лучше поживите здесь некоторое время, переждите, пока все уляжется.

Цилан остался. И вот однажды один из его знакомых лоботрясов, некий Бао Да, заговорил о том, что двор в связи с военным положением в стране остро нуждается в провианте и деньгах и что если внести некоторую сумму, то можно получить должность. Мала или велика должность — зависит, мол, от того, сколько заплатить. Цилан сразу загорелся и спросил:

— А за несколько миллионов какой можно получить чин?

— Сейчас при дворе царит такое, что если вы, согласно новому положению, внесете деньги, то должность, может быть, вам и дадут, но это будет только какое-нибудь невысокое назначение. Если же действовать частным порядком и ту же сумму заплатить кому следует, то определенно можно будет стать хоть правителем области.

Цилан был поражен.

— Неужели и такую должность можно купить?

— Разве в наше время можно говорить о порядочности и честности? Есть деньги — все можно сделать, — говорил Бао Да. — Вы разве не слышали, как Цуй Ле за пять миллионов купил должность начальника Палаты просвещения? Теперь, когда денег, ко-

将军告身，只换得一醉。刺史也不难的。只要通得关节，我包你做得来便是。"正说时，恰好张多保走出来。七郎一团高兴，告诉了适才的说话。张多保道："事体是做得来的，在下手中也弄过几个了。只是这件事，在下不撺掇得兄长做。"七郎道："为何？"多保道："而今的官，有好些难做。他们做得头头的，多是有根基，有脚力，亲戚满朝，党与四布，方能勾根深蒂固，有得钱赚，越做越高。随你去剥削小民，贪污无耻，只要有使用，有人情，便是万年无事的。兄长不过是白身人，便弄上一个显官，须无四壁倚仗，到彼地方，未必行得去。就是行得去时，朝里如今专一讨人便宜，晓得你是钱换来的，略略等你到任一两个月，有了些光景，便道勾你了，一下子就涂抹着，岂不枉费了这些钱？若是官好做时，在下也做多时了。"七郎道："不是这等说。小弟家里有的是钱，没的是官。况且身边现有钱财，总是不便带得到家，何不于此处用了些？博得个腰金衣紫，也是人生一世，草生一秋。就是不赚得

торые платят за генеральский чин, хватает лишь на один кубок вина, должность правителя области получить не так уж трудно. Если найдете нужные ходы и выходы, ручаюсь, все будет в порядке.

Как раз во время этого разговора зашел Чжан Добао. Цилан тут же рассказал ему об их беседе.

– Устроить, конечно, можно, – сказал на это Чжан Добао. – Я даже сам помог кое-кому таким образом. Но только я бы вам не советовал.

– Почему? – удивился Цилан.

– Видите ли, служба чиновника трудна в наши дни по многим причинам, – ответил тот. – У тех, кто теперь преуспевает, есть твердая почва под ногами, и они держатся крепко – у них полно родственников и своих людей при дворе. Они могут глубоко пустить корни, зарабатывать деньги и лезть все выше и выше, могут без зазрения совести обдирать народ. Лишь бы были деньги и связи, и можно быть уверенным, что ничего не случится. Но вы простой человек, экзамена на ученую степень никогда не держали. Пусть даже вам достанется видная должность, у вас нет сильной руки, которая могла бы вас поддержать; поэтому, когда вы приедете на место, вряд ли ваши дела пойдут успешно. А если даже и будет все гладко, то вы ведь понимаете, что при дворе у нас сейчас так и смотрят, где бы урвать для себя. И вот, зная, что вы купили должность, подождут немного, дадут вам месяц-другой обжиться, а потом придерутся к вам и затопчут в грязь. Вот и выйдет, что вы зря только деньги потратили. Если бы было легко служить чиновником, я давно бы уже был им.

– Я смотрю на это иначе, – возразил Цилан. – Денег у меня дома полно, а вот чина нет, и раз при мне такая сумма, которую я не могу везти домой, почему бы не истратить часть ее здесь. Если только мне удастся надеть на себя фиолетовое платье и золотой пояс, буду считать, что не зря прожил свой век. Пусть

钱时，小弟家里原不希罕这钱的。就是不做得兴时，也只是做过了一番官了。登时住了手，那荣耀是落得的。小弟见识已定，兄长不要扫兴。"多保道："既然长兄主意要如此，在下当得效力。"当时就与包大两个商议，去打关节。那个包大走跳路数极熟，张多保又是个有身家、干大事惯的人，有甚么弄不来的事？元来唐时使用的是钱，千钱为缗。就用银子准时，也只是以钱算帐。当时一缗钱，就是今日的一两银子，宋时却叫做一贯了。张多保同包大将了五千缗，悄悄送到主爵的官人家里。那个主爵的官人，是内官田令孜的收纳户，百灵百验。又道是无巧不成话。其时有个粤西横州刺史郭翰，方得除授，患病身故，告身还在铨曹。主爵的受了郭七郎五千缗，就把籍贯改注，即将郭翰告身，转付与了郭七郎，从此改名做了郭翰。

　　张多保与包大接得横州刺史告身，千欢万喜，来见七郎称贺。七郎此时头轻脚重，连身子都麻木起来。包大又去唤了一部梨园子弟，张多保置酒张筵，是日就换了冠带。那一班闲汉晓得七郎得了个刺史，没一个不来贺喜撮空，大吹大擂，

я даже не заработаю на этом, но ведь денег у меня уйма и они меня не прельщают. Что ж такого, что я не буду преуспевать! Брошу службу, но зато все будут знать, что я был чиновником, и честь эта за мной останется. Я уже решил, так что вы меня не отговаривайте.

— Ну, раз вы решили, остается только помочь вам, — сказал Чжан Добао и тут же стал советоваться с Бао Да, какими идти ходами и выходами. Бао Да хорошо знал их, а Чжан Добао был всеми уважаемым, опытным и крупным дельцом, так что трудности им в этом деле не представилось.

Надо сказать, что в эпоху Тан в ходу были медяки. Тысяча медяков называлась связкой, и даже если за единицу бралось серебро, счет все равно вели медяками. Одна связка монет в то время соответствовала нашему лану; при Сун тысяча монет тоже называлась связкой.

Чжан Добао и Бао Да взяли пять связок и отправили их казначею евнуха Тянь Линцзы. Действовать через него — это был верный путь.

Как говорится, без случайностей нет и рассказа. В то время жил некий Го Хань, который только-только был назначен на должность начальника области Хэнчжоу в провинции Гуанси. Случилось так, что он заболел и умер, а его удостоверение о назначении лежало еще в ведомстве регистрации. Казначей евнуха, получив от Чжан Добао и Бао Да изрядную сумму, переправил документ о назначении Го Ханя на имя Го Цилана. Так Го Цилан стал Го Ханем. Чжан Добао и Бао Да получили свидетельство, довольные, явились к Цилану и стали его поздравлять, а у того от счастья закружилась голова и отяжелели ноги. В честь такого события Чжан Добао устроил пир, а Бао Да пригласил артистов.

В тот же день Цилан надел чиновничье платье. Все его знакомые бездельники, узнав, что Цилан стал начальником области, пришли с поздравлениями. Целый месяц праздновали это

吃了一日的酒。又道是："苍蝇集秽，蝼蚁集膻，鹁鸽子旺边飞。"七郎在京都，一向撒漫有名，一旦得了刺史之职，就有许多人来投靠他做使令的。少不得官不威牙爪威，做都管，做大叔，走头站，打驿吏，欺估客，诈乡民，总是这一干人了。

　　郭七郎身子如在云雾里一般，急思衣锦荣归，择日起身。张多保又设酒饯行。起初这些往来的闲汉、姊妹，多来送行。七郎此时眼孔已大，各各赍发些赏赐，气色骄傲，傍若无人。那些人让他是个见任刺史，胁肩谄笑，随他怠慢，只消略略眼梢带去，口角惹着，就算是十分殷勤好意了。如此撺哄了几日，行装打迭已备，齐齐整整起行，好不风骚！一路上想道："我家里资产既饶，又在大郡做了刺史，这个富贵不知到那里才住。"心下喜欢，不觉日逐卖弄出来。那些原跟去京都家人，又在新投的家人面前，夸说着家里许多富厚之处。那新

событие, веселье и музыка не прекращались ни на один день. Говорят, что мухи слетаются на нечистоты, муравьи собираются на сало, а голуби летят к богатым домам. Цилан все это время жил в столице на широкую ногу, а теперь, когда получил столь высокую должность, завелись у него прихлебатели и просители. А ведь не так страшен начальник, как его подчиненные, — это они будут потом в качестве управляющих, посыльных и вообще его свиты объявлять о приближении начальника, распоряжаться, чтобы высокому должностному лицу было приготовлено место, бить почтовых чиновников, обижать и обманывать торговцев, стращать народ и заниматься вымогательством.

Цилан был на верху блаженства. Ему не терпелось с почетом, торжественно возвратиться домой, и потому он, не медля, выбрал день для отъезда. Чжан Добао устроил по этому случаю пир. Все бездельники — приятели Цилана и знакомые девицы — пришли провожать его. Но теперь Цилан был полон сознания собственного величия и раздавал подарки с таким гордым и надменным видом, словно равного ему вообще не было. Пришедшие проводить его угодливо улыбались высокому чиновнику и смиренно сносили пренебрежение к ним. Удостоит он кого-нибудь мимолетным взглядом, скажет кому слово сквозь зубы — и люди уже считали это знаком величайшего расположения к ним.

Прощальный пир продолжался несколько дней. Тем временем все уже было готово к отъезду, и Цилан торжественно двинулся в путь.

«Я так богат, а теперь еще стал правителем большой области, — довольный, размышлял про себя Цилан, — теперь уж и конца не вижу моему благополучию и знатности». С каждым днем его самодовольство все больше и больше выпирало наружу. Прислуга, которую он привез с собой в столицу, хвалилась его богатством и щедростью перед новой прислугой, а те были довольны, что попали к хорошему хозяину, и, само собою разуме-

投的一发喜欢，道是投得着好主了，前路去耀武扬威，自不必说。

无船上马，有路登舟，看看到得江陵境上来。七郎看时，吃了一惊。但见：

> 人烟稀少，间井荒凉。满前败宇颓垣，一望断桥枯树。乌焦木柱，无非放火烧残；赭白粉墙，尽是杀人染就。尸骸没主，乌鸦与蝼蚁相争；鸡犬无依，鹰隼与豺狼共饱。任是石人须下泪，总教铁汉也伤心。

元来江陵渚宫一带地方，多被王仙芝作寇残灭，里间人物，百无一存。若不是水道明白，险些认不出路径来。七郎看见了这个光景，心头已自劈劈地跳个不住。到了自家岸边，抬头一看，只叫得苦。元来都弄做了瓦砾之场。偌大的房屋，一间也不见了。母亲、弟妹、家人等，俱不知一个去向。慌慌张张，走头无路，着人四处找寻。

找寻了三四日，撞着旧时邻人，问了详细，方知地方被

ется, в пути вся эта свита шествовала с победоносным видом.

Двигаясь то по воде на лодках, то по суше на лошадях, они с каждым днем приближались к Цзянлину. Когда Цилан оказался наконец в родных местах, он ужаснулся тому, что предстало перед его глазами:

*Нигде не курился дымок,
Деревни заброшены, пусты.
Куда ни посмотришь – груды развалин,
Мосты тут и там обвалились,
Деревья посохли, погнили.
Кругом обгорелые балки чернели,
И всюду пожара следы.
Белые стены забрызганы кровью,
Трупы людей облепили,
Борясь меж собой, муравьи и вороны;
Добычей шакалов, волков
Стали бездомные куры и псы.
Слезы прольет и гранитное сердце,
Чувств не сдержать и железной душе!*

Оказывается, весь район Цзянлина был подвергнут опустошительному набегу повстанцев Ван Сяньчжи. Людей здесь почти не осталось, и если б не река, местности вообще было бы не узнать. Сердце забилось у Цилана при виде этой картины. Они высадились, прошли по берегу до того места, где раньше стоял большой дом Цилана. Теперь здесь были одни развалины, валялись обломки, черепки. В растерянности Цилан обошел все вокруг, но никого и ничего не нашел; где теперь были его мать, брат, сестра и слуги, он не знал. Пришлось послать людей на розыски. Только на третий или четвертый день удалось найти старого соседа, который рассказал, что повстанцы здесь учинили

盗兵炒乱，弟被盗杀，妹被抢去，不知存亡。止剩得老母与一两个丫头，寄居在古庙傍边两间茅屋之内。家人俱各逃窜，囊橐尽已荡空。老母无以为生，与两个丫头替人缝针补线，得钱度日。七郎闻言，不胜痛伤，急急领了从人，奔至老母处来。母子一见，抱头大哭。老母道："岂知你去后，家里遭此大难。弟妹俱亡，生计都无了。"七郎哭罢，拭泪道："而今事已到此，痛伤无益。亏得儿子已得了官，还有富贵荣华日子在后面，母亲且请宽心。"母亲道："儿得了何官？"七郎道："官也不小，是横州刺史。"母亲道："如何能勾得此显爵？"七郎道："当今内相当权，广有私路，可以得官。儿子向张客取债，他本利俱还，钱财尽多在身边，所以将钱数百万，勾干得此官。而今衣锦荣归，省看家里，随即星夜到任去。"七郎叫从人取冠带过来穿着了。请母亲坐好，拜了四拜。又叫身边随从旧人，及京中新投的人，俱各磕头，称太夫人。母亲见此光景，虽然有些喜欢，却叹口气道："你在外边荣华，怎知家丁尽散，分文也无了。若不营勾这官，多带些钱

грабеж, что брат его убит, сестру увели и неизвестно, жива ли она; в Цзянлине остались только мать и две служанки, остальная прислуга разбежалась; мать и служанки живут теперь в хижине возле старого храма, и, так как все деньги у них пропали и жить им не на что, они шьют и штопают на людей.

Горю Цилана не была предела. Он тотчас отправился со своей свитой к матери. Обнимая друг друга, мать и сын плакали навзрыд.

— Кто бы мог подумать, что, когда ты уедешь, с нами стрясется такая беда! Сестра и брат погибли, жить не на что, — причитала женщина.

Смахнув слезы, Цилан сказал:

— Ну что ж, слезами горю не поможешь. К счастью, я теперь получил должность, и дни благополучия еще впереди.

— А что за должность ты получил, мой сын?

— Чин немалый: начальник области в Хэнчжоу.

— Как же ты получил такое высокое назначение?

— Теперь у власти евнухи, и можно получить чин, не держа никаких экзаменов. Купец Чжан Добао вернул мне весь долг, уплатил проценты, и за несколько миллионов монет я получил должность. Сейчас я заехал сюда проведать вас, а затем должен сразу же отправиться дальше.

Цилан велел принести чиновничье платье, головной убор и облачился в парадное одеяние. Затем он попросил свою мать сесть посредине комнаты, земно поклонился ей и приказал новой и старой прислуге бить ей поклоны и величать ее почтенной госпожой, как подобает матери высокого чиновника. Женщина была обрадована и несколько утешена, но со вздохом сказала:

— Ты жил вдали от дома, в роскоши и, конечно, не мог знать, что семья твоя разорилась и у нас нет ни гроша. Но все же было бы лучше, если бы ты не покупал этой должности, а привез побольше денег на жизнь.

归来用度也好。"七郎道："母亲诚然女人家识见。做了官，怕少钱财？而今那个做官的家里，不是千万百万，连地皮多卷了归家的？今家业既无，只索撇下此间，前往赴任。做得一年两年，重撑门户，改换规模，有何难处！儿子行囊中，还剩有二三千缗，尽勾使用。母亲不必忧虑。"母亲方才转忧为喜，笑逐颜开道："亏得儿子峥嵘有日，奋发有时，真是谢天谢地！若不是你归来，我性命只在目下了。而今何时可以动身？"七郎道："儿子原想此一归来，娶个好媳妇，同享荣华。而今看这个光景，等不得做这事了。且待上了任，再做商量。今日先请母亲上船安息。此处既无根绊，明日换个大船，就做好日开了罢。早到得任一日，也是好的。"

当夜请母亲先搬在来船中了。茅舍中破锅、破灶、破碗、破罐，尽多撇下。又分付当直的，雇了一只往西粤长行的官船。次日搬过了行李，下了舱口停当，烧了利市神福，吹打开船。此时老母与七郎俱各精神荣畅，志气轩昂。七郎不曾受苦，是一路兴头过来的，虽是对着母亲，觉得满盈得意，还不

— Матушка, вы рассуждаете, как женщина, — возражал ей Цилан. — Неужто чиновник будет без денег! Да какой же чиновник в наше время не обладает тысячами и сотнями тысяч! Кто из них не сдирает шкуры даже с голой земли! Здесь у нас не осталось теперь ничего, поэтому мы сейчас с вами поедем к месту моего назначения. Через год-два станем на ноги и заживем по-новому. У меня еще есть две-три тысячи связок монет, этого хватит на расходы, и незачем вам печалиться.

Женщина повеселела и, улыбаясь, сказала:

— Как вовремя ты получил должность и положение. Благодарение небу и земле. Если б ты не вернулся, при такой жизни я недолго бы еще протянула.

Затем она спросила:

— А когда же мы сможем двинуться в путь?

— Я думал, что вернусь домой, возьму себе в жены хорошую девицу и вместе с ней мы будем наслаждаться счастьем. Теперь уже, судя по всему, будет не до этого. Прежде всего надо обосноваться в Хэнчжоу. Прошу вас, матушка, ко мне на лодку. Отдохнете там, а завтра наймем большую джонку — и в путь. Нас здесь ничто не задерживает, и чем раньше мы приедем в Хэнчжоу, тем лучше.

В тот же вечер Цилан помог матери перебраться на лодку. Котлы, чашки и прочую утварь они оставили в хижине. Людям было приказано нанять большую джонку, на которой они должны были добраться до Гуанси. На следующий же день, когда на джонку перенесли все вещи, Цилан сжег на счастье жертвенные бумажные деньги, и под звуки музыки они тронулись в путь. И у Цилана, и у его матери было приподнятое настроение. Цилану не приходилось переживать лишений, всегда в жизни ему сопутствовала удача, поэтому хоть он и был доволен, что мать с ним, но в общем ничего удивительного в этом путешествии не видел. Другое дело его мать. Она пережила столько лишений и горя,

十分怪异。那老母是历过苦难的，真是地下超升在天上，不知身子几都大了。

一路行去，过了长沙，入湘江，次永州。州北江壖有个佛寺，名唤兜率禅院，舟人打点泊船在此过夜。看见岸边有大桶树一株，围合数抱，遂将船缆结在树上，结得牢牢的，又钉好了桩橛。七郎同老母进寺随喜，从人撑起伞盖跟后。寺僧见是官员，出来迎接送茶，私问来历。从人答道："是见任西粤横州刺史。"寺僧见说是见任官，愈加恭敬，陪侍指引，各处游玩。那老母但看见佛菩萨像，只是磕头礼拜，谢他覆庇。天色晚了，俱各回船安息。

黄昏左侧，只听得树梢呼呼的风响。须臾之间，天昏地黑，风雨大作。但见：

> 封姨逞势，巽二施威。空中如万马奔腾，树杪似千军拥沓。浪涛澎湃，分明战鼓齐鸣；圩岸倾颓，恍惚轰雷骤震。山中虓虎啸，水底老龙惊。尽知巨树可维舟，谁道大风能拔木。

что теперь чувствовала себя так, словно из ада перенеслась на небо, и ей казалось, что она стала на голову выше.

Они уже миновали город Чанша и плыли теперь по реке Сяншуй к Линлину. Когда они оказались около монастыря Доушуай, расположенного на самом берегу, судовщик решил причалить и оставить здесь джонку до вечера.

У самой воды росла огромная смоковница в несколько обхватов толщиной, и судовщик крепко-накрепко привязал к ней канат, а затем в землю вбил кол. Цилан с матерью сошли на берег и отправились в монастырь. Свита несла над ними зонты.

Увидев, что приближается высокий чиновник, монахи вышли встретить гостей, поднесли им чай и стали расспрашивать у свиты, кто приехал. Когда они узнали, что это начальник области Хэнчжоу, они преисполнились еще большим почтением к своим гостям и повели их осматривать монастырь. Мать Цилана останавливалась перед каждым изображением Будды и земно кланялась, благодаря за помощь. На джонку они возвратились, когда стало уже смеркаться. Вечером вдруг налетел ветер, засвистел в листве, вокруг все вмиг потемнело, и разразилась буря:

*Духи ветра силу свою проявляют,
В воздухе будто бы конница мчится,
Мечутся ветви деревьев,
Словно в сраженье ринулась грозная армия.
Волны вздымаются валом,
Гремя, словно бой барабанный;
С грохотом валится берег,
Грома раскатом все потрясая;
Напуганный тигр рев поднимает в горах,
В смятенье дракон под водою. Надеялись люди,
Что дерево мощное джонку удержит,
Кто мог подумать,*

众人听见风势甚大，心下惊惶。那艄公心里道是："江风虽猛，亏得船系在极大的树上，生根得牢，万无一失。"睡梦之中，忽听得天崩地裂价一声响亮。元来那株桶树年深月久，根行之处，把这些帮岸都拱得松了。又且长江巨浪，日夜淘洗，岸如何得牢？那树又大了，本等招风，怎当这一只狼犺的船，尽做力生根在这树上。风打得船猛，船牵得树重，树趁着风威，底下根在浮石中绊不住了，豁剌一声，竟倒在船上来，把只船打得粉碎。船轻树重，怎载得起？只见水乱滚进来，船已沉了。舱中碎板，片片而浮。睡的婢仆，尽没于水。说时迟，那时快，艄公慌了手脚，喊将起来。郭七郎梦中惊醒，他从小原晓得些船上的事，与同艄公竭力死拖住船缆，才把个船头凑在岸上，搁得住。急在舱中水里，扶得个母亲，挽到得岸上来，逃了性命。其后艄人等，舱中什物行李，被几个大浪泼来，船底俱散，尽漂没了。其时深夜昏黑，山门紧闭，没处叫唤，只得披着湿衣，三人捶胸跌脚价叫苦。

守到天明，山门开了，急急走进寺中，问着昨日的主僧。主僧出来，看见他慌张之势，问道："莫非遇了盗么？"七郎

Что дерево ветром снесет!

Услышав, как свищет ветер, люди встревожились. Однако судовщик считал, что даже при таком свирепом ветре им ничего не грозит: джонка привязана к мощному дереву, у которого крепкие корни. Но вдруг сквозь сон Цилан услышал страшный треск, такой, словно обрушилось небо и разверзлась земля.

Оказывается, дерево за многие и многие годы своими корнями разрыхлило дамбу, а речные волны постоянно размывали берег. Теперь, когда разразилась буря, огромную смоковницу раскачивало из стороны в сторону страшными порывами ветра, ветру помогала привязанная к дереву тяжелая джонка; в конце концов дерево с корнями вырвало из земли, и оно с треском повалилось на джонку.

В джонку хлынула вода. Плавали доски от разбитых кают. Спавшая прислуга вся потонула. Растерявшийся судовщик поднял крик. Цилан с детства умел обращаться с лодкой. Вдвоем с судовщиком они ухватились за канат, и им удалось подтянуть джонку к берегу. Цилан быстро помог матери выйти из залитой водой каюты. Мать была спасена, но остальные на джонке и все вещи Цилана были смыты набежавшими волнами. Еще миг – дно джонки проломилось и она стала погружаться в воду.

Стояла уже глубокая ночь. Ворота монастыря давно были на запоре. Цилан, его мать и судовщик долго кричали, но никто их не услышал. В промокшей одежде стояли они возле ворот монастыря, били себя в грудь, топали ногами и жаловались на свою судьбу. Утром, когда открылись ворота, они поспешно вошли в монастырь и вызвали настоятеля, с которым виделись накануне. Настоятель вышел.

– Что случилось? Разбойники напали? – спросил он, глядя на их жалкий и растерянный вид.

把树倒舟沉之话，说了一遍。寺僧忙走出看，只见岸边一只破船沉在水里，岸上大桶树倒来压在其上了，吃了一惊。急叫寺中火工道者人等，一同艄公到破板舱中，遍寻东西，俱被大浪打去，没讨一些处；连那张刺史的告身，都没有了。寺僧权请进一间静室，安住老母。商量到零陵州州牧处陈告情由，等所在官司替他动了江中遭风失水的文书，还可赴任。计议已定，有烦寺僧一往。寺僧与州里人情厮熟，果然叫人去报了。谁知：

　　浓霜偏打无根草，
　　祸来只奔福轻人。

那老母原是兵戈扰攘中，看见杀儿掠女，惊坏了再苏的。怎当夜来这一惊，可又不小。亦且婢仆俱亡，生资都尽，心中转转苦楚，面如腊查，饮食不进，只是哀哀啼哭，卧倒在床，起身不得了。七郎愈加慌张，只得劝母亲道："留得青山

Тогда Цилан рассказал о том, как упало дерево и как затонула их джонка. Монахи поспешили на место происшествия и были поражены, увидев полузатонувшую джонку, придавленную огромным деревом. Они тут же приказали монастырским служкам отправиться вместе с судовщиком на джонку и попытаться хоть что-нибудь спасти. Но все вещи были снесены волнами, на джонке ничего не осталось. Пропало и свидетельство Цилана о назначении его на должность.

Настоятель устроил мать Цилана в одной из келий, посоветовал Цилану сообщить о случившемся крушении начальнику соседней области Линлин и просить его составить об этом донесение соответствующему управлению. Тогда там смогут выдать новое назначение вместо пропавшего в бурю. Без такого документа ехать в Хэнчжоу было бы бессмысленно. Цилан попросил поехать по этому делу в Линлин одного монаха, хорошо знакомого с тамошними людьми. Монах рассказал, кому следует, что приключилось с Циланом, и начальнику области обо всем подробно доложили. Но как было предвидеть, что

Иней холодный
  первой бьет слабую травку;
Беда настигает лишь тех,
  кому не везет.

Мать Цилана, которая только что пережила беспокойное время мятежа, смуты и бесчинства солдат, у которой на глазах убили сына и похитили дочь, не смогла перенести нового потрясения: опять погибла вся их прислуга, пропали последние деньги. Женщину охватило такое горе, что она сразу осунулась и пожелтела, перестала есть и пить, целыми днями плакала, наконец слегла и не могла уже подняться. Цилан, встревоженный, пытался утешить ее:

在，不怕没柴烧。虽是遭此大祸，儿子官职还在，只要到得任所便好了。"老母带着哭道："儿！你娘心胆俱碎，眼见得无那活的人了，还说这太平的话则甚！就是你做得官，娘看不着了。"七郎一点痴心，还指望等娘好起来，就地方起个文书，前往横州到任，有个好日子在后头。谁想老母受惊太深，一病不起。过不多两日，呜呼哀哉，伏惟尚飨。

七郎痛哭一场，无计可施。又与僧家商量，只得自往零陵州哀告州牧。州牧几日前曾见这张失事的报单过，晓得是真情。毕竟官官相护，道他是隔省上司，不好推得干净身子。一面差人替他殡葬了母亲，又重重赏助他盘缠，以礼送了他出门。七郎亏得州牧周全，幸喜葬事已毕，却是丁了母忧，去到任不得了。寺僧看见他无了根蒂，渐渐怠慢，不肯相留。要回故乡，已此无家可归。没奈何，就寄住在永州一个船埠经纪人的家里，——原是他父亲在时，走客认得的。却是囊橐俱无，止有州牧所助的盘缠，日吃日减，用不得几时，看看没有了。

那些做经纪的人，有甚情谊？日逐有些怨咨起来，未免

— Был бы цел лес, а дрова найдутся, — говорил он матери. — Хоть и постигла нас такая беда, но должность моя за мной. Нужно только прибыть на место, и все будет хорошо.

— Сынок, душа моя истерзана, — со слезами говорила старуха. — Я уже не жилец на этом свете, и не надо меня успокаивать. Даже если ты и будешь на службе, мне этого не видать.

Цилан все надеялся, что мать поправится. Он надеялся получить новую грамоту, чтобы поехать в Хэнчжоу на должность, верил, что лучшие дни у него впереди. Но мать была слишком потрясена. Она не вставала с постели и дня через два скончалась. Цилан горько плакал, но делать было нечего. Посоветовавшись с настоятелем, он решил на этот раз сам отправиться в Линлин просить начальника области о помощи. За несколько дней до этого начальник уже получил сообщение о крушении и знал, что Цилан рассказал ему правду. К тому же чиновник всегда поддерживает чиновника, а Цилан был начальником соседней области и отказать ему было неудобно. Начальник выделил людей, которые должны были помочь Цилану похоронить мать, дал ему большую сумму денег на дорогу и проводил его по всем правилам этикета.

Благодаря помощи начальника области Цилан смог как подобает похоронить мать. Но теперь он носил траур и в любом случае ехать на должность не мог. Настоятель, видя, что у Цилана ушла почва из-под ног, стал относиться к нему пренебрежительно и не хотел оставлять у себя. Возвращаться на родину было бессмысленно, и Цилан отправился в город Юнчжоу, где остановился у одного торговца, с которым был знаком еще при жизни отца. Своих денег у него не было ни гроша, и жил он в Юнчжоу на деньги, которые получил у начальника области на дорогу. Через некоторое время и эти деньги кончились. Говорить о каких-либо дружеских чувствах между торговцами или делягами не приходится, и Цилан все чаще и чаще замечал

茶迟饭晏，箸长碗短。七郎觉得了，发话道："我也是一郡之主，当是一路诸侯。今虽丁忧，后来还有日子。如何恁般轻薄？"店主人道："说不得一郡两郡，皇帝失了势，也要忍些饥饿，吃些粗粝。何况于你是未任的官！就是官了，我每又不是什么横州百姓，怎么该供养你？我们的人家，不做不活，须是吃自在食不起的。"七郎被他说了几句，无言可答，眼泪汪汪，只得含着羞耐了。再过两日，店主人的寻事炒闹，一发看不得了。七郎道："主人家，我这里须是异乡，并无一人亲识可归。一向叨扰府上，情知不当，却也是没奈何了。你有甚么觅衣食的道路，指引我一个儿？"店主人道："你这样人，种火又长，拄门又短，郎不郎，秀不秀的。若要觅衣食，须把个官字儿阁起，照着常人佣工做活，方可度日。你却如何去得？"七郎见说到佣工做活，气忿忿地道："我也是方面官员，怎便到此地位？"

思想零陵州州牧前日相待甚厚，不免再将此苦情告诉他

пренебрежение со стороны приютившего его торговца: то ему поздно подавали еду, то не было чашки, то недоставало палочек. Словом, Цилан понял, что стал нежеланным гостем, и однажды заявил хозяину дома:

— Я все же глава области, почти князь целого удела. Хотя я сейчас в трауре, но настанет день, когда я вступлю в свои права. Как же вы можете так ко мне относиться?

— Что там говорить о какой-то области, — возразил ему хозяин. — Когда император теряет власть — и ему приходится голодать или есть, что попадется, а уж тем более тебе, не приступившему к должности чиновнику. Да если б ты даже и вступил в свои права начальника, мы ведь не твои подчиненные. Почему должны содержать тебя? Мы живем своим трудом и кормить дармоедов не можем.

Цилану нечего было ответить. Слезы потекли у него из глаз. Было стыдно, но пришлось стерпеть. Так прошло еще несколько дней. Хозяин явно искал ссоры с ним и относился к нему с нескрываемым презрением. Тогда Цилан ему сказал:

— Хозяин, я здесь на чужбине, у меня нет ни одного знакомого, к которому я мог бы обратиться. Все это время я доставлял вам много беспокойства. Знаю, что это никуда не годится, но что же мне делать! Может быть, вы подскажете какой-нибудь выход, как заработать себе на жизнь?

— Знаю я таких, как ты, — отмахнулся от него хозяин. — «На растопку — длинны, на подпорку — коротки, на большое не способны, на малое не согласны». Хочешь заработать на жизнь, забудь, что ты чиновник, и нанимайся на работу, как все простые смертные. Но разве ты на это пойдешь?

— Я все же чиновник, как же я могу так низко пасть! — возмущенно заявил Цилан, когда услышал, что ему предлагают наниматься на работу.

Тут он подумал: «Начальник области Линлин в свое время

一番，定然有个处法，难道白白饿死一个刺史在他地方了不成？写了个帖，又无一个人跟随，自家袖了，葳葳蕤蕤，走到州里衙门上来递。那衙门中人见他如此行径，必然是打抽丰没廉耻的，连帖也不肯收他的。直到再三央及，把上项事一一分诉，又说到替他殡葬，厚礼赆行之事，——这却衙门中都有晓得的，——方才肯接了进去，呈与州牧。州牧看了，便有好些不快活起来道："这人这样不达时务的。前日吾见他在本州失事，又看上司体面，极意周全他去了，他如何又在此缠扰？或者连前日之事，未必是真，多是神棍假装出来骗钱的，未可知。纵使是真，必是个无耻的人，还有许多无厌足处。吾本等好意，却叫得引鬼上门。我而今不便追究，只不理他罢了。"分付门上不受他帖，只说"概不见客"，把原帖还了。七郎受了这一场冷淡，却又想回下处不得，住在衙门上守他出来时，当街叫喊。州牧坐在轿上问道："是何人叫喊？"七郎口里高声答道："是横州刺史郭翰。"州牧道："有何凭据？"七郎

очень хорошо отнесся ко мне. Пожалуй, если рассказать ему о моем положении, что-нибудь сделает для меня. Неужели позволит умереть с голоду своему собрату?» Цилан написал карточку; но, так как у него не было прислуги, сам поплелся к нему в ямэнь. Служители ямэня приняли его за попрошайку и не захотели брать у него карточку. Цилан долго их упрашивал, рассказал обо всем, что с ним случилось. И только когда Цилан напомнил о том, как начальник помог ему с похоронами, как щедро одарил его на дорогу, то есть о том, о чем знали все в ямэне, — только тогда служители согласились взять карточку и доложить о нем.

Взглянув на карточку Цилана, начальник области остался недоволен: «Не очень-то этот человек понимает, что к чему. В свое время, когда я узнал, что в моих краях с ним случилась такая беда, я как правитель области без всяких разговоров помог ему, чем только мог. Что же он снова явился меня беспокоить? Может быть, — продолжал размышлять начальник, — ничего с ним тогда не произошло. Мало ли бездельников и проходимцев, которые невесть что придумывают, лишь бы выманить деньги. Но даже если он и не врет, человек этот явно без стыда и совести, бог весть что ему еще потом потребуется. Такие вот, как я, добрыми побуждениями сами в свой дом черта накликают. Не собираюсь теперь в его делах разбираться и принимать его».

Решив так, начальник возвратил карточку Цилана, велел передать, что он никого не принимает, и предупредил, чтобы впредь от Цилана вообще не брали карточки.

Цилан не ожидал от начальника такого безразличия и теперь не знал, что ему предпринять. Возвращаться к прежнему хозяину он не мог. Тогда он сел возле ворот ямэня и стал дожидаться, когда начальник отправится куда-нибудь с выездом. Дождавшись, он во весь голос завопил, моля о помощи.

— Кто там кричит? — бросил начальник из паланкина.
— Го Хань, начальник области Хэнчжоу.

道："原有告身，被大风飘舟，失在江里了。"州牧道："既无凭据，知你是真是假？就是真的赍发已过，如何只管在此缠扰？必是光棍。姑饶打，快走！"左右虞候看见本官发怒，乱棒打来，只得闪了身子开来，一句话也不说得。有气无力的，仍旧走回下处闷坐。

店主人早已打听他在州里的光景，故意问道："适才见州里相公，相待如何？"七郎羞惭满面，只叹口气，不敢则声。店主人道："我教你把官字儿阁起，你却不听我，直要受人怠慢。而今时势，就是个空名宰相，也当不出钱来了。除是靠着自家气力，方挣得饭吃。你不要痴了！"七郎道："你叫我做甚勾当好？"店主人道："你自想身上有甚本事？"七郎道："我别无本事，止是少小随着父亲涉历江湖，那些船上风水、当艄拿舵之事，尽晓得些。"店主人喜道："这个却好了！我这里埠头上来往船只多，尽有缺少执艄的。我荐你去几时，好歹觅几贯钱来，饿你不死了。"七郎没奈何，只得依从。从此，只在往来船只上替他执艄度日。去了几时，也就觅了几贯

— Чем это докажешь?

— Было свидетельство, но во время крушения пропало.

— Если нет соответствующей бумаги, как знать, так это или нет? Но пусть и так, тебе же уже давали деньги. Что же ты опять вздумал являться сюда и приставать ко мне? Не иначе, как ты просто бродяга. Убирайся-ка поскорей отсюда, пока не попало!

Видя, что начальник разгневан, его свита накинулась на Цилана с палками. Бедняге ничего не оставалось, как убраться подобру-поздорову. В полном отчаянии он вернулся туда, где жил. Хозяин уже знал о случившемся, но нарочно спросил:

— Вы видели нашего начальника? Ну, как он встретил вас?

Краска стыда бросилась в лицо Цилану. Он вздохнул, но ничего не ответил.

— Я ведь говорил тебе, забудь, что ты чиновник, — сказал ему хозяин, — а ты не послушался. Дождался, пока поиздевались над тобой. Сейчас время такое, что имей ты хоть звание министра, но, если не будешь работать, денег не получишь. Только собственным трудом можно заработать на жизнь. Оставь ты свои пустые мечты.

— А что же вы посоветуете мне? — спросил Цилан.

— А ты сам подумай, что ты умеешь делать, — ответил хозяин.

— Ну, кой-чего я, быть может, не умею, но с управлением лодкой я хорошо знаком — ведь я еще с детства разъезжал с отцом по стране и много времени провел на воде.

— Вот и хорошо, — с приветливой улыбкой сказал хозяин, — к нам сюда приходит много джонок, и часто нужны судовщики. Я порекомендую тебя. Плохо ли, хорошо ли, но заработаешь, с голоду не умрешь.

Цилану пришлось согласиться, и с тех пор он стал работать на джонке рулевым.

Прошло некоторое время, и Цилан явился к хозяину с несколькими связками монет, которые успел заработать. В Юн-

工钱，回到店家来。永州市上人认得了他，晓得他前项事的，就传他一个名，叫他做"当艄郭使君"。但是要寻他当艄的船，便指名来问郭使君。永州市上编成他一只歌儿道：

> 问使君，你缘何不到横州郡？元来是天作对，不作你假斯文，把家缘结果在风一阵。舵牙当执板，绳缆是拖绅。这是荣耀的下稍头也，还是把着舵儿稳。（词名《挂枝儿》）

在船上混了两年，虽然挨得服满，身边无了告身，去补不得官。若要京里再打关节时，还须照前得这几千缗使用，却从何处讨？眼见得这话休题了。只得安心塌地，靠着船上营生。又道是："居移气，养移体。"当初做刺史，便像个官员。而今在船上多年，状貌气质，也就是些篙工水手之类，一般无

чжоу люди уже знали Цилана, и те, кому была известна его история, дали ему прозвище «Правитель-рулевой». И если кто-нибудь собирался нанять Цилана в качестве рулевого, то так его и спрашивали. Потешаясь над ним, люди даже сложили песню. В песне поется:

Позволь-ка, правитель, спросить у тебя,
Почему же не едешь ты в область Хэнчжоу?
Выходит, что небо само
Против тебя взбунтовалось:
Не нравятся, значит, ему
Из невежд неученых чиновные люди,
И ветра единым порывом
Смыло оно все богатства твои.
Все случилось не так, как того ты желал:
Вместо жезла – держишь ты руль,
Вместо пояса – грубый канат.
Тут не до славы и блеска!
Но рука на руле –
И в жизни уверенней, тверже стоишь!

Цилан проработал два года на джонках. И хотя срок его траура кончился, у него не было свидетельства о назначении, и в должности он не мог восстановиться. Ехать в столицу и там пытаться наладить дело? Но для этого опять-таки нужно несколько тысяч связок монет. А где их взять? Ясно, что теперь и думать о чине не приходилось; оставалось только смириться и продолжать работать на джонках.

Говорят: от жилья меняется душа человека, от пищи меняется тело. И действительно, когда Цилан получил должность начальника области, он выглядел, как настоящий чиновник, а теперь, несколько лет проработав на джонках, он и внешностью

二。可笑个一郡刺史,如此收场。可见人生荣华富贵,眼前算不得帐的。上覆世间人,不要十分势利,听我四句口号:

　　富不必骄,
　　贫不必怨。
　　要看到头,
　　眼前不算。

и манерами стал похож на простого лодочника.

Забавно подумать: правитель области, а дошел до такого! Действительно, если человек сегодня богат и знатен, это еще ничего не значит, и не нужно зазнаваться, даже если ты добился высокого положения. Послушайся лучше моего совета:

На бедность не ропщи,
    богатством не кичись,
Что сейчас с тобой – не в счет,
    что будет – поглядим!

Цзинь гу цигуань
Глава 24

КИТАЙСКАЯ КЛАССИКА

第二十四卷

伪汉裔夺妾山中　假将军还姝江上

诗云：

> 曾闻盗亦有道，
> 其间多有英雄。
> 若逢真正豪杰，
> 偏能掉臂于中。

昔日宋相张齐贤，他为布衣时，值太宗皇帝驾幸河北，上太平十策。太宗大喜，用了他六策，馀四策斟酌再用。齐贤坚执道："是十策皆妙，尽宜亟用。"太宗笑其狂妄，还朝之日

ГЛАВА 24

КЭ ЧЭНИ У ПОДНОЖЬЯ ГОР ПОХИТИЛИ КРАСОТКУ; СЮЦАЙ, НАЧАЛЬНИКОМ ПЕРЕОДЕТЫЙ, ПИРУЯ НА РЕКЕ, СВОЮ НАЛОЖНИЦУ ВЕРНУЛ

Стихи гласят:

Мораль своя, свои законы
　　у тех, кто в шайке воровской;
Но средь воров, бывает, встретишь
　　достойных много молодцов.
И коль в компанию такую
　　со стороны придет смельчак,
Легко, свободно рядом с ними
　　он будет чувствовать себя.

В прошлом, при династии Сун, когда император Тай-цзун посетил провинцию Хэбэй, министр Чжан Ци-сянь, который в то время был еще обычным простолюдином, подал императору десять рекомендаций относительно управления страной. Тай-цзуну они очень понравились, и шесть из них он сразу же велел проводить в жизнь, а с остальными четырьмя решил повременить до тщательного их рассмотрения. Но Чжан Ци-сянь упорно настаивал на том, что все десять рекомендаций отличны и что все они без промедления должны быть приняты к действию. Тай-цзун посмеялся над его умасбродством. Однако, вернувшись в столицу, сказал Чжэнь-цзуну:

— В провинции Хэбэй я обрел человека с дарованиями министра, зовут его Чжан Цисянь. Оставляю его для тебя, чтобы ты потом мог воспользоваться его талантом.

对真宗道："我在河北得一宰相之才，名曰张齐贤，留为你他日之用。"真宗牢记在心。后来齐贤登进士榜，却中在后边。真宗见了名字，要拔他上前，争奈榜已填定，特旨一榜尽赐及第。他日直做到宰相。

这个张相未遇时节，孤贫落魄，却倜傥有大度。一日偶到一个地方，投店中住止。其时适有一伙大盗劫掠归来，在此经过，下在店中造饭饮酒，枪刀森列，形状狰狞。居民恐怕拿住，东逃西匿，连店主多去躲藏。张相剩得一身在店内，偏不走避。看见群盗吃得正酣，张相整一整巾帻，岸然走到群盗面前，拱一拱手道："列位大夫请了。小生贫困书生，欲就大夫求一醉饱，不识可否？"群盗见了容貌魁梧，语言爽朗，便大喜道："秀才乃肯自屈，何不可之有？但是吾辈粗疏，恐怕

Слова отца хорошо запомнились Чжэнь-цзуну. Прошли годы, и Чжан Цисянь выдержал государственные экзамены на степень цзиньши, но оказался среди последних. Просматривая списки выдержавших и увидев среди них имя Чжан Цисяня, император Чжэнь-цзун хотел было поставить его фамилию на первое место, но списки уже были окончательно составлены, и потому императору пришлось специальным указом включить его в число первых выдержавших. Впоследствии Чжан Цисянь дослужился до поста первого министра.

Чжан Цисянь этот, пока не достиг своего, жил в крайней нужде, но все же оставался человеком вольного нрава и широкой натуры.

Однажды где-то в пути Чжан Цисянь остановился на постоялом дворе в одном небольшом местечке. Случилось так, что как раз в это время с грабежа возвращалась шайка бандитов, которые остановились на том же постоялом дворе. Расположившись, они достали вино, принялись готовить закуски. Лица у них были свирепые, из-под одежды торчали пики и прочее оружие. Постояльцы в страхе разбежались кто куда, скрылся и сам хозяин. Остался лишь один Чжан Цисянь. Прятаться или бежать он и не собирался. Видя, что у грабителей пир в самом разгаре, он оправил на себе косынку, спокойно подошел к ним, сложил в приветствии руки, поклонился и сказал:

– Приветствую вас, уважаемые! Я – нищий сюцай хотел бы попросить у вас разрешения вдоволь наесться и напиться. Позволите ли?

Могучая, величественная фигура Чжан Цисяня, его громкая свободная речь произвели впечатление – бандиты тут же поднялись, предлагая ему место.

– Коли вы готовы снизойти до нас, почему же нет?! – радостно говорили они. – Только народ мы грубый, неотесанный – вряд ли вам доставит удовольствие наше общество.

秀才见笑耳。"即立起身来请张相同坐。张相道："世人不识诸君，称呼为盗，不知这盗非是龌龊儿郎做得的。诸君多是世上英雄，小生也是慷慨之士，今日幸得相遇，便当一同欢饮一番，有何彼此？"说罢，便取大碗斟酒，一饮而尽。群盗见他吃得爽利，再斟一碗来，也就一口吸干。连吃个三碗。又在桌上取过一盘猪蹄来，略擘一擘开，狼飧虎咽，吃个罄尽。群盗看了，皆大惊异，共相希咤道："秀才真宰相器量！能如此不拘小节，决非凡品。他日做了宰相，宰制天下，当念吾曹为盗多出于不得已之情。今日尘埃中，愿先结纳，幸秀才不弃。"各各身畔将出金帛来赠，你强我赛，堆了一大堆。张相毫不推辞，一一简取，将一条索子捆缚了，携在手中，叫声："聒噪！"大踏步走出店去。此番所得，倒有百金，张相尽付之酒家，供了好些时酣畅。只此一段气魄，在贫贱时就与人不同了。这个是胆能玩盗的。有诗为证：

— Дело в том, что люди плохо знают вас, а называют бандитами; им и невдомек, что не всякое ничтожество способно быть бандитом, — ответил Чжан Цисянь. — Словом, вы из молодцов, а я тоже не из тех, кто лишен чувств, поэтому я только рад, что сегодня довелось повстречаться с вами. Надо нам вместе выпить как следует, а разбираться в том, кто да что, ни к чему, — заявил он под конец и немедля взял себе большую чашу, налил в нее вина и выпил единым духом.

Видя, с какой легкостью он пьет, грабители налили ему еще, и он сразу же осушил вторую чашу. Так он выпил подряд три чаши, а затем схватил с подноса свиную ногу, разломил ее, стал грызть и почти целиком всю прикончил. Наблюдая за ним, грабители только диву давались.

— Да, так может пренебрегать мелочами только тот, в ком заложены задатки большого человека. Простые люди на такое не способны, — говорили они в восхищении. — Когда-нибудь, когда вы станете министром и будете править страной, то вспомните, что нас к такой жизни вынудили обстоятельства. А пока мы хотели бы подружиться с вами и просим не пренебрегать нами.

Тут каждый из них стал вытаскивать разные дорогие вещи, золото и дарить Чжан Цисяню. Вскоре перед ним выросла целая гора денег и драгоценностей. Чжан Цисянь и не думал отказываться — взял все, собрал в кучу, перевязал и со словами: «Извините, потревожил вас!» — крупными шагами направился к выходу и покинул постоялый двор.

Оказывается, ему досталось вещей и прочего ланов на сто золотом. Он передал все хозяину винной лавки, и хватило этого Чжан Цисяню, чтобы долгие годы пить в этой лавке.

Таким вот присутствием духа выделялся Чжан Цисянь среди других людей в пору, когда был еще бедняком. И лишь благодаря отваге человек мог позволить себе проделать подобное с бандитами. Вот что свидетельствуют об этом стихи:

等闲卿相在尘埃,
大嚼无惭亦异哉。
自是胸中多磊落,
直教剧盗也怜才。

　　山东莱州府掖县,有一个勇力之士邵文元,义气胜人,专要路见不平,拔刀相助。有人在知县面前,谤他恃力为盗。知县初到,不问的实,寻事打了他一顿。及至知县朝觐入京,才出境外,只见一人骑着马,跨着刀,跑至面前,下马相见。知县认得是邵文元,只道他来报仇,吃了一惊。问道:"你自何来?"文元道:"小人特来防卫相公入京。前途剧贼颇多,然

Не странно ль, что тот, кого должность министра ждала,

с низкою чернью общался,

Спокойно сидел средь подобных людей,

кости глодал, не стесняясь.

Нравом прямым и открытой душою

так поражал он людей,

Что даже грабителей шайку заставил

талантом его восхититься.

Теперь о другом.

В провинции Шаньдун, в области Лайчжоуфу, в уезде Есянь, жил некий Шао Вэньюань. Будучи по натуре сильным и храбрым, он в то же время был человеком отзывчивой души, никогда безразлично не проходил мимо несправедливости и всегда охотно, как говорится, с мечом в руках шёл на помощь слабым и обиженным. И вот однажды кто-то наговорил начальнику уезда, что, мол, Шао Вэньюань, пользуясь своей силой, ведёт себя как настоящий бандит. Начальник, недавно прибывший в эти края на должность, не стал вникать в подробности и при первом же случае, в котором как-то был замешан Шао Вэньюань, велел всыпать ему как следует.

Настало время, когда начальник должен был покинуть уезд и явиться за новым назначением в столицу. Не успел он выехать за пределы своего уезда, как заметил, что его догоняет верхом какой-то человек с мечом за поясом. Вскоре, обогнав его, всадник спешился и стал приветствовать начальника. Тот узнал в нём Шао Вэньюаня и испугался, решив, что человек нагнал его, чтобы отомстить.

— Откуда ты и что тебе надо? — спросил он Шао Вэньюаня.

— Специально нагнал вас, чтобы сопровождать в столицу, —

闻了小人之名，无不退避的。"知县道："我无恩于你，你怎倒有此好心？"文元道："相公前日戒训小人，也只是要小人学好。况且相公清廉，小人敢不尽心报效？"知县心里方才放了一个大挖搭。文元随至中途，别了自去，果然绝无盗言。

一日出行，过一富翁之门，正撞着强盗四十馀人在那里打劫他家。将富翁捆缚住，着一个强盗将刀加颈，吓他道："如有官兵救应，即先下手。"其馀强盗尽劫金帛。富翁家里有一个钱堆，高与屋齐。强盗算计拿他不去，尽笑道："不如替他散了罢！"号召居民，多来分钱。居民也有怕事的，不敢去；也有好事的，去看光景；也有贪财大胆的，拿了家伙，称心的兜取，弄得钱满阶墀。召文元闻得这话，要去玩弄这些强盗，

ответил тот и пояснил: – На дорогах здесь немало разбойников, но мое имя им хорошо известно, и при мне никто из них не осмелится и близко к вам подойти.

– Почему у тебя такие добрые намерения? – удивился начальник. – Ведь ты мне ничем не обязан.

– Что вы?! – возразил Шао Вэньюань. – В свое время вы проучили меня, желая мне пользы, хотели, чтобы я бросил свои повадки. К тому же, – продолжал он, – начальником здесь вы были честным, так могу ли я, коли в моих силах, не услужить вам?!

У начальника словно ком растаял в груди.

Проехав с начальником полдороги, Шао Вэньюань простился с ним, и все дальнейшее путешествие начальника действительно прошло благополучно.

Однажды Шао Вэньюань проезжал мимо дома какого-то богача и увидел, что там орудует шайка разбойников человек в сорок. Один из грабителей держал меч возле горла богача, грозно предупреждая его:

– Если кто-нибудь вздумает тебе помочь, тебя же первого и прикончу!

Грабители выносили из дома золото, серебро, шелка́. В одном из помещений они вдруг обнаружили огромную, высотой до самой крыши, кучу монет. Было ясно, что такой груды им с собой не увезти.

– Давайте раздадим эти деньги! – смеясь, предложил один из них. И грабители тут же стали созывать живших поблизости людей. Кто побоялся, как бы чего не случилось, и не пошел, кто отправился поглазеть, а кто посмелее, подталкиваемые страстью к наживе, захватив с собой первое что попало под руку куда бы собирать деньги, явились в дом богача и бросились растаскивать монеты. Действовали они настолько рьяно, что медяки так и рассыпались повсюду.

Когда Шао Вэньюань узнал, что происходит, он решил, в

在人丛中侧着肩膊，挨将进去，高声叫道："你们做甚的？做甚的？"众人道："强盗多着哩，不要惹事！"文元走到邻家，取一条铁叉，立在门内，大叫道："邵文元在此。你们还了这家银子，快散了罢！"富翁听得，恐怕强盗见有救应，即要动刀，大叫道："壮士快不要来。若来，先杀我了。"文元听得，权且走了出来。

群盗齐把金银装在囊中，驮在马背上，有二十驮。仍绑押了富翁，送出境外二十里，方才解缚。富翁披发，狼狈而归。谁知文元自出门外，骑着马，即远远随来。看见富翁已回，急鞭马追赶。强盗见是一个人，不以为意。文元喝道："快快把金银放在路傍！汝等认得邵文元否？"强盗闻其名，正慌张未答，文元道："汝等迟迟，且着你看一个样！"飕的一箭，已把内中一个射下马来，死了。众盗大惊，一齐下马，跪在路

свою очередь, «сыграть шутку» с этими грабителями. Протиснувшись сквозь толпу зевак, он закричал:

– Что вы тут вытворяете?!

Но люди удержали его:

– Грабителей здесь много, лучше не задевайте их, – говорили ему.

Тогда Шао Вэньюань направился в соседний дом, раздобыл там железные вилы и, став с вилами в руках у входа в дом богача, громко крикнул:

– Здесь я, Шао Вэньюань! Советую положить на место все золото и серебро и поскорей убираться!

Слова эти донеслись до слуха богача. Испугавшись, как бы бандиты не всадили ему в горло нож, богач в страхе заорал:

– Ой, не подходите, не вмешивайтесь!

Услышав такое, Шао Вэньюань решил удалиться. Тем временем грабители свалили в мешки награбленное, навьючили все на коней – оказалось двадцать коней с вьюками. Богача они связали, забрали с собой и, только когда отъехали уже на двадцать ли за пределы округи, развязали и отпустили.

Между тем Шао Вэньюань, вернувшись к себе, сел на коня, нагнал бандитов и на почтительном расстоянии последовал за ними. Когда грабители отпустили богача и тот бросился бежать, Шао Вэньюань подстегнул коня и оказался рядом с бандитами. Видя, что человек один, разбойники не обращали на него внимания. Тут Шао Вэньюань заорал:

– А ну-ка живо сбросьте все золото и серебро! Узнаёте Шао Вэньюаня?!

Имя это заставило грабителей всполошиться, и они остановились в нерешительности.

– Медлите?! Пример вам показать?!

Стрела Шао Вэньюаня сразила одного из бандитов, и тот замертво упал с коня. Тут уж разбойники не на шутку перепуга-

傍，告求饶命。文元喝道："留下东西，饶你命去罢！"强盗尽把囊物丢下，空身上马，逃遁而去。文元就在人家借几匹马，负了这些东西，竟到富翁家里，一一交还。富翁迎着叩头道："此乃壮士出力夺来之物，已不是我物了。愿送至君家，吾不敢吝。"文元怒叱道："我哀怜你家横祸，故出力相助。吾岂贪私邪？"尽还了富翁，不顾而去。这个是力能制盗的。有诗为证：

白昼探丸势已凶，
不堪壮士笑谈中。
挥鞭能返相如璧，
尽却酬金更自雄。

再说一个见识能作弄强盗的汪秀才，做回正话。看官要知这个出处，先须听我《潇湘八景》：

云暗龙堆古渡，湖连鹿角平田。薄暮长杨垂首，平明秀麦齐肩。人羡春游此日，客愁夜泊如年。（《潇湘夜雨》）

湘妃初理云鬟，龙女忽开晓镜。银盘水面无尘，玉魄天心相映。一声铁笛风清，两岸画阑人静。（《洞庭秋月》）

八桂城南路香，苍梧江月音稀。昨夜一天风色，今朝百道帆飞。对镜且看妾面，倚楼好待郎归。（《远浦归帆》）

лись. Все спешились, стали на колени и запросили пощады.

– Оставьте награбленное и убирайтесь!

Бандиты бросили все тюки, сели на коней и скрылись. Шао Вэньюань одолжил поблизости лошадей, нагрузил на них награбленное добро и доставил в дом богача. Богач вышел встретить его, земно ему кланялся и сказал:

– Все это вы сами добыли, это теперь уже не мое. Сейчас же велю отвезти к вам. Не посмею и пожалеть.

– Я помог тебе потому, что у тебя случилось такое несчастье, а вовсе не потому, что позарился на твое богатство! – в гневе закричал Шао Вэньюань и уехал, оставив богачу все его добро.

Это был случай, когда человек благодаря своей силе и боевому искусству мог расправиться с грабителями-разбойниками. Вот стихи, которые по этому поводу говорят:

> *Среди белого дня*
> *страшное зло совершали они,*
> *Но вмешался смельчак –*
> *и шутя, без труда, все пресек.*
> *Был один, но сумел*
> *отобрать у грабителей все и вернуть,*
> *А награды, дары*
> *отказался он взять – они ему ни к чему.*

А теперь поведаю об одном сюцае Ване, который взял верх над бандитами умом и сообразительностью. И будет это главным рассказом. А если, уважаемые слушатели, вы хотите знать, где произошла история, которую я собираюсь рассказать, то скажу: случилось это в районе озера Дунтинху.

Об этом районе много написано стихов, восхваляющих его красоты. Само озеро в ширину простирается на восемьсот ли, со всех сторон оно охвачено бесконечными горами и соединено

湖平波浪连天，水落汀沙千里。芦花冷澹秋容，鸿雁差池南徙。有时小棹经过，又遭几群惊起。（《平沙落雁》）

轩帝洞庭声歇，湘灵宝瑟香销。湖上长烟漠漠，山中古寺迢迢。钟击东林新月，僧归野渡寒潮。（《烟屿晚钟》）

湖头俄顷阴晴，楼上徘徊晚眺。霏霏雨障轻过，闪闪夕阳回照。渔翁东岸移舟，又向西湾垂钓。（《渔村夕阳》）

石港湖心野店，板桥路口人家。少妇筐中麦茭，村翁筒里鱼虾。蜃市依稀海上，岚光咫尺天涯。（《山市晴岚》）

陇头初放梅花，江面平铺柳絮。楼居万玉丛中，人在水晶深处。一天素幔低垂，万里孤舟归去。（《江天暮雪》）

　　此八词多道着楚中景致，乃一浙中缙绅所作。楚中称道此词颇得真趣，人人传诵的。这洞庭湖八百里，万山环列，连着三江，乃是盗贼渊薮。国初时，伪汉陈友谅据楚称王，后为太祖所灭。今其子孙住居瑞昌、兴国之间，号为柯陈，颇称蕃衍。世世有勇力出众之人，推立一个为主。其族负险善斗，劫掠客商。地方有亡命无赖，多去投入伙中。官兵不敢正眼觑他，虽然设立有游击、把总等巡游武官，提防地方非常事变，却多是与他们豪长通同往来，地方官不奈他何的。宛然宋时梁山泊光景。

с тремя большими реками. Весь этот район – бандитское логово. Дело в том, в начале нашей династии в провинциях Хунань, Хубэй и некоторых соседних – словом, на территории, издревле называвшейся Чу, в центре которой было расположено озеро Дунтинху, – обосновался Чэнь Юлян. Он провозгласил себя императором, но впоследствии император Тай-цзу с ним расправился. Ныне потомки этого Чэнь Юляна проживают вокруг Дунтинху, в основном в районах между округом Жуйчан, в провинции Цзянси, и округом Сингочжоу, в провинции Хубэй. Они чрезвычайно расплодились и именуют себя Кэ Чэнями. Из поколения в поколение, из века в век они выдвигали кого-либо из наиболее отважных и смелых в качестве своего главаря. Это был народ отчаянный, отлично владевший оружием. Кэ Чэни занимались тем, что грабили купцов; и всякий сброд, которому некуда было деваться, шел к ним, в их шайки. Правительственные войска не решались обращать на них серьезного внимания, и, хотя всюду существовало и местное войсковое, и районное военное командование, они следили лишь за тем, чтобы на местах не происходило каких-либо из ряда вон выходящих происшествий, а с заправилами родов Кэ Чэней командование, напротив, поддерживало добрые отношения. Поэтому и местные гражданские власти, разумеется, ничего против них не предпринимали. Словом, положение у них создалось такое же, какое было во времена Сун у молодцов из Ляншаньбо.

Так вот, в области Хуанчжоуфу, в уезде Хуангансянь, проживал некий Ван, сюцай уездного государственного училища. Он был богат, имел несколько десятков душ прислуги и полный дом служанок и наложниц. Это был муж свободного, непринужденного нрава и вольной, благородной души. При этом он отличался гибкостью ума, находчивостью, умением быстро на все реагировать и своевременно действовать. И если он брался за какое-либо дело, то можно было не сомневаться, что выполнит

且说黄州府黄冈县有一个汪秀才，身在簧宫，家事富厚，家僮数十，婢妾盈房。做人倜傥不羁，豪侠好游，又兼权略过人，凡事经他布置，必有可观，混名称他为汪太公，盖比他吕望一般智术。他房中有一爱妾，名曰回风，真个有沉鱼落雁之容，闭月羞花之貌。更兼吟诗作赋，驰马打弹，是少年场中之事，无所不能。汪秀才不惟宠冠后房，但是游行，再没有不带他同走的。怎见得回风的标致？

云鬟轻梳蝉翼，翠眉淡扫春山。朱唇缀一颗樱桃，皓齿排两行碎玉。花生丹脸，水剪双眸。意态自然，技能出众。直教杀人壮士回头觑，便是入定禅师转眼看。

его блестяще. Не удивительно, что прозвали его «Ван-тайгун» за ум, который уподобляли мудрости Люй Шана. В доме у Вана жила его любимая наложница Хуэйфэн. Она действительно была из тех красавиц, при виде которых рыбы уходят на дно и птицы падают наземь, луна затмевается и цветам становится стыдно. К тому же она сочиняла стихи и оды, умела ездить верхом, стреляла из шарикового самострела – словом, владела почти всеми искусствами, которыми надлежало владеть смелым и талантливым юношам. Ван не только предпочитал её любой другой из своих наложниц, но даже всегда брал с собой, когда совершал прогулки по достопримечательным местам. Какова же была собой эта красавица?

Как крылышки тончайшие, лежат
　волос уложенные пряди;
Прелестны брови повторяют
　изгиб весенних гор.
Как будто ягода в устах,
　сочны, пурпурны губы;
И, словно два нефритовые ряда,
　сверкают зубы белизной.
Румянец на щеках
　цветком цветет;
Глаза –
　сиянье вод.
Все просто –
　позы нет;
Талантом же своим
　других всех превосходит.
И молодца, разящего людей рукою твердой,
　она невольно оглянуться заставляет;
И погруженный в созерцание монах

一日，汪秀才领了回风来到岳州，登了岳阳楼。望着洞庭浩渺，巨浪拍天。其时冬月水落，自楼上望君山，隔不多些水面。遂出了岳州南门，拿舟而渡，不上数里，已到山脚。顾了肩舆，与回风同行十馀里，下舆谒湘君。祠右数十步，榛莽中有二妃冢。汪秀才取酒来，与回风各酹一杯。步行半里，到崇胜寺之外，三个大字是"有缘山"。汪秀才不解。回风笑道："只该同我们女眷游的，不然何称'有缘'？"汪秀才去问僧人，僧人道："此处山灵，妒人来游，每将渡，便有恶风浊浪阻人。得到此地者，便是有缘，故此得名。"汪秀才笑对回风道："这等说来，我与你今日到此，可谓侥幸矣！"其僧遂指引汪秀才许多胜处，说有：

и тот посмотрит непременно ей вослед.

Однажды, взяв с собой Хуэйфэн, Ван отправился на прогулку в Юэчжоу. Там, поднявшись на башню Юэянлоу, они любовались бесконечной далью озера, смотрели, как у подножия горы, на которой возвышалась сама башня, разбивались огромные волны. Пора тогда была зимняя, вода в озере спала, и с башни казалось, что остров Цзюньшань находится совсем недалеко. Они вместе направились к южным воротам города, взяли там лодку и, проплыв несколько ли, очутились возле острова. На острове они наняли носилки, но вскоре приказали остановиться, чтобы пойти пешком в кумирню Сян-цзюнь. В нескольких десятках шагов от этой кумирни, в зарослях орешника, была могила обеих императриц. Ван достал вино. Он и Хуэйфэн совершили возлияние, опрыснув вином могилу. Затем они прошли чуть дальше и оказались неподалеку от монастыря Чуншэнсы. Здесь они увидели на склоне горы высеченную огромными иероглифами надпись: «Гора „Суждено"». Ван не мог понять, что означало это название.

– Оно говорит о том, что вы должны были здесь побывать со мной, – пошутила Хуэйфэн. – Не иначе.

Когда они зашли в монастырь, Ван спросил у настоятеля, что это за «Гора „Суждено"».

– Духи этой горы не любят посторонних, – пояснил монах, – и обычно, когда посетители собираются на лодках переправиться сюда, поднимаются ветер и волны, которые не дают им плыть. Поэтому считается, что тому, кто попал сюда, это было суждено самой судьбой. Отсюда и такое название.

– Значит, нам с тобой повезло, – смеясь, проговорил Ван, обращаясь к Хуэйфэн.

Монах рассказал Вану и о достопримечательностях этих мест. Он говорил, что есть здесь Терраса Сяньюаня – это место,

轩辕台乃黄帝铸鼎于此

酒香亭乃汉武帝得仙酒于此

朗吟亭乃吕仙遗迹

柳毅井乃柳毅为洞庭君女传书处

汪秀才别了僧人，同了回风，繇方丈侧出去，登了轩辕台。凭阑四顾，水天一色，最为胜处。又左侧过去，是酒香亭。绕出山门之左，登朗吟亭。再下柳毅井，旁有传书亭，亭前又有刺橘泉许多古迹。正游玩间，只见山脚下走起一个大汉来，仪容甚武，也来看玩。回风虽是遮遮掩掩，却没十分好躲避处。那大汉看见回风美色，不转眼的上下瞟觑，跟定了他两人，步步傍着不舍。汪秀才看见这人有些尴尬，急忙下山。将到船边，只见大汉也下山来，口里一声胡哨。左近一只船中吹起号头答应，船里跳起一二十彪形大汉来，对岸上大汉声喏。大汉指定回风道："取了此人，献大王去！"众人应一声，一齐动手，犹如鹰拿燕雀，竟将回风抢到那只船上，拽起满篷，望洞庭湖中而去。汪秀才只叫得苦。这湖中盗贼去处，窟穴甚

где император Хуан-ди выплавил треножник; Беседка винного аромата, построенная на том самом месте, где У-ди, император династии Хань, обрел чудодейственное вино; Беседка стихов, где остались следы пребывания бессмертного Люя; Колодец Лю И – место, где дочь дракона – правителя озера Дунтинху передала Лю И доклад для дракона.

Простившись с монахом, Ван вместе с Хуэйфэн прошли мимо кельи настоятеля на Террасу Сяньюаня. Там, облокотившись на перила, они любовались прелестью вида безбрежной глади озера, сливавшейся с небом. Затем, пройдя немного влево, они очутились возле Беседки винного аромата. Поднявшись на гору с левой стороны от входа в монастырь, они зашли в Беседку стихов и оттуда спустились вниз к Колодцу Лю И. Рядом с колодцем находилась Беседка передачи доклада, а перед самой беседкой протекал Ручей колючих мандаринов. Так вот, гуляя, они побывали в этих и других известных местах. Когда они уже спустились к подножию горы, они заметили какого-то высокого человека весьма воинственного вида. Хуэйфэн попыталась укрыть свое лицо от постороннего взгляда, но деваться ей было некуда. Мужчина явно обратил на нее внимание. Не отрывая от Хуэйфэн глаз, разглядывая ее с ног до головы, незнакомец шел следом за ней и Ваном. Странное поведение мужчины заставило их ускорить шаг. Они были уже у озера и почти подошли к своей лодке, как вдруг незнакомец свистнул. В ответ ему с джонки, что стояла неподалеку, затрубили, и тотчас из той джонки выбежало человек двадцать рослых молодцов.

– Возьмите ее и доставьте к нашему предводителю! – распорядился мужчина, следовавший за Ваном и Хуэйфэн.

Люди тут же, словно соколы на пташку, набросились на Хуэйфэн, схватили ее, унесли на джонку, подняли паруса и уплыли.

Крик отчаяния вырвался у сюцая Вана: разбойничьих станов в районах вокруг озера было невесть сколько – поди знай, кто

多，竟不知是那一处的强人弄的去了。凄凄惶惶，双出单回，甚是苦楚。正是：

不知精爽落何处，
疑是行云秋水中。

汪秀才眼看爱姬失去，难道就是这样罢了？他是个有擘划的人，即忙着人四路找听。是省府州县闹热市镇去处，即贴了榜文："但有知风来报的，赏银百两。"各处传遍道："汪家失了一妾，出着重赏招票。"

从古道："重赏之下，必有勇夫。"汪秀才一日到省下来，有一个都司向承勋，是他的相好朋友，摆酒在黄鹤楼请他。饮酒中间，汪秀才凭栏一望，见大江浩渺，云雾苍茫，想起爱妾回风，不知在烟水中那一个所在，投袂而起，亢声长歌苏子瞻《赤壁》之句云：

именно увез красавицу! Можно себе представить, что должен был в этот момент переживать Ван. Вот уж поистине,

Бодрость, душевный подъем
сдуло, как ветром нежданным;
Казалось ему, что бредет
в тумане, в густых облаках.

Но не мог сюцай Ван просто так, будто ничего и не случилось, смириться с тем, что потерял свою любимую. Человек он был находчивый и тут же разослал своих людей на розыски; одновременно в провинциальном, областном и уездном городах, а также во всех населенных местах этой округи были расклеены объявления, что, мол, тот, кто сообщит весть о пропавшей, получит в награду сто ланов серебром. Повсюду только и говорили, что у Вана пропала наложница и он дает большую награду тому, кто сможет сообщить, где она. А ведь издревле говорят:

Отважные всегда найдутся —
Приличная была б награда!

Как-то раз, когда Ван приехал в главный город провинции, в Учан, его старый знакомый и хороший друг Сян Чэнсюнь, который в то время был командующим войсками района, устроил в честь Вана пир на Башне желтых журавлей. Во время пира Ван вдруг поднялся, облокотился на перила и стал глядеть вдаль. Бесконечный простор речных вод, седые туманы, стелющиеся вокруг, навели его на мысль о том, что где-то здесь, среди этих вот туманов и вод, обитает его любимая Хуэйфэн. Но где? Тряхнув в досаде рукавами, он выпрямился и громким голосом стал скандировать строки из «Оды Красной стене» Су Ши:

渺渺兮予怀，
望美人兮天一方。

歌之数回，不觉潸然泪下。向都司看见，正要请问，旁边一个护身的家丁慨然向前道："秀才饮酒不乐，得非为家姬失去否？"汪秀才道："汝何以知之？"家丁道："秀才遍榜街衢，谁不知之？秀才但请与我主人尽欢，管还秀才一个下落。"汪秀才纳头便拜，道："若得知一个下落，百觥也不敢辞。"向都司道："为一女子，直得如此着急？且满饮三大卮，教他说明白。"汪秀才即取大卮过手，一气吃了三巡。再斟一卮，奉与家丁道："愿求壮士明言，当以百金为寿。"家丁道："小人是兴国州人，住居阖闾山下，颇知山中柯陈家事体。为头的叫做柯陈大官人。有几个兄弟，多有勇力，专在江

О, как далеки,
    далеки мечты мои!
О, как человека прекрасного видеть
    хотелось бы мне,
        но он на другом конце неба!

Несколько раз он повторил эти строки, и слезами наполнились его глаза. Заметив, как удручен гость, Сян Чэнсюнь только хотел было задать ему вопрос о том, что его тревожит, как вдруг вперед выступил один из слуг-телохранителей Сян Чэнсюня и обратился к Вану:

— Вы, господин, изволите за вином предаваться печали. Уж не из-за того ли, что потеряли наложницу?

— Откуда тебе это известно?! — удивился Ван.

— Да кто же об этом не знает?! Вы ведь повсюду расклеили объявления, — ответил телохранитель. — Прошу вас, — продолжал он, — пейте вволю с моим господином, а о том, где она, не беспокойтесь — ручаюсь, что вы будете знать.

Ван стал ему земно кланяться, говоря:

— Если услышу, где она, то и от ста чар не посмею отказаться.

— Стоит ли из-за женщины так волноваться! Прошу вас выпить три полных кубка, — вмешался хозяин, обращаясь к Вану, и, показав на своего телохранителя, добавил: — А он пусть толком расскажет, что и как.

Ван взял большой кубок, трижды наполнил его и трижды осушил, затем снова наполнил и поднес кубок телохранителю.

— Прошу вас, уважаемый, — обратился к нему Ван, — рассказать мне, что вам известно об этом, и в знак благодарности я охотно поднесу вам сто ланов золотом.

— Видите ли, я сам из района Сингочжоу, живу там в горах Хэлюйшань, и потому мне кое-что известно о Кэ Чэнях, — заговорил телохранитель. — Во главе у них сейчас так называемый

湖中做私商勾当。他这一族最大。江湖之间，各有头目，惟他是个主。前日闻得在岳州洞庭湖劫得一美女回来，进与大官人，甚是快活，终日饮酒作乐。小人家里离他不上十里路，所以备细得知。这个必定是秀才家里小娘子了。"汪秀才道："我正在洞庭湖失去的，这消息是真了。"向都司便道："他这人慷慨好义，虽系草窃之徒，多曾与我们官府往来，上司处也私有进奉。盘结深固，四处响应，不比其他盗贼，可以官兵缉拿得的。若是尊姬被此处弄了去，只怕休想再合了。天下多美妇人，仁兄只宜丢开为是。且自畅饮，介怀无益。"汪秀才道："大丈夫生于世上，岂有爱姬被人所据，既已知下落，不能用计夺转来的？某虽不才，誓当返此姬，以博一笑。"向都

Кэ Чэнь Старший. У него есть несколько братьев. Это люди отважные, сильные, и занимаются они контрабандной торговлей и вообще разными противозаконными делами. Из всех родов их род самый большой, и главари разных шаек, которых полно в районе здешних рек и озер, все подчиняются Кэ Чэню Старшему. До меня дошел слух, что несколько дней назад в городе Юэчжоу на озере Дунтинху у кого-то отняли красавицу и привезли ее Кэ Чэню Старшему. Тот был очень доволен и целыми днями пил и веселился по этому поводу. Дом мой находится всего в каких-то десяти ли от дома Кэ Чэней, вот почему мне и известны эти подробности. Думаю, что красавица, которую привезли Кэ Чэню, не кто иная, как ваша наложница.

— Похоже, что она, — проговорил Ван. — Я потерял ее именно на Дунтинху.

— Но имейте в виду, что Кэ Чэнь Старший обладает высоким чувством товарищества и долга, — заметил командующий войсками. — И несмотря на то что это в общем-то разбойник, он поддерживает добрые отношения с нами и даже подносит дары стоящим выше нас начальникам. Корни он пустил здесь глубокие, обосновался крепко, и на его зов немедленно откликаются все шайки вокруг. Этот не из тех грабителей, на которых можно послать правительственные войска и так просто схватить. Если только наложницу вашу похитил именно он, то вряд ли вам удастся соединиться с ней вновь. Да и вообще на свете столько красивых женщин! Так что мой вам совет, забудьте об этом, пейте спокойно, ибо бесполезно в данном случае лелеять в душе какие-то надежды.

— Чтобы у мужчины, живого, украли любимую и чтобы он, узнав, где она находится, не предпринял чего-нибудь и не смог бы ее вернуть! Нет, не могу этого понять! — разразился в ответ Ван. — Пусть я и бесталанный, но, клянусь, верну ее обратно, хотя бы улыбки одобрения ради.

司道："且看仁兄大才。谈何容易？"当下汪秀才放下肚肠，开怀畅饮而散。

次日，汪秀才即将五十金送与向家家丁，以谢报信之事。就与都司讨此人去做眼，事成之后，再奉五十金，以凑百两。向都司笑汪秀才痴心，立命家丁到汪秀才处，听凭使用，看他怎么作为。家丁接了银子，千欢万喜，头颠尾颠，巴不得随着他使唤了。就向家丁问了柯陈家里弟兄名字。

汪秀才胸中算计已定，写下一状，先到兵巡衙门去告。兵巡看状，见了柯陈大等名字，已自心里虚怯，对这汪秀才道："这不是好惹的。你无非只为一妇女小事，我若行个文书下去，差人拘拿对理，必要激起争端，致成大祸，决然不可。"汪秀才道："小生但求得一纸牒文，自会去与他讲论曲直，取讨人口。不须大人的公差，也不到得与他争竞，大人可以放心。"兵巡见他说得容易，便道："牒文不难。即将汝状判

– Легко сказать! – вырвалось у командующего. – Не представляю, что вы сможете сделать даже при всех ваших дарованиях.

Но тут сюцай Ван спокойно принялся за вино. Гость и хозяин пили непринуждённо и вскоре расстались.

На следующий день Ван передал телохранителю Сян Чэнсюня пятьдесят ланов золотом и сказал, что остальные пятьдесят поднесёт ему, когда они покончат с делом, а самого Сян Чэнсюня тут же попросил дать ему в помощь его телохранителя. Командующий войсками только посмеялся над наивностью Вана, но телохранителю немедля приказал:

– Поступай в распоряжение сюцая Вана. Посмотрим, что он предпримет.

Телохранитель был чрезвычайно доволен, что получил столько денег, и теперь ему и самому захотелось потрудиться на Вана. Ван, оказывается, уже всё прикинул и рассчитал. Поэтому, узнав у телохранителя, как зовут братьев Кэ Чэней, он прежде всего написал на них жалобу и подал её в военно-следственный инспекторат провинции. Просматривая жалобу, инспектор увидел, что обвиняются в ней Кэ Чэнь Старший и его братья, и боязливое чувство нерешительности охватило его.

– Таких людей, как они, почём зря, знаете, задевать не станешь, – сказал инспектор Вану. – А дело-то у вас всего из-за какой-то женщины, – продолжал он. – Если я направлю людей с бумагой, чтобы взять братьев и доставить сюда для разбирательства, непременно возникнет конфликт, который разрастётся в большую беду. Нет, этого допустить я не могу.

– Мне нужна лишь бумага о том, что жалоба принята к разбирательству, – отвечал Ван. – А там я сам буду с ними вести разговор, кто прав, кто не прав, и требовать возвращения наложницы. Мне не нужны от вас ни люди, ни что другое. Не беспокойтесь – я не доведу дело до столкновения.

– Что ж, бумагу выдать нетрудно, – заявил инспектор, видя,

准，排号用印，付汝持去就是了。"汪秀才道："小生之意，也只欲如此，不敢别求多端。有此一纸，便可了一桩公事来回覆。"兵巡似信不信，分付该房如式端正，付与汪秀才。

汪秀才领了此纸，满心欢喜，就像爱姬已取到手了一般的，来见向都司道："小生状词已准，来求将军助一臂之力。"都司摇头道："若要我们出力添拨兵卒，与他厮斗，这决然不能的。"汪秀才道："但请放心，多用不着，我自有人。只那平日所驾江上楼船，要借一只；巡江哨船，要借二只；与平日所用伞盖、旌旗、冠服之类，要借一用。此外不劳一个兵卒相助，只带前日报信的家丁去就勾了。"向都司道："意欲何为？"汪秀才道："汉家自有制度，此时不好说得，做出便见。"向都司依言，尽数借与汪秀才。汪秀才大喜，罄备了一个多月粮食，唤集几十个家人，又各处借得些号衣，多打扮了军士，一齐到船上去，撑驾开江。鼓吹喧阗，竟像武官出汛一般。有诗为证：

что сам Ван не придает особого значения делу. – Будем считать, что я принял жалобу. Вам выдадут бумагу за должным номером и с печатью.

– Только это я и имел в виду. О большем и не посмел бы просить, – отвечал Ван. – С вашей бумагой я поеду и улажу дело, а затем вернусь доложить вам.

Нельзя сказать, чтобы инспектор поверил в его слова, однако велел выдать сюцаю должным образом оформленную бумагу. С этой грамотой, довольный, словно он уже вернул себе свою любимую, сюцай явился к командующему войсками.

– Моя жалоба принята, – сообщил ему Ван. – И вот я пришел просить помощи у вас.

– Если речь о посылке войск, чтобы сражаться с ними, ничем помочь не могу, – отрезал командующий.

– Не беспокойтесь, ничего такого мне не требуется: люди у меня у самого есть, – заверил Ван. – Я хотел просить вас одолжить мне ваш ярусный корабль и две дозорные лодки. Кроме того, я хотел бы воспользоваться вашим платьем, шапкой и всем тем, во что вы облачаетесь при выезде, – вот, собственно, и все. Ни один воин из вашего войска мне не нужен; меня вполне удовлетворит, если я возьму с собой вашего телохранителя – того, который сообщил мне о Кэ Чэнях.

– Что же вы намерены делать?

– Кое-какие планы у меня есть, но говорить о них сейчас вряд ли стоит – увидите потом.

Командующий войсками предоставил в распоряжение Вана все, что тот просил. Ван был очень доволен. Он заготовил провианта примерно на месяц и раздобыл форменную одежду воинов для нескольких десятков своих слуг, которых вызвал сюда. Переодевшись, все они во главе с Ваном направились к реке. Загремели барабаны, затрубили трубы, словно какой-то военачальник выезжает на инспекцию, и они двинулись в путь.

舳舻千里传赤壁，
此日江中行画鷁。
将军汉号是楼船，
这回投却班生笔。

汪秀才驾了楼船，领了人从，打了游击牌额，一直行到阖闾山江口来。未到岸四五里，先差一只哨船，载着两个人前去，——一个是向家家丁，一个是心腹家人汪贵。——拿了一张硬牌，去叫齐本处地方居民，迎接新任提督江洋游击。就带了几个红帖，把汪姓去了一画，帖上写名江万里，竟去柯陈大官人家投递。几个兄弟，每人一个帖子，说新到地方的官，慕大名就来相拜。两人领命去了。汪秀才分付船户，把船漫漫自行。

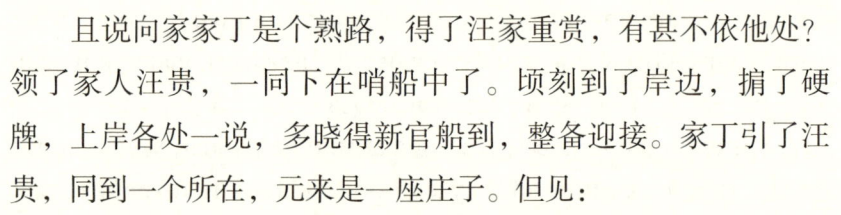

且说向家家丁是个熟路，得了汪家重赏，有甚不依他处？领了家人汪贵，一同下在哨船中了。顷刻到了岸边，掮了硬牌，上岸各处一说，多晓得新官船到，整备迎接。家丁引了汪贵，同到一个所在，元来是一座庄子。但见：

Стихи гласят:

На тысячи ли растянулись суда
   в сраженье у Красной стены;
Ныне ж украшенный птицей корабль
   один лишь несется по глади реки.
Ведет свое судно он смело вперед,
   как славный морской генерал;
Словно Бань Чао, отбросивши кисть,
   с оружьем на подвиг он ратный спешит.

Итак, сюцай Ван во главе своих людей на корабле с опознавательными знаками младшего заместителя командующего войсками района направился к горам Хэлюйшань. В четырех или пяти ли от них Ван велел замедлить ход и предоставить кораблю самому плыть по течению, а вперед выслал двух человек на дозорной лодке. Один из них был телохранитель Сян Чэнсюня, другой – доверенный слуга сюцая Вана – Ван Гуй. Им надлежало, как это было принято, поехать вперед с вестовой дощечкой предупредить людей на месте, чтобы там готовились к встрече прибывающего с инспекцией нового заместителя командующего войсками района. При этом Ван дал им с собой несколько карточек, на которых он именовал себя Цзян Ваньли, и приказал, чтобы они оставили по карточке каждому из братьев, а на словах передали бы им, что, мол, новый начальник много наслышан о них и потому сам явится к ним с визитом.

Вскоре телохранитель и Ван Гуй добрались до берега. Ван Гуй взял на плечи вестовую дощечку и последовал за телохранителем известной тому дорогой. По пути они всюду предупреждали, что скоро прибудет новый начальник, и люди готовились встречать его.

И вот телохранитель и Ван Гуй очутились возле усадьбы

冷气侵人,寒风扑面。三冬无客过,四季少人行。团团苍桧若龙形,郁郁青松如虎迹。已升红日,庄门内鬼火荧荧;未到黄昏,古涧边悲风飒飒。盆盛人酢酱,板盖铸钱炉。蓦闻一阵血腥来,元是强人居止处。

家丁原是地头人,多曾认得柯陈家里的,一径将帖儿进去报了。柯陈大官人认得向家家丁是个官身,有甚么疑心?与同兄弟柯陈二、柯陈三等会集,商议道:"这个官府,甚有吾每体面。他既以礼相待,我当以礼接他。而今吾每办了果盒,带着羊酒,结束鲜明,一路迎将上去。一来见我每有礼体,二来显我每弟兄有威风。看他举止如何,斟酌待他的厚薄就是了。"商议已定,外报:"游府船到江口,一面叫轿夫打轿拜客,想是就起来了。"柯陈弟兄果然一齐戎装,点起二三十名喽啰,牵羊担酒,擎着旗幡,点着香烛,迎出山来。

汪秀才船到泊里,把借来的纱帽红袍穿着在身,叫齐轿夫,四抬四插,抬上岸来。先是地方人等声喏已过,柯陈兄弟站着两傍,打个躬,在前引导。汪秀才分付一径抬到柯陈家庄上来。抬到厅前,下了轿。柯陈兄弟忙掇一张坐椅,摆在中

братьев Кэ Чэней. Как местный житель, телохранитель был знаком кое с кем из дома Кэ Чэней, поэтому он прямо зашел внутрь, передал визитные карточки и просил доложить о себе.

Кэ Чэнь Старший знал телохранителя в лицо, слышал, что тот находится на службе у командующего районом, поэтому, ничего особенного не заподозрив, он призвал братьев – Кэ Чэня Второго и Кэ Чэня Третьего – и стал с ними держать совет.

– Начальник этот проявил достаточно такта по отношению к нам, – говорил Кэ Чэнь Старший. – И раз он считается с нами, то и нам следует отнестись к нему с подобающей вежливостью и должным уважением. Думаю, что надобно приготовить фрукты и сладости, прихватить ягнят и вино, приодеться и идти ему навстречу. Этим мы прежде всего покажем, что знаем, как себя держать, а кроме того, дадим ему возможность убедиться, что и мы кое-что собой представляем. А там посмотрим, как он будет вести себя, соответственно и определим свое отношение к нему.

На этом братья и порешили. Тем временем доложили, что корабль заместителя командующего пристал к берегу, что там готовят паланкин для визита и что, по-видимому, начальник вот-вот прибудет. Братья переоделись в боевую одежду, отобрали человек тридцать своих молодцов, захватили с собой ягнят, вино и под развернутыми стягами, с зажженными курильными свечами направились встречать начальство.

Сюцай Ван, корабль которого пристал к причалу, надел на себя черную шапку, облачился в красный халат, и носильщики вынесли его в паланкине на берег. Там прежде всего его приветствовали представители этого местечка, а затем, стоя чуть в стороне, ему поклонились братья Кэ Чэни. Когда же Ван приказал направиться прямо в усадьбу к Кэ Чэням, то они пошли впереди, ведя всех за собой и указывая путь. Перед входом в гостиный зал Ван сошел с паланкина. Братья тут же поставили ему кресло посредине зала.

间。柯陈大开口道:"大人请坐,容小兄弟拜见。"汪秀才道:"快不要行礼。贤昆玉多是江湖上义士好汉,下官未任之时,闻名久矣。今幸得守此地方,正好与诸公义气相与,所以特来奉拜。岂可以官民之礼相拘?只是个宾主相待,倒好久长。"柯陈兄弟跪将下去。汪秀才一手扶起,口里连声道:"快不要这等。吾辈豪杰,不比寻常,决不要拘于常礼。"柯陈兄弟谦逊一回,请汪秀才坐了,三人侍立。汪秀才急命取坐来,分左右而坐。柯陈兄弟道游府如此相待,喜出非常,急忙治酒相款。汪秀才解带脱衣,尽情欢宴,猜拳行令,不存一毫形迹。行酒之间,说着许多豪杰勾当,掀拳裸袖,只恨相见之晚。柯陈兄弟不唯心服,又且感恩,多道:"若得恩府如此相

— Просим вас, господин начальник, сесть и позволить нам земно поклониться вам, — заговорил Кэ Чэнь Старший, обращаясь к Вану.

— Нет, нет, к чему эти поклоны, — отвечал Ван, — ведь вы все, уважаемые, являетесь доблестными мужами, выдающимися среди людей вольного образа жизни. Я слышал о вас еще до того, как получил должность. А ныне мне повезло быть назначенным сюда, и я счел это удачным случаем, чтобы познакомиться и подружиться с вами, поэтому и приехал с визитом. Могу ли я позволить, чтобы вы приветствовали меня как подчиненные? Нет, лучше и прочнее будут наши отношения, если мы станем держаться как гости и хозяева.

Но братья Кэ Чэни все же опустились на колени.

— Не нужно, прошу вас, — говорил Ван, спеша поднять их с колен. — Мы ведь с вами не из тех людей, которым приличествует сковывать себя казенными церемониями.

Долг вежливости не позволял братьям согласиться с Ваном, но Ван настаивал на своем. В конце концов они упросили Вана сесть, а сами все-таки стали в стороне. Тогда Ван велел принести сиденья и усадил братьев рядом с собой. Такая обходительность по отношению к ним привела братьев в восторг. Они тут же распорядились, чтобы подали вино, и стали потчевать гостя. Сюцай Ван, сняв с себя чиновничий пояс и халат, весело и непринужденно пил; они играли в пальцы, в другие застольные игры — словом, развлекались без всякого стеснения, как равные, свои. То один, то другой — они рассказывали о разных похождениях отменных удальцов, в увлечении засучи вали рукава, размахивали кулаками. Под конец они стали сожалеть о том, что не довелось встретиться раньше.

Братья Кэ Чэни не только прониклись уважением к Вану, но и были благодарны ему за то, что он оказал им такую честь.

— Коль вы так относитесь к нам, мы готовы со всей искренно-

待，我辈赤心报效，死而无怨。江上有警，一呼即应，决不致自家作孽，有负恩府青目。"汪秀才听罢，越加高兴，接连百来巨觥，引满不辞。自日中起，直饮至半夜，方才告别下船。

此一日算做柯陈大官人的酒。第二日就是柯陈二做主，第三日就是柯陈三做主，各各请过。柯陈大官人又道："前日是仓卒下马，算不得数。"又请吃了一日酒，俱有金帛折席。汪秀才多不推辞，欣然受了。

酒席已完，回到船上。柯陈兄弟，多来谢拜。汪秀才留住在船上，随命治酒相待。柯陈兄弟推辞道："我等草泽小人，承蒙恩府不弃，得献酒食，便为大幸，岂敢上叨赐宴？"汪秀才道："礼无不答。难道只是学生叨扰，不容做个主人还

стью служить вам и не будем сетовать, если ради этого придется даже умереть, – говорили они. – Во всяком случае, знайте, если что-нибудь где-либо произойдет, мы откликнемся на первый же ваш зов; сами же, памятуя о вашем благорасположении к нам, не будем позволять себе ничего лишнего.

Подобные заверения еще больше приподняли настроение Вана, и он, не отказываясь, осушал один преподносимый ему кубок за другим.

Так они пили с полудня до полуночи, и лишь тогда Ван простился и вернулся к себе на корабль.

Посчитали, что в первый день угощал Кэ Чэнь Старший, поэтому на второй день устроил пиршество Кэ Чэнь Второй, а на третий – Кэ Чэнь Третий. Затем Кэ Чэнь Старший заявил, что первый день, мол, не в счет, так как потчевали Вана наспех, когда он, как говорится, «едва успел сойти с коня», и снова задал пир в честь гостя. Теперь уже, как иногда принято, под видом «взамен пиршеств, которые должны были состояться», подносили Вану денежные подарки. Ван как ни в чем не бывало с довольным видом принимал их.

После пиршеств у себя дома братья Кэ Чэни нанесли визит на корабль, извиняясь перед Ваном за возможно допущенные оплошности. Ван не отпустил их сразу, а приказал подать им вино и яства, однако братья отказывались.

– Мы, ничтожные люди дикой глуши, почитаем за счастье уже то, что вы оказали нам честь и соблаговолили дозволить попотчевать вас чаркой вина, – говорили они. – Но чтобы вы доставляли себе беспокойство угощать нас – нет, не смеем!

– Да где же это видано, чтобы на привет не ответить приветом?! – возражал Ван. – Неужели мне дозволяется только беспокоить вас и не дозволено быть хозяином – в свою очередь, потчевать вас? Тем более, – продолжал Ван, – что мы ведь уже говорили, что в наших отношениях мы не должны придержи-

席的？况我辈相与，不必拘报施常规。前日学生到宅上就是诸君作主；今日诸君见顾，就是学生做主。逢场作戏，有何不可？"柯陈兄弟不好推辞，早已排上酒席，摆设已完。汪秀才定席已毕，就有带来一班梨园子弟上场做戏，做的是《桃园结义》、《千里独行》许多豪杰襟怀的戏文。柯陈兄弟多是山野之人，见此花哄，怎不贪看？岂知汪秀才先已密密分付行船的，但听戏文锣鼓为号，即便觑地开船，趁着月明，沿流放去，缓缓而行，要使舱中不觉。行来数十馀里，戏文方完。兴未肯阑，仍旧移席团坐，飞觞行令。乐人清唱，劝酬大乐。

汪秀才晓得船已行远，方发言道："学生承诸君见爱，如此倾倒，可谓极欢。但胸中有一件小事，甚不便于诸君，要与诸君商量一个长策。"柯陈兄弟愕然道："不知何事，但请

ваться обыденных церемоний и считаться, кто сколько дал, кто чем ответил. Тогда я явился к вам и вы были хозяевами, сегодня вы соизволили посетить меня, значит, хозяин я. Случай есть, а препятствий я не вижу.

После таких слов Кэ Чэням было неудобно отказываться. Тем временем все уже было подано, и Ван пригласил всех занять места. Труппа актеров, которую Ван прихватил с собой, стала готовиться к представлениям. Они играли «Братание в персиковом саду», «Тысячу ли проходит один» и другие пьесы, в которых рассказывалось о жизни и приключениях известных героев.

Братья Кэ Чэни, люди из горной глуши, которым редко удавалось видеть что-либо подобное, разумеется, заглянулись – их целиком захватила игра актеров. Оказывается, сюцай Ван заранее дал указание своим людям, чтобы они тихонько отчаливали, как только услышат гонги и барабаны театрального представления. При этом Ван велел пустить корабль незаметно, чтобы он плыл при луне вниз по течению своим ходом – так, чтобы сидящие в каютах гости не почувствовали, что корабль тронулся. Корабль успел уже пройти не один десяток ли к тому времени, когда закончилось театральное представление. Однако настроение веселиться еще не было исчерпано. И хозяин и гости сдвинули ближе друг к другу свои столы, вновь принялись пить и играть в застольные игры. Актеры пели уже без аккомпанемента и потчевали пирующих.

Ван прикинул, что корабль его теперь уже далеко от места стоянки, и со следующими словами обратился к Кэ Чэням:

– Я рад, я счастлив наблюдать, как вы благорасположены ко мне, но у меня есть одно небольшое дело, не очень приятное для вас. И вот я хотел бы об этом деле посоветоваться с вами, чтобы найти наиболее приемлемое решение.

Братья оторопели.

– Что за дело? – спросил наконец один из них. – Просим вас

恩府明言，愚兄弟无不听令。"汪秀才叫从人掇一个手匣过来，取出那张榜文来，捏在手中，问道："有一个汪秀才告着诸君，说道劫了他爱妾，有此事否？"柯陈兄弟两两相顾，不好隐得。柯陈大回言道："有一女子，在岳州所得，名曰回风，说是汪家的。而今见在小人处，不敢相瞒。"汪秀才道："一女子是小事。那汪秀才是当今豪杰，非凡人也。今他要去上本，奏请征剿，先将此状告到上司。上司密行此牒，托与学生勾当此事。学生是江湖上义气在行的人，岂可兴兵动卒，前来搅扰？所以邀请诸君到此，明日见一见上司，与汪秀才质证那一件公事。"柯陈兄弟见说，惊得面如土色，道："我等岂可轻易见得上司？一到公庭，必然监禁，好歹是死了！"人人思要脱身，立将起来推窗一看，大江之中，烟水茫茫，既无舟

сказать прямо. Мы полностью к вашим услугам.

Тогда Ван распорядился, чтобы принесли шкатулку, вынул оттуда одно из тех объявлений, какие он велел расклеивать повсюду, и, держа бумагу перед братьями, объяснил:

— Этот вот сюцай Ван подал на вас жалобу, что вы якобы увели у него наложницу. Так ли это на самом деле? — спросил он под конец.

Братья поглядели один на другого. Отпираться было неудобно, и Кэ Чэнь Старший ответил:

— Есть одна женщина, которую привезли из города Юэчжоу. Зовут ее Хуэйфэн, и она говорит, что она из дома некоего Вана. Не посмею скрывать, что женщина эта сейчас находится у меня.

— Что до женщины, то ладно — дело небольшое. Но вот сам сюцай Ван не какой-нибудь там заурядный человек, а один из выдающихся людей нашего времени. Он собирается писать в столицу, с тем чтобы организовали против вас карательный поход. Поэтому предварительно он подал на вас жалобу на месте. И вот начальство мое секретно вручило мне грамоту о принятии жалобы и привлечении ответственных за преступление, с тем чтобы я занялся этим делом. Но я-то не бездушный человек и кое в чем разбираюсь. Поэтому я решил не являться сюда с войском, чтобы не потревожить вас, и именно имел в виду пригласить вас на корабль побеседовать, а затем представить вас начальству и устроить вам очную ставку с сюцаем Ваном по поводу этого дела.

Услышав такое, братья Кэ Чэни изменились в лице.

— Нет, нельзя нам без причины являться к начальству, — возразил один из них. — Очутись там — упрячут в тюрьму, и конец.

Не сговариваясь, братья разом поднялись, распахнули окно каюты и увидели, что находятся посреди реки. Вокруг не было ни одной лодки, катились лишь волны и стлался туман, через который даже не видно было берегов. Дом их остался далеко по-

楫，又无崖岸，巢穴已远，救应不到，再无个计策了。正是：

有翅膀飞腾天上，
有鳞甲钻入深渊。
既无窟地升天术，
目下灾殃怎得延？

柯陈兄弟明知着了道儿，一齐跪下道："恩府救命则个。"汪秀才道："到此地位，若不见官，学生难以回覆；若要见官，又难为公等。是必从长计较，使学生可以销得此纸，就不见官罢了。"柯陈兄弟道："小人愚昧，愿求恩府良策。"汪秀才道："汪生只为一妾着急。今莫若差一只哨船，飞棹到宅上，取了此妾来船中。学生领去，当官交付还了他，这张牒文可以立销，公等可以不到官了。"柯陈兄弟道："这个何难？待写个手书与当家的做个执照，就取了来了。"汪秀

зади, рассчитывать на помощь не приходилось, и братья ничего не могли предпринять. Вот уж поистине,

С крыльями –
в небо взлетишь;
С панцирем –
в землю уйдешь.
Но если взлететь не дано,
провалиться сквозь землю нельзя,
То как же тогда избежать
нагрянувшей страшной беды?!

Братья поняли, что попались в ловушку. Они опустились перед Ваном на колени и в один голос взмолились:

– Просим, выручите нас!

– При сложившихся обстоятельствах, если вы не предстанете перед начальством, то мне не отчитаться, – сказал им Ван. – С другой стороны, – продолжал он, – я понимаю, если вы явитесь туда, то вам несдобровать. Тут надо подумать и обсудить, как сделать, чтобы я мог возвратить грамоту и отчитаться. Тогда я не стану настаивать на том, чтобы вы сами явились к начальнику.

– Мы люди несмышленые, целиком полагаемся в этом деле на ваши соображения, – отвечали братья.

– Сюцая Вана в этом деле волнует только его наложница. Поэтому если бы мы сейчас послали к вам дозорную лодку, привезли бы сюда эту женщину и я при начальнике возвратил бы ее сюцаю Вану, то с этой бумагой, да и вообще со всем делом было бы покончено, ну а тогда незачем будет вам и являться к начальству. Что скажете?

– Что ж, это нетрудно, – отвечал Кэ Чэнь Старший. – Я напишу записку своим, и женщина будет здесь.

才道："事不宜迟，快写起来。"柯陈大写下执照，汪秀才立唤向家家丁与汪贵两个到来，他一个是认得路的，一个是认得人的，悄地分付，付与执照，打发两只哨船一齐棹去，立等回报。船中且自金鼓迭奏，开怀吃酒。柯陈兄弟见汪秀才意思坦然，虽觉放下了些惊恐，也还心绪不安，牵筋缩脉。汪秀才只是一味豪兴，谈笑洒落，饮酒不歇。

候至天明，两只哨船已此载得回风小娘子飞也似的来报。汪秀才立教请过船来。回风过船，汪秀才大喜，叫一壁厢房舱中去。一壁厢将出四锭银子来，两个去的人各赏一锭，两船上各赏一锭，众人齐声称谢。

分派已毕，汪秀才再命斟酒三大觥，与柯陈兄弟作别道："此事已完，学生竟自回覆上司，不须公等在此了。就此请回。"柯陈兄弟感激，称谢救命之恩。汪秀才把柯陈大官人须髯捋一捋道："公等果认得汪秀才否？我学生便是。那里是甚么新升游击？只为不舍得爱妾，做出这一场把戏。今爱妾仍

— Пишите сейчас же, медлить нельзя.

Кэ Чэнь Старший тут же написал записку, а Ван призвал телохранителя и Ван Гуя – благо, один знал, как добраться до дома Кэ Чэней, а другой знал в лицо Хуэйфэн. Тихо, чтобы другие не слышали, Ван что-то сказал им, передал записку и затем уже во всеуслышание приказал им отправиться к Кэ Чэням на двух дозорных лодках. Им было велено не задерживаться – забрать женщину, сразу же возвращаться и доложить об исполнении приказа.

На корабле опять заиграла музыка, и люди снова принялись за вино. Видя, что Ван держит себя как ни в чем не бывало, братья немного успокоились. Но все же душа у них была не на месте. Ну а сам Ван пребывал в прекрасном, приподнятом настроении, пил одну чарку за другой и непрестанно разговаривал и шутил с гостями.

На рассвете обе лодки, на одной из которых была Хуэйфэн, подошли к кораблю. Вану об этом тут же доложили. Радостный, он велел Хуэйфэн подняться на корабль, пройти в отведенную для нее каюту и тут же приказал вынести четыре слитка серебра. По слитку досталось в награду телохранителю и Ван Гую и по слитку людям на обеих дозорных лодках. Награжденные стали благодарить Вана, а он тем временем распорядился, чтобы братьям Кэ Чэням поднесли по большому кубку вина.

— Итак, с делом покончено, — произнес Ван, обращаясь к братьям. — Теперь я сам доложу обо всем начальству, а вы можете возвращаться к себе.

Братья благодарили его, говоря, что он спас их. Тогда Ван подергал Кэ Чэня Старшего за усы и спросил:

— А вы и все ваши, знаете ли вы сюцая Вана? — и продолжал: — Так это я и есть, и никакой я не заместитель командующего. Мне просто жалко было расставаться с любимой наложницей, вот я и устроил такое представление. Но теперь эта женщина

归于我，落得与诸君游宴数日，备极欢畅，莫非结缘？多谢诸君，从此别矣。"柯陈兄弟如梦初觉，如醉方醒，才放下心中挖搭，不觉大笑道："元来秀才诙谐至此！如此豪放不羁，真豪杰也。吾辈粗人，幸得陪侍这几日，也是有缘。小娘子之事，失于不知，有愧！有愧！"各解腰间所带银两出来，约有三十馀两，赠与汪秀才道："聊以赠小娘子添妆。"汪秀才再三推却不得，笑而受之。柯陈兄弟求差哨船一送。汪秀才分付送至通岸大路，即放上岸。柯陈兄弟殷勤相别，登舟而去。

汪秀才房舱中唤出回风来，说前日惊恐的事。回风呜咽告诉。汪秀才道："而今仍归吾手，旧事不必再提，且吃一杯酒压惊。"两人如渴得浆，吃得尽欢，遂同宿于舟中。

次日起身，已到武昌码头上。来见向都司，道："承借船只家伙等物，今已完事，一一奉还。"向都司道："尊姬已如

снова со мной, а я сам получил огромное удовольствие от того, что провел ряд дней за пиршеством с вами, братьями. Видимо, так уж было суждено. Благодарю вас, и прощайте.

Тут братья словно пробудились ото сна, и на сердце у них словно развязался запутанный узел.

– Ну и шутник же вы! – говорили они, громко смеясь. – Поистине вольная, не знающая удержу натура, поистине герой! Мы, грубые, неотесанные люди, почитаем для себя за счастье, что довелось провести эти дни с вами! Да, видно судьба! – восклицали они. – А что касается вашей наложницы, то, простите, не знали. Стыдимся, стыдимся. – При этом братья стали выкладывать серебро, которое у них случайно оказалось при себе. Набралось ланов тридцать, и они поднесли все, что набрали, Вану, говоря:

– Пусть это будет на пудру вашей красавице.

Ван упорно отказывался, но в конце концов, рассмеявшись, принял подарок. Братья попросили, чтобы их отправили на дозорной лодке на берег, и Ван распорядился доставить их к месту, где проходит проезжая дорога. Братья Кэ Чэни простились и уехали.

Возвратясь к себе, Ван позвал Хуэйфэн. Плача, она стала ему рассказывать о напугавшем ее насмерть происшествии.

– Ладно, теперь ты снова со мной, и незачем вспоминать о том, что уже миновало, – говорил он. – Выпей-ка лучше чарку вина и успокойся.

Ван и Хуэйфэн вволю пили, чувствовали себя так, словно в самую жажду им поднесли освежающего отвара. На следующее утро, когда они поднялись, корабль стоял уже на пристани в Учане.

Сойдя с корабля, Ван направился прямо к Сян Чэнсюню.

– С делом покончено, – сказал он командующему, – и все, что я брал у вас, – корабль, лодки и прочее – все возвращаю.

何了？"汪秀才道："叨仗尊庇，已在舟中了。"向都司道："如何取得来？"汪秀才把假妆新任，拜他赚他的话，备细说了一遍，道："多在尊使肚里，小生也仗尊使之力不浅。"向都司道："有此奇事！真正有十二分胆智，才弄得这个伎俩出来。仁兄手段，可以行兵。"当下汪秀才再将五十金送与向家家丁，完前日招票上许出之数。另顾下一船，装了回风小娘子，再与向都司讨了一只哨船护送，并载家僮人等。

　　安顿已定，进去回覆兵巡道，缴还原牒。兵巡道问道："此事已如何了，却来缴牒？"汪秀才再把始终之事，备细一禀。兵巡道笑道："不动干戈，能入虎穴取出人口，真奇才奇想！秀才他日为朝廷所用，处分封疆大事，料不难矣！"大加赏叹。汪秀才谦谢而出，遂载了回风，还至黄冈。黄冈人闻得

— Ну, а как с вашей наложницей?
— Благодаря вашей помощи она уже на корабле.
— Как же это вам удалось вернуть ее?

Ван подробно рассказал о том, как он переоделся, как под видом нового военачальника провел братьев.

— Словом, ничего особенного не было, — сказал он в заключение. — И добился я своего благодаря вашей помощи.

— Чудесная история! — восхитился Сян Чэнсюнь. — И все-таки надо обладать исключительной смелостью, чтобы решиться на такое. Вы, как я вижу, с вашей находчивостью и вашим умелым расчетом вполне можете управлять войском!

В тот же день Ван передал телохранителю начальника еще пятьдесят ланов золотом, обещанные ему в свое время. Затем он нанял джонку для Хуэйфэн; на другую джонку погрузились его слуги; Сян Чэнсюнь по просьбе Вана выделил ему одну дозорную лодку, которая должна была сопровождать их. Словом, сюцай Ван устроил все свои дела. Напоследок он явился к военному инспектору, чтобы возвратить ему грамоту.

— А в каком же состоянии дело, что вы возвращаете грамоту? — поинтересовался инспектор.

И здесь Ван рассказал ему все, как было, от начала до конца. Слушая Вана, инспектор одобрительно кивал головой и вздыхал.

— Да! — промолвил он, когда Ван кончил свою историю. — Не пуская в ход оружия, войти в логово тигров и отнять у них человека — для этого надо обладать удивительным талантом, поразительной изобретательностью! Вам, поистине, будет нетрудно в будущем, когда вас призовет двор, вершить дела государственной важности.

Ван, скромно держа себя, поблагодарил инспектора и откланялся.

Вместе с Хуэйфэн они вернулись домой. Жители уезда Хуан-

此事,尽多惊叹道:"不枉了汪太公之名,真不虚传也!"有诗为证:

> 自是英雄作用殊,
> 虎狼可狎与同居。
> 不须窃伺骊龙睡,
> 已得探还颔下珠。

гансянь, до которых дошла эта история, отдавали должное сюцаю Вану и только и говорили о том, что не зря, мол, прозвали его «Ван-тайгуном», что он достоин того.

Стихи по этому поводу гласят:

Нередко отважные люди
　　поступают не так, как другие;
Могут они бок о бок
　　с волками и тиграми жить.
И если жемчужину-диво
　　доставать им придется из бездны,
Станут ли ждать, чтоб заснул
　　ее стерегущий дракон?!

Цзинь гу цигуань
Глава 25

КИТАЙСКАЯ КЛАССИКА

第二十五卷

硬勘案大儒争闲气　甘受刑侠女著芳名

诗云：

世事莫有成心，
成心专会认错。
任是大圣大贤，
也要当着不着。

看官听说：从来说的书，不过谈些风月，述些异闻，图个好听。最有益的，论些世情，说些因果，等听了的触着心里，把平日邪路念头化将转来。这个就是说书的一片道学心肠，却从不曾讲着道学。而今为甚么说个不可有成心？只为人心最

ГЛАВА 25

ЗНАМЕНИТЫЙ УЧЕНЫЙ-КОНФУЦИАНЕЦ ИЗ-ЗА ПУСТЯКА ЗАТЕЯЛ ДЕЛО; ТВЕРДАЯ ДУХОМ ЖЕНЩИНА, ИСПЫТАВ ПЫТКИ, ПРОСЛАВИЛАСЬ В ВЕКАХ

Стихи гласят:

> *К делам и к людям не подходят*
> *с заранее готовым мненьем –*
> *Не раз предвзятость приводила*
> *людей к неправильным решеньям;*
> *Порой и мудрецы иные,*
> *и небывалые таланты,*
> *Что сразу все понять должны бы,*
> *глядишь – ошиблись и попались.*

уважаемые слушатели! Как правило, сказители в своих сказах предпочитают поведать о любовных делах да об удивительных, необычайных происшествиях. Для них важна занимательность самого повествования, но наиболее дельные из рассказов – те, в которых говорится о житейских делах, о причинности тех или иных поступков людей и о воздаянии: нет-нет да тронет слушателя что-нибудь, заденет за живое, и он изменит направление своих мыслей, если на душе у него было недоброе. В таких сказах, собственно, проявляются конфуцианские добродетельные побуждения сказителей, хотя о самом конфуцианском учении или о его последователях никто из них никогда не заводил речь.

Однако почему же нынче я начал с того, что, мол, не следует к чему бы то ни было подходить с заранее готовым мнением?

灵，专是那空虚的才有公道。一点成心入在肚里，把好歹多错认了。就是圣贤，也要偏执起来，自以为是，却不知事体竟不是这样的了。道学的正派，莫如朱文公晦翁，读书的人那一个不尊奉他？岂不是个大贤？只为成心上边，也曾错断了事。

当日在福建崇安县知县事，有一小民告一状道："有祖先坟莹，县中大姓夺占做了自己的坟墓，公然安葬了。"晦翁精于风水，况且福建又极重此事，豪门富户见有好风水吉地，专要占夺了小民的，以致兴讼，这样事日日有的。晦翁准了他状，提那大姓到官。大姓说："是自家做的坟墓，与别人毫不

Дело в том, что ум и душа человека – это наиболее чуткие, больше всего подверженные влиянию со стороны вещи, и чем меньше загружены они, тем и беспристрастнее. Но стоит только человеку дать укорениться в себе какому-то предвзятому мнению, и он может многое доброе принять за злое, годное – за негодное; в таких случаях даже мудрейшие люди становятся упрямыми, односторонними, считают, что только они правы. Им тогда и в голову не приходит, что в действительности дела могут обстоять совершенно иначе.

И если уж говорить о представителях нового современного духа конфуцианского учения, то может ли кто сравниться с уважаемым Чжу Си; кто из ученых не преклоняется перед ним и он ли не великий мудрец?! Но вот из-за того, что сам Чжу Си иногда подходил кое к чему с заранее сложившимся мнением, случалось, и он, решая дела, совершал ошибки.

Когда Чжу Си служил начальником уезда Чунъаньсянь, в провинции Фуцзянь, один простолюдин подал жалобу, в которой говорилось, что у него был кладбищенский участок земли, доставшийся ему еще от предков; но известный в городе богач захватил этот участок, превратил в свою кладбищенскую землю и недавно совершил там захоронение.

Чжу Си сам прекрасно разбирался в геомантии и знал, что в провинции Фуцзянь ей придавали особое значение. Поэтому если какой-нибудь простолюдин имел хороший участок, благоприятный для захоронения, и об этом узнавал кто-то из местных воротил, то он делал все, чтобы завладеть им, и тяжбы из-за таких участков происходили в уезде чуть ли не ежедневно.

Чжу Си принял жалобу к расследованию и вызвал богача в присутствие.

– Могилу на этом месте я благоустраивал сам, – говорил богач. – Моя земля здесь не имеет отношения ни к кому другому.

相干的，怎么说起占夺来？"小民道："原是我家祖上的墓，是他富豪倚势占了。"两家争个不歇。叫中证问时，各人为着一边，也没个的据。晦翁道："此皆口说无凭，待我亲去踏看明白。"当下带了一干人犯及随从人等，亲到坟头。看见山明水秀，凤舞龙飞，果然是一个好去处。晦翁心里道："如此吉地，怪道有人争夺。"心里先有些疑心，必是小民先世葬着，大姓看得好，起心要他的了。

　　大姓先禀道："这是小人家里新造的坟，泥土工程，一应皆是新的，如何说是他家旧坟？相公龙目一看，便了然明白。"小民道："上面新工程是他家的，底下须有老土，这原是家里的，他夺了才装新起来。"晦翁叫取锄头铁锹，在坟前挖开来看。挖到松泥将尽之处，"珰"的一声响，把个挖泥的

Не понимаю, почему мог возникнуть вопрос о захвате.

— Это могильный участок моих предков, а он, пользуясь своим влиянием, захватил землю, — возражал простолюдин.

Обе стороны пререкались, каждая настаивала на своем. Свидетели показывали кто в пользу одного, кто в пользу другого, и ничего определенного из их слов вывести нельзя было.

— Вижу, что все это разговоры, которые ничем не подкреплены, — проговорил Чжу Си, выслушав всех. — Надо самому пойти поглядеть и разобраться в этом.

И он тут же со всеми причастными лицами и со своей свитой отправился на могильный участок. Место было действительно великолепным, с таким прекрасным видом на горы и воды, что, казалось, над ним парили фениксы и вились драконы. «Не удивительно, что такой благоприятный для захоронения участок люди хотят отнять один у другого», — подумал Чжу Си, и в нем сразу зародилось подозрение, что это могильный участок простолюдина, где совершали захоронения еще его предки, что богачу это место понравилось и он задался целью во что бы то ни стало завладеть им.

Тем временем богач заявил:

— Это вот свежая могила, все сооружено недавно мной, все материалы новые, все еще свежее. Просто непостижимо, как человек может утверждать, что это старая могила его предков. Стоит вам лишь взглянуть своим проницательным взглядом, как все станет ясно.

— Свежая могила и все, что сделано недавно, — это действительно его, — отвечал на это простолюдин, — но под свежей землей должна быть старая — там все наше. Новое же он устроил после того, как отнял у меня участок.

Чжу Си велел принести мотыги, лопаты и разрыть могильный холм. Когда кончился мягкий слой земли, у человека, запустившего в землю мотыгу, руки чуть не онемели от неожи-

人震得手疼。拨开浮泥看去，乃是一块青石头，上面依稀有字。晦翁叫取起来看，从人拂去泥沙，将水洗净，字文见将出来，却是"某氏之墓"四个大字。傍边刻着细行，多是小民家里祖先名字。大姓吃惊道："这东西那里来的？"晦翁喝道："分明是他家旧坟，你倚强夺了他的。石刻见在，有何可说？"小民只是扣头，道："青天在上，小人再不必多口了。"晦翁道是见得已真，起身竟回县中，把坟断归小民，把大姓问了个强占田土之罪。小民口口"青天"，拜谢而去。

　　晦翁断了此事，自家道："此等锄强扶弱的事，不是我，谁人肯做？"深为得意。岂知反落了奸民之计。元来小民诡诈，晓得晦翁有此执性，专怪富豪大户欺侮百姓。此本是一片好心，却被他们看破的拿定了。因贪大姓所做坟地风水好，

данного толчка. Разрыли в этом месте землю, и обнаружился лазоревый камень, на котором едва виднелась надпись. Чжу Си велел вынуть камень и показать ему. Люди очистили камень от земли, вымыли его, и надпись стала отчетливой: «Могила семьи такого-то». Сбоку на камне мелкими иероглифами перечислялись имена предков простолюдина.

– Откуда это взялось?! – закричал обескураженный богач.

Но тут Чжу Си повысил на него голос:

– Совершенно ясно, что это его могильный участок, а не твой. Ты отнял участок, и вот этот камень тут обнаружился. Что ты можешь еще сказать?

Простолюдин стал бить начальнику челом.

– Вы – всевидящее ясное небо над нами, и мне, ничтожному, больше незачем произносить лишних слов, – говорил он.

Чжу Си, решив, что он оказался прав, возвратился в город и вынес решение, чтобы кладбищенский участок возвратили простолюдину, а богачу предписал нести ответственность за насильственный захват чужой земли.

Простолюдин благодарил, кланялся и на каждом слове поминал бескорыстие и справедливость начальника.

«Ну кто еще, кроме меня, решился бы на такое – поддержать слабого и обуздать сильного и имущего?!» – размышлял про себя Чжу Си, покончив с этим делом. Чжу Си был очень доволен собою. Но не ведал он того, что попался на удочку коварного простолюдина. Оказалось, что человек этот был лукав и хитер. Он знал, что Чжу Си недолюбливал богатых и знатных за то, что они измываются над простыми людьми, знал, что было у него в натуре такое. Что и говорить – прекрасная черта души, но ею-то и воспользовались те, кто ее распознал.

Позарившись на принадлежавший богачу кладбищенский участок, который, по геомантии, был исключительно благоприятен для захоронения, этот простолюдин придумал уловку: на

造下一计，把青石刻成字，偷埋在他坟前了多时，忽然告此一状。大姓睡梦之中，说是自家新做的坟，一看就明白的，谁知地下先做成此等圈套，当官发将出来。晦翁见此明验，岂得不信？况且从来只有大家占小人的，那曾见有小人谋大家的？所以执法而断。

  那大姓委实受冤，心里不伏，到上边监司处再告将下来，仍发崇安县问理。晦翁越加嗔恼，道是大姓刁悍抗拒，一发狠，着地方勒令大姓迁出棺柩，把地给与小民安厝祖先，了完事件。争奈外边多晓得是小民欺诈，晦翁错问了事，公议不平，沸腾喧嚷，也有风闻到晦翁耳朵内。晦翁认是大姓力量大，致得人言如此，慨然叹息道："看此世界，直道终不可行。"遂弃官不做，隐居本处武夷山中。

  后来有事，经过其地，见林木蓊然，记得是前日踏勘断还

лазоревом камне выгравировал соответствующую надпись, тайком зарыл камень под могилу богача, дал камню вылежаться, а потом взял да и подал на богача жалобу.

Тот, конечно, всего этого ведать не ведал. Он думал, раз он сам еще совсем недавно соорудил могилу, то, как только начальство посмотрит, все сразу будет ясно. Но оказалось, что под могильной насыпью ему устроили ловушку, на которую натолкнулось начальство, срыв землю.

Как мог Чжу Си не поверить такому явному доказательству? Да и, помимо того, ведь лишь богатые, власть имущие люди отбирали что-либо у простолюдинов, и никогда не бывало, чтобы простолюдин замышлял завладеть имуществом богача. Поэтому Чжу Си и поступил как должно, следуя закону. Но богач, в отношении которого действительно допустили несправедливость, не мог смириться с этим, подал жалобу инспектору области, и дело снова вернули Чжу Си на рассмотрение. Полагая, что богач умышленно строит козни и сопротивляется из упрямства, Чжу Си возмутился. Он приказал местным властям заставить богача вынуть свой гроб из могилы с тем, чтобы участок всецело отошел простолюдину, чтобы там спокойно лежали его предки. На этом Чжу Си и покончил с делом.

Однако некоторые жители, совсем не причастные ко всему этому, знали, что простолюдин бессовестно сплутовал и что Чжу Си рассудил эту тяжбу неверно. Об этом говорили, возмущались несправедливостью, и кое-какие толки дошли до Чжу Си. Чжу Си счел, что люди говорят так только потому, что уж слишком велики сила и влияние богача. «Вижу я, справедливость все-таки не пробьет себе путь в этом мире!» – подумал он, сокрушенно вздыхая, и решил оставить казенную службу.

Поселившись неподалеку, в горах Уи, Чжу Си стал жить жизнью человека, ушедшего от мирских дел. И вот однажды, направляясь куда-то по своим делам, он оказался возле участка,

小民之地。再行闲步一看,看得风水真好,葬下该大发人家。因寻其旁居民问道:"此是何等人家,有福分葬此吉地?"居民道:"若说这家坟墓,多是欺心得来的,难道有好风水报应他不成?"晦翁道:"怎生样欺心?"居民把小民当日埋石在墓内,骗了县官,诈了大姓这块坟地,葬了祖先的话,是长是短,备细说了一遍。晦翁听罢,不觉两颊通红,悔之无及,道:"我前日认是奉公执法,怎知反被奸徒所骗!"一点恨心自丹田里直贯到头顶来,想道:"据着如此风水,该有发迹好处;据着如此用心贪谋来的,又不该有好处到他了。"遂对天祝下四句道:

此地若发,
是有地理。
此地不发,
是有天理。

который присудил простолюдину. Он узнал этот участок и увидел пышно растущую на нем зелень, деревья. Прохаживаясь по участку, он еще раз убедился, что, согласно геомантии, людей, совершивших захоронение на этом участке, должны ожидать в жизни большой успех и удачи. Чжу Си разыскал кое-кого из живущих поблизости и спросил у них:

— Что это за семья, которой выпало счастье совершать похороны вон на том участке?

Жители отвечали:

— Эта земля досталась ее владельцу бессовестным обманом. Так неужели же удачное расположение участка может после этого принести его хозяину счастье?

— Как это бессовестным обманом? — удивился Чжу Си.

Тогда один из жителей подробно рассказал Чжу Си, как в свое время простолюдин зарыл свой камень в чужую могилу, как этим самым провел начальника уезда и отобрал у богача участок.

Чжу Си побагровел, услышав такое. Досада и негодование овладели им.

«Я считал, что совершил законный акт по всей справедливости, а меня, оказывается, провел этот негодяй! — возмущался он про себя. — Характер местности, конечно, говорит о том, что этот человек должен разбогатеть и обрести благополучие, — подумал затем Чжу Си. — Но, с другой стороны, если он завладел участком таким нечестным путем, разве возможно, чтобы к нему пришла удача?» И тут он поднял взор к небу, заклиная:

Даст разбогатеть участок,
    что ж, — на то земли законы;
Но если есть законы неба —
    не даст он счастья.

祝罢而去。是夜大雨如倾，雷电交作，霹雳一声，屋瓦皆响。次日看那坟墓，已毁成一潭，连尸棺多不见了。可见有了成心，虽是晦庵大贤，不能无误。及后来事体明白，才知悔悟，天就显出报应来，此乃天理不泯之处。人若欺心，就骗过了圣贤，占过了便宜，葬过了风水，天地原不容的。

而今为何把这件说这半日？只为朱晦翁还有一件，为着成心上边，硬断一事，屈了一个下贱妇人，反致得他名闻天子，四海称扬，得了个好结果。有诗为证：

白面秀才落得争，
红颜女子落得苦。
宽仁圣主两分张，
反使娼流名万古。

И Чжу Си ушел. В эту ночь разразился ливень, гром гремел беспрестанно, сверкали молнии, под конец раздался треск, от которого задрожали и зазвенели черепицы. Утром люди увидели, что на участке простолюдина, на том самом месте, где была могила, образовался омут – не сохранилось и следа ни гроба, ни останков.

Из этого совершенно очевидно, что если подходить к делу предвзято, то не избежать ошибок даже такому великому и мудрому человеку, как Чжу Си. Что до возмездия, которым небо покарало виновного после того, как Чжу Си уяснил правду и раскаялся в своих действиях, то это говорит лишь об одном – высшая справедливость еще существует. И если человек поступил против совести – пусть даже и сумел он обмануть мудрейших людей, пусть удалось ему получить из этого выгоду, совершить захоронение своих предков на самых лучших участках, – небо такого не потерпит.

Но зачем я целых полдня все говорю об этом? Затем, что с Чжу Си был еще один случай, когда он вел дело предвзято настроенный и несправедливо обошелся с женщиной низкого положения. А привело это к тому, что имя этой женщины стало известно императору, слава о ней распространилась по всей стране, и добилась она в своей жизни полного благополучия.

Есть стихи по этому поводу:

Вспылив, надменные мужи
  враждуют меж собой;
Но неповинную девицу
  зачем же было истязать?
Виновных лишь перевели
  служить в различные края,
Зато красавица-гетера
  прославилась на все века.

话说天台营中有一上厅行首，姓严，名蕊，表字幼芳，乃是个绝色的女子。一应琴棋书画、歌舞管弦之类，无所不通；善能作诗词，多自家新造句子，词人推服；又博晓古今故事，行事最有义气，待人常是真心。所以人见了的，没一个不失魂荡魄在他身上，四方闻其大名。有少年子弟慕他的，不远千里，直到台州来求一识面。正是：

十年不识君王面，
始信婵娟解误人。

此时台州太守乃是唐与正，字仲友，少年高才，风流文彩。宋时法度，官府有酒皆召歌妓承应，只站着歌唱送酒，不许私侍寝席。却是与他谑浪狎昵，也算不得许多清处。仲友见

Так вот, в области Тайчжоу жила гетера по фамилии Янь, по имени Жуй, по второму имени Юфан, старшая над остальными гетерами. Девица исключительной красоты, она к тому же была искусна в каллиграфии, умела рисовать, играть в «"облавные шашки, танцевать, играть на цитре и других инструментах. Янь Жуй отлично слагала стихи, причем зачастую образные выражения в них были ее собственными находками, приводившими в восхищение даже знатоков поэзии, прекрасно знала все, что касалось исторических событий прошлого и современных ей дней. К людям она всегда относилась с искренней прямотой, в поступках своих отличалась справедливостью и благородством. Поэтому каждый, кому доводилось познакомиться с Янь Жуй, влюблялся в нее так, что терял над собою власть. О ней знали буквально повсюду, и молодые люди, привлеченные ее славой, бывало, не считаясь с расстоянием в тысячи ли, приезжали в Тайчжоу только лишь для того, чтобы повидать ее, познакомиться с ней. Вот уж поистине,

Десяток, лет не видела она владыки,
  и он не знал ее лица;
И лишь когда красавица пред ним предстала,
  узнал, что нет на свете равных ей.

Правителем области Тайчжоу в то время был Тан Юйчжэн, по второму имени Чжунъю. Это был талантливейший молодой человек с изысканными, непринужденными манерами и веселым нравом. Следует сказать, что по существовавшему при Сун законоположению на пиршества, которые устраивались в казенных учреждениях, всегда вызывали гетер, чтобы они прислуживали за столом. Им разрешалось только стоя петь или подносить вино, но возбранялось ухаживать за гостями в спальных покоях. И если кто-либо из мужчин тайком позволял себе

严蕊如此十全可喜,尽有眷顾之意,只为官箴拘束,不敢胡为。但是良辰佳节,或宾客席上,必定召他来侑酒。

一日,红白桃花盛开,仲友置酒赏玩,严蕊少不得来供应。饮酒中间,仲友晓得他善于词咏,就将红白桃花为题,命赋小词。严蕊应声成一阕,词云:

> 道是梨花不是,道是杏花不是。白白与红红,别是东风情味。曾记,曾记,人在武陵微醉。(词寄《如梦令》)

吟罢,呈上仲友。仲友看毕,大喜,赏了他两匹缣帛。

又一日,时逢七夕,府中开宴。仲友有一个朋友谢元卿,

быть легкомысленным и разнузданным с гетерой, то мало чести следовало такому человеку. Поэтому хотя Чжунъю и видел, как привлекательна и мила Янь Жуй, и питал к ней большую нежность, но, будучи связан уставом службы, не смел разрешить себе в отношении ее ничего лишнего. Однако всякий раз, когда праздновался какой-либо праздник, отмечались какие-либо дни или же когда просто бывали гости, он неизменно приглашал ее, и она подносила вино и потчевала гостей.

Так, однажды в пору пышного цветения красных и белых цветов персика, Чжунъю любовался цветами за кубком вина, и ему, разумеется, прислуживала Янь Жуй. Зная, насколько она искусна в сочинении стихов, он попросил ее сложить стихи о красных и белых цветах персика. Янь Жуй сразу же написала следующие строки на мотив «Словно во сне»:

> *Показалось, цвет груши,*
> *но нет;*
> *Показалось, цветы абрикоса,*
> *но нет, тоже нет.*
> *Белые и белые,*
> *красные и красные,*
> *Каким-то особым весны ароматом*
> *веет от них.*
> *Да, вспоминаю. Да, вспоминаю,*
> *как когда-то в Улине*
> *Немного, но все же*
> *была я пьяна.*

Написав стихи, она подала их Чжунъю. Тот пришел в восторг, и Янь Жуй была награждена за них двумя кусками тонкого шелка.

Другой раз, как-то в праздничный вечер седьмого дня седь-

极是豪爽之士，是日也在席上。他一向闻得严幼芳之名，今得相见，不胜欣幸。看了他这些行动举止，谈谐歌唱，件件动人，道："果然名不虚传！"大觥连饮，兴趣愈高。对唐太守道："久闻此子长于词赋，可当面一试否？"仲友道："既有佳客，宜赋新词。此子颇能，正可请教。"元卿道："就把七夕为题，以小生之姓为韵，求赋一词，小生当饮满三大瓯。"严蕊领命，即口吟一词道：

碧梧初坠，桂香才吐，池上水花初谢。穿针人在合欢楼，正月露玉盘高泻。　　蛛忙鹊懒，

мого месяца, Чжунъю задал пир. На пиру присутствовал один из его друзей, некий Се Юаньцин, тоже человек смелого и непринужденного нрава. Гость Чжунъю давно уже был наслышан о Янь Жуй и потому несказанно обрадовался, увидев гетеру на пиру. Он убедился, что не зря о ней идет слава, что к ней действительно нельзя остаться равнодушным: манера держать себя, вести беседу, шутить, ее голос, когда она пела, каждое движение – все глубоко волновало человека. Юаньцин пил вино кубками и был в чрезвычайно веселом расположении духа.

– Я давно слышал, что Янь Жуй прекрасно сочиняет стихи, – проговорил он, обращаясь к Чжунъю, и спросил: – А нельзя ли воочию убедиться в этом?

– Поскольку за столом приятнейшие гости, то, несомненно, хорошо бы послушать новые стихи, – отвечал Чжунъю. – Сочинять она мастерица, и как раз случай услышать ваши замечания.

– Ну что ж, попрошу: вечер седьмого дня пусть и будет темой, рифмой пусть будет моя фамилия, – сказал Юаньцин. – Пью за стихи полных три больших кубка.

Янь Жуй согласилась и тут же начала скандировать на мотив «Небожители на сорочьем мосту»:

Платан зеленый
    стал терять листву,
Корица
    источает аромат,
Цветы в пруду
    уж головой поникли.
Иголки, нить, веселье, смех
    в покоях у девиц,
И месяц тот пришел,
    когда с подноса капает роса.
Спешит паук

耕慵织倦，空做古今佳话。人间刚道隔年期，怕天上方才隔夜。（词寄《鹊桥仙》）

词已吟成，元卿三瓯酒刚吃得两瓯，不觉跃然而起，道："词既新奇，调文适景，且才思敏捷，真天上人也。我辈何幸，得亲沾芳泽！"亟取大觥相酬，道："也要幼芳分饮此瓯，略见小生钦慕之意。"严蕊接过吃了。太守看见两人光景，便道："元卿客边，可到严子家中做一程儿伴去。"元卿大笑，作个揖道："不敢请耳，固所愿也。但未知幼芳心下如何？"仲友笑道："严子解人，岂不愿事佳客？况为太守做主人，一发该

от холода укрыться,
Но не спешат сороки
строить мост;
Пастух устал,
устала и Ткачиха,
И думаю — не зря ли древние
прекрасную легенду эту сочинили.
Вот год уже прошел —
так кажется нам в мире этом;
А там, на небе, утро ли,
иль все еще там ночь?

Янь Жуй закончила скандировать стихи, а Юаньцин, из трех кубков успев выпить только два, вскочил с места, схватил большой рог, наполнил его вином, подошел к Янь Жуй и сказал:

— Новые и необычные обороты речи в стихах, напев соответствует времени и окружающей природе, талантливое умение тут же выразить мысль! Нет, вы просто небесная фея! — воскликнул он в восхищении. — Как повезло мне, что удалось приобщиться к частице вашего изысканного дарования. Прошу вас разделить со мной вино, и пусть в этом хоть как-то проявится мое уважение к вам, — добавил он, поднося красавице рог.

Янь Жуй приняла его и выпила весь до дна.

Глядя на то, как они держатся друг с другом, Чжунъю сказал:

— Юаньцин, вы — гость, вам можно бы поехать к Янь Жуй и побыть с нею.

— Просить не посмел бы, но это именно то, чего бы мне хотелось, — с улыбкой на лице отвечал Юаньцин и сложил руки в поклоне. — Не знаю только, как к этому отнесется сама Янь Жуй.

— Она человек понимающий, — улыбаясь, заметил Чжунъю. — Разве не по душе ей будет побыть с приятным человеком? К тому же разрешаю сам я, так что тем более она не должна бы

的了。"严蕊不敢推辞得。酒散，竟同谢元卿一路到家，是夜遂留同枕席之欢。元卿意气豪爽，见此佳丽聪明女子，十分趁怀。只恐不得他欢心，在太守处凡有所得，尽情送与他家。留连半年，方才别去，也用掉若干银两，心里还是歉然的。可见严蕊真能令人消魂也。表过不题。

且说婺州永康县有个有名的秀才，姓陈，名亮，字同父，赋性慷慨，任侠使气，一时称为豪杰。凡缙绅士大夫有气节的，无不与之交好。淮帅辛稼轩居铅山时，同父曾去访他。将近居傍，遇一小桥，骑的马不肯走。同父将马三跃，马三次退却。同父大怒，拔出所佩之剑，一剑挥去马首，马倒地上，同父面不改容，徐步而去。稼轩适在楼上看见，大以为奇，遂与定交。平日行径如此，所以唐仲友也与他相好。因到台州来看仲友，仲友资给馆谷，留住了他，闲暇之时，往来讲论。仲友

отказывать.

Возражать предложению начальника области Янь Жуй, конечно, не стала, и после пира она вместе с Юаньцином направилась к себе домой.

Эту ночь они провели радостно, вместе на одной подушке.

Юаньцин, человек поистине благородного нрава, повстречав талантливую красавицу, которая очень пришлась ему по душе, как только мог, старался ей угодить. Он даже отдавал ей все то, что дарил ему иногда начальник области. Так он провел с ней полгода и лишь тогда уехал. Он потратил на гетеру много денег, но, уезжая, все еще сожалел, что приходится с ней расставаться. Уже из одного этого видно, насколько Янь Жуй была способна завладеть душой человека. Но довольно об этом.

Расскажем теперь об известном ученом Чэнь Ляне, по второму имени Тунфу, уроженце области У, уезда Юнкансянь. Это был благородный, широкий по натуре, своенравный и упрямый человек, и славился он как достойнейший рыцарь. Известные ученые и слывшие благородными люди чести – все добивались дружбы с ним. Когда знаменитый Синь Цицзи жил в уезде Цяньшань, Чэнь Лян как-то отправился навестить его. Чэнь Лян был уже перед мостом, возле самого дома Синь Цицзи, как вдруг конь его заупрямился и остановился. Трижды Чэнь Лян подстегивал коня, но конь трижды отступал. Тогда пришедший в ярость Чэнь Лян выхватил меч и отсек коню голову. Конь упал, а Чэнь Лян как ни в чем не бывало спокойно проследовал дальше. Всю эту сцену случайно наблюдал из верхних покоев своего дома Синь Цицзи. Он был чрезвычайно удивлен поведением Чэнь Ляна. Синь Цицзи принял Чэнь Ляна и подружился с ним. Таков был Чэнь Лян. И не случайно Чжунъю тоже дружил с ним. Не удивительно, что, когда Чэнь Лян приехал в Тайчжоу навестить Чжунъю, тот предоставил ему все необходимое и просил его остаться пожить. В свободное от дел время друзья

喜的是俊爽名流，恼的是道学先生。同父意见亦同，常说道："而今的世界，只管讲那道学，说正心诚意的，多是一班害了风痹病不知痛痒之人。君父大仇，全然不理，方且扬眉袖手，高谈性命。不知性命是甚么东西！"所以与仲友说得来。只一件，同父虽怪道学，却与朱晦庵相好；晦庵也曾荐过同父来。同父道："他是实学有用的，不比世儒迂阔。"惟有唐仲友，平日持才，极轻薄的是朱晦庵，道他字也不识的。为此两个议论有些左处。

同父客邸兴高，思游妓馆。此时严蕊之名，布满一郡。人多晓得是太守相公作兴的，异样兴头，没有一日闲在家里。同父是个爽利汉子，那里有心情伺候他空闲？闻得有一个赵娟，色艺虽在严蕊之下，却也算得是个上等的□衍，台州数一

вели беседы на самые различные темы. Чжунъю уважал людей, прославившихся независимостью мысли, и не терпел конфуцианских начетчиков. Чэнь Лян был в этом с ним единодушен и часто, бывало, говорил:

– Нынче на свете только и толкуют об учении «верного пути», о том, что, мол, «исправь свое сердце и сделай искренними свои помыслы». Но обычно это все люди, у которых давно парализованы чувства, и не ощущают они, где у них чешется, что болит. Они забыли о врагах и великом позоре страны и потому самодовольно рассуждают о врожденных качествах и о судьбе, не понимая, ни что такое врожденное качество, ни что такое судьба.

Так с Чжунъю они всегда находили общее в беседах, кроме одного. Чэнь Лян хотя и не одобрял учения Чжу Си, но с Чжу Си дружил. Чжу Си даже рекомендовал Чэнь Ляна на государственную службу. Чэнь Лян считал: «В том, что проповедует Чжу Си, есть практически полезные вещи; это не какие-то неопределенные расплывчатые разглагольствования буквоедов». Что до Чжунъю, то, достаточно высоко ценя собственный талант, он пренебрежительно отзывался о Чжу Си и не раз заявлял, что тот даже в простых иероглифах не разбирается. Поэтому как только разговор между Чэнь Ляном и Чжунъю заходил о Чжу Си, он всегда кончался тем, что они расходились в мнениях.

Гостю у своего друга, Чэнь Лян был все время в хорошем, приподнятом настроении и однажды решил посетить заведение гетер. О Янь Жуй тогда знал каждый в уезде, всем было известно также, что она любимица самого правителя, и, разумеется, этим она вызывала к себе особый интерес. Не было дня, когда бы можно было застать ее дома, свободной от приглашений. Но Чэнь Ляну, быстрому в своих решениях и действиях, было не по нутру караулить, когда Янь Жуй окажется не занятой. Он узнал, что другая гетера – Чжао Цзюань, по таланту и красоте

数二的。同父就在他家游耍,缱绻多时,两情欢爱。同父挥金如土,毫无吝啬。妓家见他如此,百倍趋承。赵娟就有嫁他之意,同父也有心要娶赵娟。两个商量了几番,彼此乐意。只是是个官身,必须落籍,方可从良嫁人。同父道:"落籍是府间所主,只须与唐仲友一说,易如反掌。"赵娟道:"若得如此最好。"陈同父特为此来府里见唐太守,把此意备细说了。唐仲友取笑道:"同父是当今第一流人物,在此不交严蕊而交赵娟,何也?"同父道:"吾辈情之所钟,便是最胜,那见还有出其右者?况严蕊乃守公所属意,即使与交,肯便落了籍,放他去否?"仲友也笑将起来,道:"非是属意。果然严蕊若去,此邦便觉无人,自然使不得。若赵娟要脱籍,无不依命。

хотя и уступала Янь Жуй, но тоже слыла одной из лучших гетер в уезде. Чэнь Лян стал постоянным ее посетителем, долго они проводили время вместе и понравились друг другу. Деньгами он сыпал направо и налево, никогда ничего для нее не жалел. Видя это, она старалась во всем угождать Чэнь Ляну, и у нее даже зародилась мысль пойти за него замуж. Чэнь Лян тоже был не прочь взять ее в жены. Не раз уже заводили они об этом разговор и всегда приходили к общему согласию. Препятствием было лишь одно: Чжао Цзюань принадлежала к категории людей, числившихся казенными музыкантами и танцовщицами, поэтому выйти замуж и сменить образ жизни она могла только после того, как ее фамилию исключили бы из соответствующего реестра.

– Сняться с учета – это во власти начальника уезда, – заметил как-то Чэнь Лян. – Стоит лишь поговорить с Тан Чжунъю, и дело без особого труда будет сделано.

– Было бы очень хорошо, – отвечала Чжао Цзюань.

И вот однажды Чэнь Лян специально по этому поводу явился к Чжунъю и изложил ему все обстоятельства.

– Ты ведь один из самых видных людей нашего времени. Почему же ты дружишь с Чжао Цзюань, а не с Янь Жуй? – спросил Чжунъю.

– Для меня дорога та, к которой влекут меня мои чувства, и лучше ее я уже никого не вижу, – отвечал Чэнь Лян. – К тому же, – продолжал он, – Янь Жуй – девица, которая нравится тебе самому, и, даже если бы я подружился с ней, вряд ли ты согласился бы ее отпустить.

Чжунъю рассмеялся в ответ и сказал:

– Ну, не то чтобы она уж чрезвычайно мне нравилась, однако без нее чувствовалось бы, что чего-то не хватает, кого-то нет. И отпускать ее, конечно, не хотелось бы. Что касается Чжао Цзюань, то, пожалуйста, сделаю все, что прикажешь. Но действи-

但不知他相从仁兄之意已决否？"同父道："察其词意，似出至诚。还要守公赞襄，作个月老。"仲友道："相从之事，出于本人情愿，非小弟所可赞襄。小弟只管与他脱籍便了。"同父别去，就把这话回覆了赵娟，大家欢喜。

　　次日府中有宴，就唤将赵娟来承应。饮酒之间，唐太守问赵娟道："昨日陈官人替你来说，要脱籍从良，果有此事否？"赵娟叩头道："贱妾风尘已厌，若得脱离，天地之恩。"太守道："脱籍不难。脱籍去，就从陈官人否？"赵娟道："陈官人名流贵客，只怕他嫌弃微贱，未肯相收。今若果有心于妾，妾焉敢自外？一脱籍就从他去了。"太守心里想道："这妮子不知高低，轻意应承，岂知同父是个杀人不眨眼的汉子？况且手段挥霍，家中空虚，怎能了得这妮子终身？"也是一时间为赵娟的好意，冷笑道："你果要从了陈官人，到他家去，须是会忍得饥、受得冻才使得。"赵娟一时变色，想

тельно ли она решила выйти за тебя замуж?

— Судя по тому, как она об этом говорила, желание ее искренне. Но надо все-таки, чтобы ты помог и был, как говорится, старцем под луною.

— Пойдет она за тебя или не пойдет — это зависит от нее, тут я ничем помочь не могу. А вот исключить ее из казенного списка — исключу.

Чэнь Лян простился с Чжунъю, немедля рассказал об этом разговоре Чжао Цзюань, и оба они были счастливы.

Случилось так, что на следующий день состоялся пир в управлении, и Чжунъю вызвал на этот пир Чжао Цзюань. За вином Чжунъю спросил у нее:

— Вчера господин Чэнь говорил мне о том, что ты хотела бы освободиться и пойти замуж. Это действительно так?

— Мне уже надоела жизнь, которую я веду, и если мне будет дозволено избавиться от подобного образа жизни, то сочту это за благодеяние, равное небу и земле, — низко кланяясь, отвечала Чжао Цзюань.

— Ну что ж, исключить тебя из реестра нетрудно. Но после этого ты пойдешь замуж за господина Чэня?

— Господин Чэнь — знаменитый человек, к тому же дорогой гость здесь. Боюсь лишь, что он может побрезгать такой ничтожностью, как я, и не возьмет к себе. Если же только у него есть ко мне чувства, неужели я решусь уклоняться?

«Да ничего ты, девка, не понимаешь и больно легко соглашаешься! Не знаешь, что Чэнь Лян — это мужчина, который полоснет человека мечом и глазом при этом не моргнет; что деньги он транжирит почем зря; что дома у него пусто. Ему ли устроить беспечную жизнь тебе!» — подумал Чжунъю и, побуждаемый добрыми чувствами к Чжао Цзюань, произнес, усмехнувшись:

— Если ты действительно хочешь пойти за господина Чэня и уехать к нему, то должна привыкать терпеть голод и переносить

道："我见他如此撒漫使钱，道他家中必然富饶，故有嫁他之意。若依太守相公的说话，必是个穷汉子，岂能了我终身之事？"好些不快活起来。唐太守一时取笑之言，只道他不以为意。岂知姊妹行中心路最多，一句关心，陡然疑变。唐太守虽然与了他脱籍文书，出去见了陈同父，并不提起嫁他的说话了。连相待之意，比平日也冷澹了许多。同父心里怪道："难道娼家薄情得这样渗濑？哄我与他脱了籍，他就不作准了！"再把前言问赵娟，赵娟回道："太守相公说来，到你家要忍冻饿，这着甚么来由？"同父闻得此言，勃然大怒，道："小唐这样怠赖！只许你喜欢严蕊罢了，也须有我的说话处。"他是个直性尚气的人，也就不恋了赵家，也不去别唐太守，一径到朱晦庵处来。

此时朱晦庵提举浙东常平仓，正在婺州。同父进去相见已

холод. Вот тогда все будет ладно.

Чжао Цзюань изменилась в лице: «Я видела, как он тратит деньги, нисколько с ними не считаясь; думала, что он богат и решила выйти за него. А по словам начальника выходит, что он нищий и, значит, жизнь мне не обеспечит», – рассуждала про себя Чжао Цзюань. Ей стало очень не по себе.

Чжуньюй в общем-то пошутил и вовсе не думал, что Чжао Цзюань примет его слова всерьез. Но гетеры – женщины подозрительные: случайная невинная шутка может заставить их усомниться в человеке, изменить отношение к нему. Поэтому хотя начальник уезда и выдал Чжао Цзюань грамоту о том, что она больше не числится в списках гетер, но при встречах с Чэнь Ляном она уже не заговаривала о замужестве и стала принимать Чэнь Ляна и относиться к нему довольно холодно.

Тот недоумевал: «Неужели гетеры так бесчувственны и коварны? Сумела заставить меня помочь ей освободиться, а теперь будто и обещать ничего не обещала!» Наконец Чэнь Лян сам напомнил ей об их недавнем решении.

– Господин начальник уезда сказал мне, что если поеду к тебе домой, то придется мне терпеть голод и холод. Зачем мне это! – ответила ему Чжао Цзюань.

Чэнь Лян вскипел.

– Вот, оказывается, какой бессовестный этот молокосос! – воскликнул он. – Только ему, значит, можно наслаждаться своей Янь Жуй! Ладно, у меня тоже найдется кое-что кому-то сказать!

Человек прямой и непосредственный, он отбросил мысли о Чжао Цзюань и, не простившись с Чжунъю, поехал прямо к Чжу Си, который в то время был инспектором по делам запасных зернохранилищ восточной части провинции Чжэцзян и находился в Учжоу.

Чэнь Лян явился к Чжу Си. Поприветствовав друг друга, они стали беседовать, и когда Чжу Си узнал, что Чэнь Лян приехал

毕，问说是台州来，晦庵道："小唐在台州如何？"同父道："他只晓得有个严蕊，有甚别勾当！"晦庵道："曾道及下官否？"同父道："小唐说公尚不识字，如何做得监司？"晦庵闻之，默然了半日。盖是晦庵早年登朝，茫茫仕宦之中，著书立言，流布天下，自己还有些不慊意处。见唐仲友少年高才，心里常疑他要来轻薄的。闻得他说己不识字，岂不愧怒？怫然道："他是我属吏，敢如此无礼！"然背后之言，未卜真伪。遂行一张牌下去，说台州刑政有枉，重要巡历，星夜到台州来。

　　晦庵是有心寻不是的，来得急促。唐仲友出于不意，一时迎接不及，来得迟了些。晦庵信道是同父之言不差，"果然如此轻薄，不把我放在心上。"这点恼怒，再消不得了。当日下

из Тайчжоу, то спросил его:

— Ну, а как молодой Чжунъю поживает, как там дела у него?

— Какие у него дела! Занят своей Янь Жуй, и только, — отвечал Чэнь Лян.

— Меня поминал, наверно?

— Еще бы! Недоумевал, как это вас назначили инспектором, когда вы даже в простых иероглифах не разбираетесь.

Чжу Си был потрясен. Долго сидел он молча, не в силах произнести ни слова. Дело в том, что Чжу Си с ранних лет вступил на государственную должность, за долгие годы своей службы он написал немало книг, создал учение, которое распространилось по всей стране, и при всем этом он был еще до некоторой степени недоволен собой. Видя, как в свои молодые годы талантлив Чжунъю, Чжу Си не раз подумывал, что тот рано или поздно позволит себе подсмеиваться над ним. Не удивительно поэтому, что Чжу Си охватило негодование, когда он узнал от Чэнь Ляна, как Чжунъю отзывался о нем.

— Ведь он, собственно, мой подчиненный, а смеет так оскорблять меня! — возмутился наконец вслух Чжу Си.

Однако Чжу Си понимал, что слова, переданные ему, были сказаны у него за спиной, и еще неизвестно, насколько они достоверны. И Чжу Си решил срочно направить в Тайчжоу уведомление, что, мол, там допущена несправедливость в судебном деле и будет повторная инспекция. В путь он двинулся немедленно. Поскольку он ехал туда с целью к чему-либо придраться, то даже на ночь почти нигде не остановился и прибыл в Тайчжоу так быстро и неожиданно, что Чжунъю не успел вовремя его встретить.

«Да, действительно, Чэнь Лян прав, — подумал Чжу Си. — Пренебрежительно он относится ко мне, нисколько не считается со мной!»

И Чжу Си уже не мог расстаться с возникшим чувством оз-

马，就追取了唐太守印信，交付与郡丞，说："知府不职，听参。"连严蕊也拿来收了监，要问他与太守通奸情状。

晦庵道是仲友风流，必然有染。况且妇女柔脆，吃不得刑拷，不论有无，自然招承，便好参奏他罪名了。谁知严蕊苗条般的身躯，却是铁石般的性子，随你朝打暮骂，千棰百拷，只说"循分供唱，吟诗侑酒是有的，曾无一毫他事"。受尽了苦楚，监禁了月馀，到底只是这样话。晦庵也没奈他何，只得糊涂做了不合蛊惑上官，狠毒将他痛杖了一顿，发去绍兴另加勘问。一面先具本参奏，大略道：

唐某不伏讲学，罔知圣贤道理，却诋臣为不

лобленности по отношению к Чжунъю и глубокой обиды на него.

Сойдя с коня, он немедленно потребовал от Чжунъю печать и передал ее его помощнику.

— Начальник области плохо исполнял свои обязанности и будет теперь ждать решения свыше — ответ на обвинительный доклад, — пояснил Чжу Си свои действия.

Чжу Си даже Янь Жуй не оставил в покое — водворил ее в тюрьму, чтобы допросить относительно блудодейства с Чжунъю.

«Чжунъю — человек веселого нрава, и не может того быть, чтобы он не прикоснулся к Янь Жуй, — рассуждал Чжу Си. — Кроме того, женщины — существа хрупкие и нежные, пыток им не выдержать — было между ними что-нибудь или не было, она все равно признает то, что от нее требуется, тогда можно будет составить доклад и обвинить его именно в этом».

Но оказалось, что стройная и изящная Янь Жуй обладала железным характером. Как ни били ее, как на нее ни кричали, ни оскорбляли бранными словами, пытали и снова били, она твердила одно:

— Пела, сочиняла стихи, потчевала гостей, все это было, как и положено мне. Но ничего другого — никогда.

Много пришлось ей претерпеть, больше месяца провела она в тюрьме, но на допросах неизменно говорила одно и то же. Ничего с ней не мог поделать Чжу Си. Пришлось ему вынести в отношении ее весьма неопределенное решение, что, мол, вменяется ей в вину соблазн начальства. Янь Жуй напоследок еще раз жестоко избили и отправили на дознание в соседнюю область — в Шаосин. Одновременно Чжу Си составил обвинительный доклад императору, который сводился к следующему:

Тан, начальник области Тайчжоу, не признает существующего толкования классиков и, без пользы для себя изучив принци-

识字。居官不存政体，亵昵娼流，鞫得奸情，再行覆奏。取进止。等因。

唐仲友有个同乡友人王淮，正在中书省当国，也具一私揭，辨晦庵所奏，要他达知圣听。大略道：

> 朱某不遵法制，一方再按，突然而来。因失迎候，酷逼娼流，妄污职官。公道难泯，力不能使贱妇诬服。尚辱渎奏，明见欺妄。等因。

孝宗皇帝看见晦庵所奏，正拿出来与宰相王淮平章。王淮也出仲友私揭，与孝宗看。孝宗见了，问道："二人是非，卿意何如？"王淮奏道："据臣看着，此乃秀才争闲气耳。一个道讪了他不识字，一个道不迎候得他，此是真情。其馀言语，多是增添的。可有一些的正事么？多不要听他就是。"孝宗

пы, проповедовавшиеся совершенномудрыми людьми, клевещет на вашего верноподданного, обвиняя его в том, что он, мол, не знает простейшей грамоты. Находясь на посту правителя, Тан не блюдет должных порядков и дозволяет себе вступать в неподобающие отношения с гетерами. После выяснения подробностей его вольного поведения будет представлен вторичный доклад и испрошены меры, которые следует принять.

Среди друзей Чжунъю был его земляк Ван Хуай, который в то время занимал пост первого министра и ведал делами страны. Чжунъю написал ему частное донесение. В нем он отрицал обвинения Чжу Си и просил Ван Хуая довести это до сведения императора. Суть донесения была такова:

Начальник Чжу вопреки существующему положению проводит одну инспекцию за другой и является нежданно. Из-за того, что я не смог своевременно встретить его как подобает, он привлек к делу одну из гетер, добиваясь от нее признаний, которыми хотел воспользоваться как уликами против меня. Однако даже жестокими пытками не удалось заставить простую женщину дать ложные показания. Помимо всего, он посмел беспокоить государя своим оскорбительным донесением. Из этого видно его безрассудное и недостойное поведение.

Император Сяо-цзун, получив доклад Чжу Си, показал его Ван Хуаю, чтобы тот высказал свое мнение. Тогда Ван Хуай подал императору частное донесение Чжунъю.

Прочитав его, император спросил:

– Так кто же из них, по-вашему, прав?

– По-моему, просто оба ученых впали в амбицию из-за пустяков, – отвечал Ван Хуай. – Один взорвался из-за того, что его назвали безграмотным, а другой – из-за того, что его вовремя не встретили как начальство. Думаю, суть именно в этом, а все остальное – преувеличение. Ведь нет же ничего серьезного! На мой взгляд, надо просто оставить все это без внимания, и только.

道："卿说得是。却是上下司不和，地方不便。可两下平调了他每便了。"王淮奏谢道："陛下圣见极当。臣当分付所部奉行。"这番京中亏得王丞相帮衬，孝宗有主意，唐仲友官爵安然无事。

　　只可怜这边严蕊，吃过了许多苦楚，还不算帐，出本之后，另要绍兴去听问。绍兴太守也是一个讲学的，严蕊解到时，见他模样标致，太守便道："从来有色者必然无德。"就用严刑拷他，讨拶来拶指。严蕊十指纤细，掌背嫩白。太守道："若是亲操井臼的手，决不是这样，所以可恶。"又要将夹棍夹他。当案孔目禀道："严蕊双足甚小，恐经折挫不起。"太守道："你道他足小么？此皆人力矫揉，非天性之自然也。"着实被他腾倒了一番，要他招与唐仲友通奸的事。严蕊照前不招，只得且把来监了，以待再问。

　　严蕊到了监中，狱官着实可怜他，分付狱中牢卒不许难

— Согласен, — отвечал император. — Однако, когда два начальника не ладят между собой, это очень осложняет жизнь всем подчиненным. Переведите обоих на какие-нибудь подобные же должности в другие места, вот и все.

— Вы совершенно правы, — отвечал Ван Хуай, кланяясь императору. — Я отдам соответствующие распоряжения.

Итак, благодаря министру Ван Хуаю и разумному решению императора дело это кончилось для Чжунъю благополучно.

Но бедную Янь Жуй, которая столько перенесла мук и страданий, теперь, уже после всего, еще отправили в другую область – в Шаосин – на доследование.

Начальник области Шаосин тоже был из философов нового конфуцианского толка. Когда к нему доставили Янь Жуй и он увидел ее утонченную красоту, то подумал: вот уж поистине «если женщина красива, то нет в ней добродетели». И начальник стал допрашивать Янь Жуй, прибегая к жестоким пыткам. Он велел зажать ее пальцы в зажимы для рук и, обратив внимание на тонкие пальцы, нежную гладкую ладонь, проговорил:

— Такие руки не бывают у женщин, которые сами занимаются хозяйством. Противно даже смотреть.

Затем он приказал, чтобы зажали ее в тиски, но ведающий канцелярией и протоколами сказал начальнику:

— Ноги у нее слишком тонки и хрупки, не выдержат они тисков.

— Говоришь, ноги у нее хрупки и малы – это все результат изнеженности, а не природное естество, — ответил ему начальник и велел как следует зажать ее, требуя, чтобы она призналась в прелюбодеянии с Тан Чжунъю.

Но Янь Жуй по-прежнему не признавалась. Пришлось опять водворить ее в тюрьму до следующего допроса.

Большой жалостью к гетере проникся начальник тюрьмы. Он распорядился, чтобы тюремщики не издевались над ней и угова-

为。好言问道:"上司加你刑罚,不过要你招认。你何不早招认了?这罪是有分限的,女人家犯淫,极重不过是杖罪。况且已经杖断过了,罪无重科。何苦舍着身子,熬这等苦楚?"严蕊道:"身为贱伎,纵是与太守有奸,料然不到得死罪,招认了有何大害?但天下事真则是真,假则是假,岂可自惜微躯,信口妄言,以污士大夫?今日宁可置我死地,要我诬人,断然不成的。"狱官见他词色凛然,十分起敬,尽把其言禀知太守。太守道:"既如此,只依上边原断施行罢。可恶这妮子崛强,虽然上边发落已过,这里原要决断。"又把严蕊带出监来,再加痛杖,这也是奉承晦庵的意思。叠成文书,正要回覆提举司,看他口气,别行定夺,却得晦庵改调消息,方才放了严蕊出监。——严蕊恁地悔气!官人每自争闲气,做他不着。

ривал ее:

— Начальство пытает тебя только для того, чтобы добиться нужных ему показаний. Почему же тебе не признаться поскорее. Ведь то, в чем тебя обвиняют, не бог весть какое преступление. За недозволенную любовную связь самое тяжелое наказание для женщин — это удары палками. Но ведь палками тебя уже били, а за одно преступление дважды не наказывают. К чему же давать на растерзание свое тело и терпеть такие муки?!

— Я всего лишь простая гетера; если даже я и была с начальником области в недозволенных отношениях, на смерть меня не осудят. Ничего страшного не случилось бы, если бы я и призналась. Но если правда — значит, правда, ложь — так ложь. Не могу я из жалости к себе зря болтать что попало и тем самым чернить доброе имя достойных людей. Пусть меня замучают до смерти, но заставить меня возводить напраслину на других не удастся.

Видя, с какой строгостью и решимостью женщина говорит об этом, начальник тюрьмы проникся к ней глубоким уважением и передал ее слова начальнику уезда.

— Раз так, придется оставить прежнее решение, — произнес тогда начальник уезда. — До чего же противная, упрямая девка! С другой стороны, — рассуждал начальник, — хотя прежде и было принято решение, но сюда-то ее направили, чтобы выяснить дело и вынести окончательное решение.

И он велел снова вызвать Янь Жуй и опять приказал дать ей палок. И все это ради того, чтобы угодить Чжу Си.

Начальник уже подготовил все бумаги и собрался писать донесение инспектору. Он хотел выведать из его ответа, как он настроен, а затем решать, как дальше быть. И вдруг до него доходит весть, что Чжу Си переводят в другую область. Узнав об этом, он наконец выпустил Янь Жуй.

Вот так Янь Жуй не повезло. Начальники повздорили между собой из-за ерунды, а страдать выпало на ее долю. В тюрьмах

两处监里无端的监了两个月，强坐得他一个"不应"罪名，倒受了两番科断。其馀逼招拷打，又是分外的受用。正是：

规圆方竹杖，
漆却断纹琴。
好物不动念，
方成道学心。

严蕊吃了无限的磨折，放得出来，气息奄奄，几番欲死。将息杖疮，几时见不得客，却是门前车马比前更盛。只因死不肯招唐仲友一事，四方之人重他义气，那些少年尚气节的朋友，一发道是堪比古来义侠之伦，一向认得的要来问他安，不曾认得的要来识他面，所以挨挤不开。一班风月场中人，自然与道学不对，但是来看严蕊的，没一个不骂朱晦庵两句。晦庵此番竟不曾奈何得唐仲友，落得动了好些唇舌。外边人言喧

обоих уездов ей пришлось провести в общей сложности два месяца; обвинили ее в том, в чем она была неповинна; выходит, что дважды была наказана, а сверх того, еще подверглась пыткам. Вот уж поистине,

Состругали углы
на квадратном бамбуковом посохе,
Замазали лаком
на цитре потертый узор.
О, не нужно
вещи прекрасные портить,
Вот тогда о натуре возвышенной
может пойти разговор.

Когда выпустили Янь Жуй, то, истерзанная и измученная, она едва дышала и не раз казалось, что ей уже не выжить. Но, подлечившись и отдохнув, она стала понемногу принимать гостей. Теперь возле ворот ее дома еще больше, чем когда-либо, скапливалось коней и повозок. Те, кто знал ее лично, прибывали справиться о ее здоровье, а кто не знал, хотели хоть познакомиться с ней. Поэтому всегда у нее толпились посетители. И все из-за того, что она готова была умереть, но не признаться в деле, касающемся Чжунъю. У всех вызывала уважение ее героическая преданность дружбе, и молодые люди, которые ставили честь и достоинство превыше всего, говорили о ней как о доблестной поборнице правды.

Ну а завсегдатаи веселых заведений, те, конечно, всегда были не в ладах с конфуцианцами, поэтому каждый из них недобрыми словами поминал Чжу Си.

Что касается Чжу Си, то он так ничего и не смог поделать с Чжунъю, и вышло, что он только зря затеял это вздорное дело. Об истории Янь Жуй говорили повсюду, слава ее все росла и

沸，严蕊声价腾涌，直传到孝宗耳朵内。孝宗道："早是前日两平处了。若听了一偏之词，贬谪了唐与正，却不屈了这有义气的女子没申诉处？"

陈同父知道了，也悔道："我只向晦庵说得他两句说话，不道认真的大弄起来。今唐仲友只疑是我害他。"无可辨处，因致书与晦庵道：

> 亮平生不曾会说人是非，唐与正乃见疑相谮，真足当田光之死矣。然困穷之中，又自惜此泼命。一笑。

看来陈同父只为唐仲友破了他赵娟之事，一时心中愤气，故把仲友平日说话，对晦庵讲了出来，原不料晦庵狠毒，就要摆布仲友起来。至于连累严蕊受此苦拷，皆非同父之意也。这也是晦庵成心不化，偏执之过。以后改调去了。

交代的是岳商卿，名霖。到任之时，妓女拜贺，商卿问："那个是严蕊？"严蕊上前答应。商卿抬眼一看，见他举止异

распространялась, и слух о ней дошел до самого императора. «Хорошо, что в свое время я велел решить дело так, чтобы ни того, ни другого не обидеть, – сказал император. – Если бы я поверил только одной стороне и наказал начальника области Тайчжоу, то тем самым совершил бы несправедливость и в отношении этой достойнейшей женщины и не к кому было бы ей обратиться с жалобой».

Узнав о деле Янь Жуй и Чжунъю, Чэнь Лян раскаивался:

«Ведь я просто так бросил пару слов Чжу Си и не думал, что он из-за этого раздует такое дело. Теперь, наверно, Чжунъю подозревает, что я хотел погубить его, и ни перед кем мне не оправдаться».

Тогда он написал Чжу Си письмо:

«Никогда в жизни я не говорил худо о человеке за его спиной, а оговорил перед вами Тан Чжунъю лишь из-за того, что он позволил себе кое в чем проявить ко мне недоверие. Мне, конечно, следовало бы на это ответить собственной смертью, как поступил некогда Тянь Гуан, но, живя повседневно в трудностях, я дорожу все-таки своей ничтожной жизнью. Смешно, но так!»

Чэнь Лян, вспылив из-за того, что Чжунъю испортил ему дело с Чжао Цзюань, взял и высказал Чжу Си то, что обычно о нем говорил Чжунъю. Он не ожидал, что Чжу Си настолько ожесточится, что решит расправиться с Чжунъю и даже привлечет к делу Янь Жуй, которую заставит терпеть такие пытки. Словом, всего этого не ожидал Чэнь Лян. А получилось так только из-за упрямства Чжу Си, из-за того, что он не был свободен от предвзятости.

Позже, когда Тан Чжунъю перевели по службе и он уехал из Тайчжоу, должность его занял некий Юэ Линь, по второму имени Шанцин. Когда новый начальник прибыл на место и гетеры явились поздравить его, Шанцин спросил:

– Которая из вас Янь Жуй?

人，在一班妓女之中，却像鸡群内野鹤独立，却是容颜憔悴。商卿晓得前事他受过折挫，甚觉可怜。因对他道："闻你长于词翰，你把自家心事做成一词诉我，我自有主意。"严蕊领命，略不搆思，应声口占《卜算子》道：

不是爱风尘，
似被前缘误。
花落花开自有时，
总赖东君主。

去也终须去，
住也如何住？
若得山花插满头，
莫问奴归处。

商卿听罢，大加称赏道："你从良之意决矣。此是好事，我

– Это я, – сказала Янь Жуй, выступив вперед.

Взглянув на нее, Шаньцин сразу обратил внимание, что она была необыкновенна в своей манере держаться и выделялась среди других гетер, словно журавль среди кур. Но вид у нее был изможденный, лицо осунувшееся.

Шаньцин знал о случившемся, о том, сколько гетере пришлось претерпеть, и ему было очень жаль ее.

– Я слышал, что ты искусна в поэзии, – сказал он, обращаясь к Янь Жуй. – Если бы ты сочинила стихи о том, что у тебя на душе и чего бы ты хотела, я, вероятно, смог бы тебе помочь.

Тогда Янь Жуй, нисколько не задумываясь, сразу же проскандировала следующие строки на мотив «Гадатель судьбы»:

> *Не то чтоб понравилась мне*
>   *жизнь веселая эта –*
> *Так уж сложилась судьба,*
>   *ввергнув в пучину меня.*
> *Расцвести ли цветку,*
>   *лепестку ли опасть –*
> *Воля на это*
>   *владыки весны.*
> *Останься, он скажет, –*
>   *останусь, конечно.*
> *Уйти же когда-то –*
>   *придется уйти.*
> *Вот если б цветком полевым*
>   *украсить прическу мою!*
> *Не надо вопросов, не надо –*
>   *с кем и когда я уйду.*

Слова одобрения так и посыпались из уст Шаньцина, когда она закончила скандировать.

当为你做主。"立刻取伎籍来，与他除了名字，判与从良。严蕊叩头谢了，出得门去。有人得知此说的，千金币聘，争来求讨，严蕊多不从他。有一宗室近属子弟，丧了正配，悲哀过切，百事俱废。宾客们恐其伤性，拉他到伎馆散心，说着别处，多不肯去，直等说到严蕊家里，才肯同来。

　　严蕊见此人满面戚容，问知为着丧偶之故，晓得是个有情之人，关在心里。那宗室也慕严蕊大名，饮酒中间，彼此喜乐，因而留住。倾心来往了多时，毕竟纳了严蕊为妾。严蕊也一意随他，遂成了终身结果。虽然不到得夫人、县君，却是宗室自取严蕊之后，深为得意，竟不续婚。一根一蒂，立了妇

— Я вижу, ты твердо решила сменить образ жизни, – сказал он наконец. – Ну что ж, это хорошо, и я тебе в этом помогу.

Шанцин тут же велел принести списки гетер, зачеркнул в них ее имя и рядом написал: «Разрешается перейти к иному образу жизни».

Янь Жуй, низко кланяясь, поблагодарила начальника и удалилась.

Некоторые тут же узнали об этом и один за другим стали приходить к Янь Жуй свататься, поднося тысячи ланов золота в виде первого подарка. Но Янь Жуй всем отказывала.

Между тем случилось так, что у одного из молодых людей, принадлежащих к отпрыскам императорской родни, умерла жена. Горе этого человека было так велико, что ни о чем он не хотел думать, забросил все и ничего не делал. Опасаясь за него, его друзья однажды решили уговорить его пойти развлечься в увеселительное заведение. Но куда бы они ни предлагали ему пойти, тот все отказывался; только когда заговорили о том, чтобы поехать к Янь Жуй, он согласился.

Увидев скорбное выражение лица гостя и узнав, что все это из-за смерти его жены, Янь Жуй подумала о нем как о человеке с большим и нежным сердцем, и мысль эта глубоко запала ей в душу.

Со своей стороны, молодой человек тоже отнесся с уважением к Янь Жуй и восхищался ею.

За вином оба пришли в прекрасное расположение духа, были довольны один другим, и молодой человек остался у Янь Жуй. После этого они стали часто встречаться и в конце концов он взял ее в наложницы. Янь Жуй про себя давно решила, что пойдет за него, и он оказался ее судьбой. Правда, она не могла стать титулованной дамой, но молодой человек, взявший к себе Янь Жуй, был очень доволен ею и вторично уже не женился. Жили они дружно, как настоящие муж и жена, и Янь Жуй счастливо

名，享用到底。也是严蕊立心正直之报也。

　　后人评论这个严蕊，乃是真正讲得道学的。有七言古风一篇，单说他的好处：

　　　　天台有女真奇绝，
　　　　挥毫能赋谢庭雪。
　　　　搽粉虞候太守筵，
　　　　酒酣未必呼烛灭。
　　　　忽尔监司飞檄至，
　　　　桁杨横掠头抢地。
　　　　章台不犯士师条，
　　　　肺石会疏刺史事。
　　　　贱质何妨轻一死，
　　　　岂承浪语污君子！
　　　　罪不重科两得笞，
　　　　狱吏之威止是耳。
　　　　君侯能讲毋自欺，
　　　　乃遣女子诬人为。

провела с ним весь свой век. В этом можно усмотреть воздаяние неба за прямоту и честность гетеры. Впоследствии, вспоминая о Янь Жуй, люди говорили: «Уж кто действительно благородной души философ, так это она». И об истории Янь Жуй даже сложили стихи в древнем стиле, в которых воздавалось должное ее благородству. Стихи эти гласили:

В Тайчжоу живет одна гетера,
    и равных ей на свете нет;
Взмахнет лишь кистью – и о снеге
    не хуже ода, чем у Се.
Была блюстителем порядка,
    когда начальник пир давал;
И коль подвыпьют, не позволит,
    чтоб свечи вздумали гасить.
И вдруг по срочному приказу,
    что сам инспектор отдавал,
За ней пришли, ее схватили,
    и пыткам не было конца.
Но не нарушила нисколько
    законов принятых она;
В своих ответах на допросах,
    как камень, кость, была тверда:
«Ничтожной, жизнь мне дорога ли?
    Могу ль достойных очернить?»
Нет, не наказывают дважды,
    когда вина всего одна;
Но власть имущих в том и сила –
    пытали раз, пытали два.
Вы, благородные, твердите:
    «Не лги пред совестью своей!»
Гетеру ж вынудить хотите

虽在缥绁非其罪,
尼父之语胡忘之?
君不见贯高当时白赵王,
身无完肤犹自强。
今日蛾眉亦能尔,
千载同闻侠骨香。
含颦带笑出狴犴,
寄声合眼闭眉汉。
山花满头归去来,
天潢自有梁鸿案。

оклеветать других людей.
Забыли, что и так быть может,
    как по Конфуция словам:
«Хотя в тюрьму он был посажен,
    но не за ним была вина».
Или, как преданный Гуань Гао,
    когда он князя защищал, —
В нем жизнь уже едва теплилась,
    но все ж он на своем стоял.
А ныне женщина сумела
    геройский подвиг совершить,
И, как министр Гуань Гао,
    прославилась она в веках.
Когда ее освободили,
    с усмешкой вышла из тюрьмы
И стих прекрасный написала
    на ритм «Гадателя судьбы».
О полевом цветке мечтала,
    чтоб им прическу оживить,
И муж достойный ей нашелся,
    с которым в счастье прожила.

Цзинь гу цигуань
Глава 26

КИТАЙСКАЯ КЛАССИКА

第二十六卷

王孺人离合团鱼梦

门外山青水绿。
道路茫茫驰逐。
行路不知难,
顷刻夫妻南北。
莫哭,
莫哭,
不断姻缘终续。

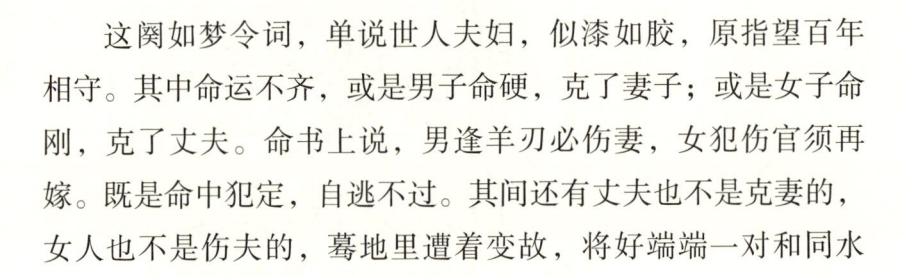

这阕如梦令词,单说世人夫妇,似漆如胶,原指望百年相守。其中命运不齐,或是男子命硬,克了妻子;或是女子命刚,克了丈夫。命书上说,男逢羊刃必伤妻,女犯伤官须再嫁。既是命中犯定,自逃不过。其间还有丈夫也不是克妻的,女人也不是伤夫的,蓦地里遭着变故,将好端端一对和同水

ГЛАВА 26

СОН ГОСПОЖИ ЦИ О ЧЕРЕПАХЕ, ПРЕДСКАЗАВШЕЙ ЕЕ СУДЬБУ

Кругом голубые озера
    и пышная зелень в горах.
Бесконечен путь долгий супругов,
    к месту добраться спешат.
Без происшествий в дороге
    многие дни провели,
И вдруг их беда разлучила,
    по разным краям развела.
Но слезы не лейте,
    не надо –
Связь их судеб не прервалась,
    вместе им быть суждено.

Это стихотворение написано на мотив «Будто во сне». И скажу я так: вот живут муж и жена; словно лак, словно клей, связала их вместе любовь, и надеются они, что так и проживут сотню лет. Но каждому из них обычно судьбой предначертано свое: то ли судьба мужчины сильнее, и тогда он наносит вред женщине; то ли судьба женщины сильнее, и тогда ущерб будет мужу. Ведь в гадательной книге сказано: если в судьбе мужчины «ян жэнь», значит, он лишится жены, а если в судьбе женщины окажется «шан гуань», то ей придется вторично выходить замуж. И коли уж что суждено, того не избежать. Бывает, правда, что судьба мужа не вредит жене, и судьба жены не в ущерб мужу, а вот случится непредвиденное, какая-то беда, и прекрасная пара – любящие муж и жена, которые друг от друга ни на шаг не отходят,

蜜，半步不厮离的夫妻，一朝拆散。这何尝是夫妻本是同林鸟，大限来时各自飞？还有一说，或者分离之后，恩断义绝，再无完聚日子，到也是个平常之事，不足为奇。惟有姻缘未断，后来还依旧成双的，可不是个新闻？

　　在下如今先将一个比方说起，昔日唐朝有个宁王，乃玄宗皇帝之弟，恃著亲王势头，骄纵横行，贪淫好色。那王府门首，有个卖饼人的妻子，生得不长不短，又娇又嫩。修眉细眼，粉面朱唇；两手滑似柔荑，一双小脚，却似潘妃行步，处处生莲。宁王一见著魂，即差人唤进府中。那妇人虽则割舍不得丈夫，无奈迫于威势，勉强从事。这一桩事，若是平民犯了，重则论做强奸，轻则只算拐占，定然问他大大一个罪名。

— вдруг оказывается разлученной. Получается, что не очень-то соответствует действительности выражение:

Жена и муж что птицы,
　　живущие в лесу одном, —
Великий срок приходит,
　　и кто куда летит своим путем.

Бывает, конечно, и так: расстанутся, и конец любви, больше уж никогда не встречаются. Это, в общем, случай обычный, и ничего в нем особенного нет. Но не удивительно ли, если муж с женой оказываются разлученными, а брачной судьбе их еще не пришел конец, и потом они снова встречаются и опять живут мужем и женой.

Вот, к примеру, случай. Некогда, во времена династии Тан, жил князь Нин, младший брат императора Сюань-цзуна. Жадный до женской красоты и плотской любви, князь, пользуясь тем, что он член императорской семьи, ни с чем не считался и позволял себе невесть что. Неподалеку от княжеского дома держал лавчонку один человек, который выпекал и продавал лепешки. Была у него жена — ростом не высока, не низка, нежна и изящна, белолица и красногуба; красивый разрез ее глаз подчеркивали тонкие линии бровей; руки у нее были гладкие, словно мягкая, нежная травка, а ножки такие маленькие, что, ступая, она казалась самой красавицей Пань, у которой под ногами рождались лотосы. Князь Нин как-то увидел ее, и душа его словно прилипла к ней. Тут же он послал людей, приказав привести к нему красавицу. Женщина хоть и не хотела расставаться с мужем, но вынуждена была следовать за людьми князя. Позволь себе такое простолюдин, наверняка вынесли б ему суровый приговор, расценив его действие как насилие; самое легкое — сочли бы, что он обманным путем увел чужую жену, и тоже досталось

他是亲王，谁人敢问？若论王子王孙犯法与庶民同罪这句话看起来，不过是设而不行的虚套子，有甚相干。宁王自得此妇，朝夕淫乐，专宠无比。回头一看，满府中妖妖娆娆，娇娇媚媚，尽成灰土。这才是情人眼里西施，别个争他不过。如此春花秋月，不觉过了一年余，欢爱既到极处，滋味渐觉平常。

　　一日遇着三月天气，海棠花盛开，宁王对花饮酒，饼妇在旁，看着海棠，暗自流泪。宁王瞧着便问道："你在我府中，这般受宠，比着随了卖饼的，朝巴暮结，难道不胜千倍。有甚牵挂在心，还自背地堕泪？"饼妇便跪下去说苦道："贱妾生长在大王府中，便没有牵挂，既先为卖饼之妻，这便是牵挂之根了，故不免堕泪。"宁王将手扶起道："你为何一向不牵挂，今日却牵挂起来？"饼妇道："这也有个缘故。贱妾生

бы ему немало. Но тут никто не посмел и слова сказать – ведь это был член императорской семьи! Конечно, по закону преступление, которое совершил член царствующего дома, наказывается так же, как преступление, содеянное простолюдином, но это только пустые слова, потому что положению этому на деле никто не следовал, словно оно и не имело отношения к важным особам.

С тех пор как жена лепешечника оказалась в доме князя, он дни и ночи проводил с ней в любовных утехах. Его расположение к ней было исключительным. Соблазнительные, изящные и нежные красавицы, которыми полон был его дом, значили для него теперь не больше, чем ничтожные пылинки. Верно говорят: в глазах влюбленного любимая его затмила красотой Си Ши. Так прошла пора весенних цветов, прошли дни осенней луны, незаметно промчался год. Поскольку любовь князя к женщине этой достигла крайнего предела, то постепенно чувства начали притупляться, и связь их стала для него простым обыкновением. Однажды в третьем месяце, когда пышно расцвела айва, князь Нин пил вино и любовался ее цветами. Жена лепешечника была с ним рядом. Глядя на цветы, она невольно проронила слезу. Князь Нин это заметил.

– Я к тебе так отношусь, пользуешься ты таким почетом, – сказал он ей, – разве тебе здесь хуже, чем со своим лепешечником, когда вставала рано и не ложилась допоздна?! Не понимаю, что тяготит тебя, о чем льешь слезы.

Женщина стала перед ним на колени.

– Если бы я родилась в вашем доме, не о чем было бы мне вспоминать и ничто бы меня не тяготило, – отвечала она. – Но я попала к вам, когда уже была женой продавца лепешек. В этом и есть причина моих горестных мыслей и невольных слез.

– Почему же раньше тебя это не тревожило, а вдруг сегодня? – спросил князь, поднимая ее с колен.

长田舍之家,只晓得桃花李花杏花梅花,并不晓得有甚么海棠花。昔年同丈夫在门前卖饼,见府中亲随人,担这海棠花过来,妾生平不曾看见此花,教丈夫去采一朵戴。丈夫方走上去采这海棠,被府中人将红棍拦肩一棍,说道:'普天下海棠花,俱有色无香,惟有昌州海棠,有色有香。奉大王命,直到昌州取来的,你却这样大胆,擅敢来取采?'贱妾此时就怨自己不是,害丈夫被打这一棍。今日在大王府中,见此海棠,所以想起丈夫,不由人不下泪。"宁王听此说话,也不觉酸心起来,说道:"你今还想丈夫,也是好处。我就传令,着你丈夫进府,与你相见何如?"饼妇即跪下道:"若得丈夫再见一面,死亦瞑目。"宁王听了,点点头儿,仍扶了起来,即传令旨出去呼唤,不须臾唤到,直至花前跪下。卖饼的虽俯伏在地,冷眼却瞧着妻子,又不敢哭,又不敢仰视。谁知妻子见了丈夫,放声号哭起来,也不怕宁王嗔怪。宁王虽则性情风流,心却慈善,见此光景,暗想道:"我为何贪了美色,拆散他人

— Есть и на это своя причина, — отвечала женщина. — Я ведь родилась в деревне, видела только цветы персика, сливы, абрикоса, мэй и никогда не знала о цветах какой-то айвы. Но в прошлом году, когда мы с мужем продавали лепешки, я обратила внимание, как ваши люди проносили мимо нас эти цветущие деревца. Тогда я увидела их впервые и попросила мужа сорвать для меня один цветок. Когда он подошел к вашему дому и собирался сорвать цветок, ваш человек ударил его палкой по спине и отчитал: «Мы специально привезли эти деревья из Чанчжоу, а ты, ишь нашелся смелый какой, решил обрывать их!» Оказывается, цветы айвы обычно не пахнут. Только в Чанчжоу эти деревца и цветут, и имеют аромат. Поэтому вы и приказали доставить сюда эти деревья из Чанчжоу. Я стала тогда винить себя, что из-за меня мужа ударили палкой. И вот сегодня, глядя на цветы айвы, я вспомнила тот случай, подумала о муже, и невольно у меня навернулись слезы.

Князя охватило чувство жалости к женщине.

— Ты все еще помнишь мужа! Это хорошо, — проговорил князь. — Ну что ж, я велю привести его сюда, чтобы ты повидала его. Что ты скажешь?

Опустившись на колени, женщина ответила:

— Если мне удастся еще хоть раз взглянуть на него, я смогу умереть с закрытыми глазами.

Князь снова поднял ее, понимающе кивая, и велел позвать продавца лепешек. Того тотчас привели. Явившись, он стал перед князем на колени, и, хотя голова его была низко опущена в земном поклоне, он все же тайком наблюдал за женой, не осмеливаясь при этом ни слезу проронить, ни поднять взор. Глядя на мужа, женщина вдруг громко разрыдалась; она уже не думала о том, что это может разгневать князя. Князь Нин по натуре своей хоть и был женолюбивым, но был он также человеком доброй души и при виде этой картины подумал: «Да, грех было с моей

的夫妻，也是罪过。"即时随赏百金，与妇人遮羞，就着卖饼的领将出来，复为夫妇。当时王维曾赋一诗，以纪此事，诗云：

> 莫以今时宠，
> 难忘旧日恩；
> 看花两眼泪，
> 不共楚王言。

这段离而复合之事，一则是卖饼妻子貌美，又近了王府，终日在门前卖俏，慢藏诲盗，冶容诲淫，合该有此变故。如今单说一个赴选的官人，蓦地里失了妻子，比宁王强夺的尤惨，后来无意中仍复会合，比饼妇重圆的更奇。这事出在那个朝代？出在南宋高宗年间。这官人姓王名从事，汴梁人氏。幼年做了秀才，就贡入太学。娘子乔氏，旧家女儿，读书知礼，

стороны, пленившись красотой этой женщины, разлучать ее с мужем». И он тут же велел принести сто ланов золота, подарил их женщине, а продавцу лепешек сказал, что может забрать жену домой. В те времена Ван Вэй в связи с этой историей сочинил стихи:

> Пусть в роскоши ныне,
>   в почете живет,
> Но ей не забыть
>   любви прежних дней.
> Слезу уронила,
>   смотря на цветы,
> И с князем она
>   бесед не ведет.

Эта история, где жена и муж расстались, а потом снова соединились, произошла не случайно. Прежде всего так получилось потому, что женщина была красива, а кроме того, жила возле дома князя и целыми днями находилась у людей на виду; а, как говорится, богатство небрежно хранить — воров навлекать, лицо украшать — соблазнителей привлекать.

Ну, а теперь поведаю об одном молодом человеке, который вместе с женой поехал в другой город, чтобы там служить, и вышло так, что муж и жена потеряли друг друга. Эта история еще более печальна, чем история с князем Нином, который отнял жену у простолюдина, а встреча мужа с женой в этой истории куда удивительнее, чем соединение лепешечника с женой.

Произошло это в годы Южной сунской династии, в период правления императора Гао-цзуна. Фамилия молодого человека была Ван, звали его Цунши, жил он в Бяньляне. С юношеских лет он стал сюцаем, и ему удалось поступить в Тайсюэ. Жена его, урожденная Ци, происходила из старинного рода, получила

夫妻二人，一双两好。只是家道贫寒，单单惟有夫妻，并无婢仆，也未生儿女。其时高宗初在临安建都，四方盗寇正盛，王从事捱着年资，合当受职，与乔氏商议道："我今年纪止得二十四五，论来还该科举，博个上进功名，才是正理。但只家事不足，更兼之盗贼又狠，这汴梁一带，原是他口里食，倘或复来，你我纵然不死，万一被他驱归他去，终身沦为异域之人了。意欲收拾资装，与你同至临安，且就个小小前程，暂图安乐。等待官满，干戈宁静，仍归故乡。如若兵火未息，就入籍临安，未为不可，你道何如？"乔氏道："我是女流，晓得甚么，但凭官人自家主张。"王从事道："我的主意已定，更无疑惑。"即便打叠行装，择日上道。把房屋家伙，托与亲戚照管。一路水程，毫不费力，直至临安。看那临安地方，真个好景致，但见：

должное воспитание и образование. Жила эта пара в мире и согласии, но детей у них не было. Слуг в доме они не держали по недостатку средств.

Пришло как раз то время, когда Гао-цзун перенес столицу в город Линьань, и в стране был настоящий разгул бандитизма.

По количеству лет, которые Ван Цунши проучился в Тайсюэ, ему полагалось уже вот-вот получить какую-нибудь небольшую должность. И он стал советоваться с женой:

– Мне только двадцать четыре года, пошел двадцать пятый, и следовало бы, конечно, добиваться того, чтобы держать экзамены на высшую степень и тогда получить более высокое назначение. Однако живем мы бедно, да и бандиты теперь свирепствуют повсюду, а район Бяньляна – место, где они постоянно промышляют. Сейчас их здесь нет, но если снова налетят, то, может, мы и не погибнем от их ножей, но угонят они нас куда-нибудь, и придется до конца своих дней жить где-то в чужом краю. И вот я надумал: не уехать ли нам вместе в Линьань. Получу я там хоть и незначительную должность, зато по крайней мере жить будем спокойно; отслужу свой срок, и, если все поутихнет, снова вернемся к себе на родину. Если же войне и смуте и к той поре не настанет конца, можно будет и вообще остаться в Линьани. Что ты на это скажешь?

– Что я, женщина, понимаю в подобных делах! – отвечала Ци. – Решайте сами. Как решите, так и будет.

– Я уже все продумал, и сомнений у меня никаких нет, – сказал ей на это Ван Цунши.

Муж и жена начали собираться в дорогу, избрали благоприятный день и двинулись в путь. Дом свой, мебель и прочее они поручили родственникам, чтобы те присматривали. Ехали они водным путем и без особых сложностей добрались до Линьани. И тут великолепное зрелище представилось их взору:

凤皇耸汉，秦望连云。慧日如屏多怪石，孤山幽僻遍梅花。天竺峰，飞来峰，峰峰相对，谁云灵鹫移来？万松岭，凤篁岭，岭岭分排，总是仙源发出。湖开潋滟，六桥桃柳尽知春；城拱崔巍，百雉楼台应入画。数不尽过溪亭、放鹤亭、翠薇亭、梦儿亭，步到赏心知胜览。看不迭夫差

К небесным высям
        тянутся вершины Фэнхуан,
Гора Циньван
        пронзает облака;
Причудливых камней нагроможденье
        как будто отгораживает солнце,
И всюду средь расщелин горных
        цветет прелестным цветом мэй.
Гора Тяньчжу, гора Фэйлай
        стоят одна перед другою;
Неужто правда, что Фэйлай
        сюда из Индии попала?
Вершины гор Ваньсун и Фэнхуан
        грядами стелются отсюда,
И в них берут свое начало
        источники чудесных вод.
Вид озера великолепный
        тут пред глазами предстает;
На всех шести мостах и персики и ивы
        уж знают, что пришла весна;
Вершинами высоких гор
        весь город окаймлен.
И стены, башни городские здесь хороши так,
        что хоть пиши картину с них.
Беседок, что стоят красиво над ручьями,
        нельзя и перечесть:
Беседка аистов, отпущенных на волю,
        Беседка сновидений и другие;
И только если сам побудешь в тех краях,
        поймешь всю прелесть их.
Но хватит ли тебя на то,
        чтоб всем полюбоваться?!

墓、杜牧墓、林甫墓，行来吊古见名贤。须知十塔九无头，不信清官留不住。

　　王从事到了临安，仓卒间要寻下处。临安地方广阔，踏地不知高低，下处正做在抱剑营前。那抱剑营前后左右都是妓家，每日间穿红着绿，站立门首接客。有了妓家，便有这班闲游浪荡子弟，着了大袖阔带的华服，往来摇摆。可怪这班子弟，若是嫖的，不消说要到此地；就是没有钱钞不去嫖的，也要到此闯寡门，吃空茶。所以这抱剑营前，十分热闹。既有这些妓家，又有了这些闲游子弟，男女混杂，便有了卖酒卖肉、卖诗画、卖古董、卖玉石、卖绫罗手帕、荷包香袋、卖春药、卖梳头油、卖胭脂搽面粉的。有了这般做买卖的，便有偷鸡、剪绺、撮空、撇白、托袖、拐带有夫妇女。一班小人，丛杂其地。王从事一时不知，赁在此处，催着轿子，抬乔氏到下处。

Ду Му могила здесь,
там вот Линь Бу могила –
Поклон свершаешь и скорбишь
о мудрецах ушедших.
И надо знать, что пагоды вокруг –
из десяти – одна со шпилем.
Какой чиновник, пусть хоть самый честный,
покинет добровольно этот край!

Прибыв в Линьань, Ван Цунши сразу же стал искать, где бы им остановиться. Не зная этого огромного города, он снял комнату в районе Баоцзяньин, который был местом увеселительных домов. Каждый вечер наряженные в пестрые платья женщины стояли здесь возле ворот, ожидая гостей. И поскольку жили тут гетеры, то прохаживались вокруг и праздные молодые люди, разодетые в халаты с огромными рукавами и широкими поясами. Эти люди искали встреч с гетерами, и не удивительно, что они приходили сюда; невероятным казалось другое: сюда приходили даже те, у кого ни гроша не было за душой, – так, чтобы просто посидеть, попить чаю в веселом заведении. Поэтому в Баоцзяньине всегда царило чрезвычайное оживление: ведь туда, где полно гетер и праздной молодежи, стекаются и продавцы-лотошники, которые торгуют вином и мясом, стихами и картинами, старинными безделушками и драгоценными камнями, шелковыми накидками и платками, кошельками и душистыми мешочками; продают тут и средства для любострастия, масло для волос, пудру, помаду. Ну а где собирается подобный люд, там околачиваются и те, кто кур ворует, кто срезает карманы и подвески, кто обманным путем уводит замужних женщин, – словом, жулики всякого рода и подозрительные мелкие людишки. Ничего этого не ведая, Ван Цунши снял в Баоцзяньине комнату, нанял паланкин и отправился за женой.

原来临安风俗，无论民家官家，都用凉轿。就是布幛轿子，也不用帘儿遮掩；就有帘儿，也要揭起凭人观看，并不介意。今番王从事娘子，少不得也是一乘没帘儿的凉轿。那乔氏生得十分美貌，坐在轿上，便到下处。人人看见，谁不喝采道："这是那里来的女娘，生得这般标致！"怎知为了这十分颜色，反惹出天样的一场大祸事来。正是：

兔死因毛贵，
龟亡为壳灵。

却说王从事夫妻，到了下处，一见地方落得不好，心上已是不乐。到着晚来，各妓家接了客时，你家饮酒，我家唱曲，东边猜拳，西边掷骰。那边楼上，提琴弦子；这边廊下，吹笛弄箫；嘈嘈杂杂，喧喧攘攘，直至夜深，方才歇息。从事夫妻住在其间，又不安稳，又不雅相。商议要搬下处，又可怪临安人家房屋，只要门面好看，里边只用芦苇隔断，涂些烂泥，刷些石灰白水，就当做妆折。所以间壁紧邻，不要说说一句话便听得，就是撒屁小解，也无有不知。王从事的下处紧夹壁也

Оказывается, в Линьани – и среди чиновников, и среди простых горожан – было принято пользоваться прохладными паланкинами. Такой паланкин, закрытый пологом из материи, спереди не имел занавески, а если она и была, то ее всегда откидывали и все видели, кто сидит в паланкине, но люди, сидящие в нем, не придавали этому никакого значения. Разумеется, жена Ван Цунши, госпожа Ци, ехала именно в таком паланкине. Госпожа Ци была хороша собой, и, когда она прибыла на место, все невольно обратили на нее внимание. «Откуда взялась эта женщина? Какая прелестная!» – говорили, глядя на нее, люди. Но вот, оказывается, красота-то ее и навлекла невероятную беду. Действительно:

Зайца губит шерсть его,
  черепаху – панцирь.

Итак, Ван Цунши с женой прибыли на место нового жительства. Они сразу же поняли, что попали в окружение, совсем для них не подходящее, и очень этим огорчились. А когда наступил вечер и гетеры стали принимать гостей, то здесь пили, там пели; с одной стороны, громко крича, играли в пальцы; с другой – играли в кости; сверху от соседей доносились звуки скрипки; откуда-то снизу – звуки флейты – словом, шум и гам стоял целый вечер и прекратился лишь глубокой ночью. Ван Цунши с женой жить тут было и неспокойно и неприлично. И однажды они заговорили о том, что надо куда-то переехать.

Как это ни покажется странным, дома в Линьани строились так, чтобы лишь внешне все выглядело хорошо. Внутри же помещение от помещения отделялось камышом; камыш обмазывали слоем глины, белили известковой водой, и считалось это побеленной стенкой. Поэтому люди не только слышали каждое слово, которое произносилось у соседей, но знали даже, когда там оправлялись. Рядом с Ван Цунши за такой перегородкой

是一个妓家，那妓家姓刘名赛。那刘赛与一个屠户赵成往来，这人有气力，有贼智，久惯帮打官司，赌场中捉头放囊，衙门里买差造访。又结交一班无赖，一呼百应，打抢扎诈，拐骗掠贩，养贼窝赃，告春状，做硬证，陷人为盗，无所不为。这刘赛也是畏其声势，不敢不与他往来，全非真心情愿。乔氏到下处时，赵成已是看见，便起下欺心念头。为此连日只在刘赛家饮酒歇宿，打听他家举动。那知王从事与妻子商量搬移下处，说话虽低，赵成却听得十之二三，心上想道："这蛮子，你是别处人，便在这里住住何妨，却又分甚么皂白，又要搬向他处，好生可恶！我且看他搬到那一个所在，再作区处。"及至从事去寻房子，赵成暗地里跟随。王从事因起初仓卒，寻错了地方，此番要觅个僻静之处，直寻到钱塘门里边，看中了一所

жила гетера. Звали ее Лю Сай. Она часто встречалась с одним мясником, неким Чжао Чэном. Человек этот обладал недюжинной силой и воровской сообразительностью; он постоянно помогал кому-нибудь в судебных делах, устраивал сборища, где играли в азартные игры, а сам получал проценты с выигрыша, давал в долг кому надо было из игроков в случае их проигрыша, частенько захаживал в казенные учреждения навестить кого-нибудь или подкупить там служащих. Водил он дружбу с бездельниками, и стоило ему лишь кликнуть клич, как они тут же являлись и готовы были на все что угодно: надо было бить – били, ограбить – грабили, угрожали смертью, шантажировали, уводили детей и женщин, а потом продавали их; он содержал воров, прятал краденое и награбленное, обвинял кого вздумается в прелюбодеянии, выступал свидетелем, давая ложные показания, толкал людей на грабеж, бандитизм. Лю Сай встречалась с Чжао Чэном вовсе не потому, что он был ей по душе, она просто боялась его и не решалась ему отказывать.

Когда Чжао Чэн увидел госпожу Ци, у него сразу зародилась коварная мысль. Но сначала надо было уяснить, что собой представляют эти вновь прибывшие, и потому он все время околачивался у Лю Сай, пил у нее, ночевал у нее. И вот когда Ван Цунши советовался с женой относительно переезда, то, хоть разговаривали они тихо, Чжао Чэн все же кое-что расслышал, понял, что к чему, и разозлился: «Ишь какой умник! Поселился здесь, ну и живи! Ему, видите ли, одно не нравится, другое не по душе. Переехать вздумал! Ладно, посмотрим, куда ты переселишься...»

В тот день и час, когда Ван Цунши отправился искать комнату, Чжао Чэн тайком последовал за ним. Допустив поначалу оплошность с жильем, Ван Цунши решил теперь найти какое-нибудь тихое, спокойное место и потому пошел в район ворот Цяньтан. Здесь он подыскал помещение, которое ему пригляну-

房子。又仔细问着邻家，都是做生意的，遂租赁下了。与妻子说知，择好日搬去。这些事体，赵成一一尽知。

王从事又无仆从，每日俱要亲身。到了是日，乔氏收拾起箱笼，王从事道："我先同扛夫抬去，即便唤轿子来接你。"道罢，竟护送箱笼去了。乔氏在寓所等候，不上半个时辰，只见两个汉子，走入来说："王官人着小的来接娘子，到钱塘门新下处去，轿子已在门首。"乔氏听了，即步出来上轿。看时，却是一乘布帏轿子，乔氏上了轿，轿夫即放下帘儿，抬起就走。也不知走了多少路，到一个门首，轿夫停下轿子，揭起帘儿，乔氏出轿。走入门去，却不见丈夫，只见站着一伙面生歹人。原来赵成在间壁，听见王从事分付妻子先押箱笼去的话，将机就计，如飞教两个人抬乘轿子来，将乔氏骗去。临安自来风俗，不下轿帘，赵成恐王从事一时转来遇着，事体败露，为此把帘儿下了，直抬至家中。乔氏见了这一班人，情知有变，吓得面如土色，即回身向轿夫道："你说是我官人教你

лось, и стал расспрашивать о соседях. Оказалось, что живут вокруг деловые, торговые люди, и тогда Ван Цунши снял комнату.

Вернувшись, он рассказал об этом жене, и они выбрали благоприятный для переезда день. Чжао Чэн знал теперь до мельчайших подробностей, куда и когда переезжают супруги.

У Ван Цунши не было прислуги, все приходилось делать самому. И вот в день переезда, когда жена его уже собрала сундуки и короба, Ван Цунши сказал ей:

— Я возьму вещи и пойду с носильщиком, потом найму паланкин и вернусь за тобой.

С этим он ушел, а госпожа Ци осталась ждать. Через некоторое время к ней вошли двое мужчин.

— Господин Ван велел нам препроводить вас на новое место, — сказал один из них. — Паланкин ждет вас на улице.

Ци вышла и села в паланкин. Носильщики тут же опустили переднюю занавеску, подняли паланкин и понесли.

Сколько они прошли, она не знала. Возле ворот какого-то дома носильщики остановились. Госпожа Ци вышла из паланкина и направилась в дом. Но мужа ее здесь не было. Перед ней стояла компания каких-то людей, явно не внушающих доверия.

Оказывается, когда Чжао Чэн через перегородку услышал, что Ван Цунши отправляется сопровождать багаж, а жене велит дожидаться дома, он тут же приказал двоим из своих людей взять паланкин и увезти госпожу Ци. И хотя в Линьани не было принято опускать переднюю занавеску на паланкине, Чжао Чэн, опасаясь, как бы Ван Цунши на обратном пути не заметил жену, велел опустить занавеску. Так госпожу Ци доставили к Чжао Чэну.

Женщина поняла, что случилось неладное. Лицо ее потемнело от страха, и, повернувшись, чтобы уйти, она сказала, обращаясь к носильщикам:

— Вы ведь говорили, что господин велел препроводить меня

来接我到新下处，如何抬到这个所在，还不快送我去。"那轿夫也不答应，竟自走开。

赵成又招一个后生，赶近前来，左右各挟着一只胳膊，扶他入去，说："你官人央我们在此看下处，即刻就来。"乔氏娇怯怯的身子，如何强得过这两个后生，被他直搀至内室。乔氏喝道："你们这班是何等人，如此无理！我官人须不是低下之人，他是河南贡士，到此选官的。快送我去，万事皆休，若还迟延，决不与你干休！"赵成笑道："娘子弗要性急，权且住两日就送去便了。"乔氏道："胡说！我是良人妻子，怎住在你家里。"赵成带着笑，侧着头，直凑到脸上去说道："娘子，你家河南，我住临安，天遣良缘，怎说此话。"乔氏大怒，劈面一个巴掌，骂道："你这砍头贼，如此清平世界，敢设计诓骗良家妇女在家，该得何罪。"赵成被打了这一下，也大怒道："你这贼妇，好不受人抬举。不是我夸口说，任你夫人小姐，落到我手，不怕飞上天去，那希罕你这酸丁的婆娘？

туда, где он снял комнату. Почему же доставили меня сюда? Живо отвезите куда следует.

Носильщики, ничего не ответив, разошлись, а Чжао Чэн тут же подозвал одного из своих молодцов; вдвоем они схватили несчастную за руки и потянули за собой.

– Ваш господин велел вам здесь дожидаться. Он сейчас придет, – заявили они.

Слабой и хрупкой женщине было, конечно, не справиться с ними, и они завели ее в дом.

– Кто вы? Как смеете позволять себе такое! – кричала Ци. – Мой муж не какой-нибудь простолюдин. Он сюцай из Бяньляна и прибыл за назначением на должность. Немедленно отправьте меня к нему. Иначе будете за это в ответе.

– Ну зачем так волноваться!? – улыбаясь, произнес Чжао Чэн. – Поживете здесь парочку дней, и отправим вас обратно.

– Что вы чушь городите! Я жена порядочного человека, разве я могу остаться тут!

Все продолжая улыбаться, Чжао Чэн, чуть склонив голову набок и почти касаясь ее лица, проговорил:

– Госпожа, вы из Бяньляна, я живу в Линьяни, небо даровало нам счастливый случай встретиться, а вы говорите этакое!

Разгневанная, Ци ударила его по лицу.

– Голову тебе надо срубить, негодяй! – бранилась она. – В этакое время, когда все люди живут как люди, ты осмеливаешься обманным путем завлекать к себе порядочных женщин. Да знаешь ли ты, чего за это заслуживаешь?

Получив пощечину, Чжао Чэн разозлился.

– Ах ты, мерзавка! К тебе относятся с почтением, а ты изображаешь тут из себя! – кричал он. – Госпожа ты там или не госпожа, мне до этого нет дела, но уж раз попала ко мне, то имей в виду – зря слов на ветер не бросаю – улететь отсюда не сумеешь. Подумаешь, недотрога! Тут моя воля: захочу – отправлю на

要你死就死,活就活,看那一个敢来与我讲话。"乔氏听了想道:"既落贼人之手,丈夫又不知道,如何脱得虎口?罢罢,不如死休!"乃道:"你原来是杀人强盗,索性杀了我罢。"赵成道:"若要死,偏不容你死。"众人道:"我实对你说,已到这里,料然脱不得白,好好顺从,自有好处。"

乔氏此时,要投河奔井,没个去处;欲待悬梁自刎,又被这班人看守。真个求生不能生,求死不得死,无可奈何,放声大哭。哭了又骂,骂了又哭,捶胸跌足,磕头撞脑,弄得个头髻蓬松,就是三寸三分的红绣鞋,也跳落了。赵成被他打了一掌,又如此骂,如此哭,难道行不得凶?只因贪他貌美,奸他的心肠有十分,卖他的心肠更有十分,故所以不放出虎势,只得缓缓的计较。乃道:"众弟兄莫理他,等再放肆,少不得与他一顿好皮鞭,自然妥当。"一会儿搬出些酒饭,众人便吃,乔氏便哭。众人吃完,赵成打发去了,叫妻子花氏与婢妾都来作伴防备。原来赵成有一妻两妾,三四个丫头,走过来轮流相劝,将铜盆盛了热水与他洗脸,乔氏哭犹未止。花氏道:

тот свет, захочу – оставлю в живых.

Госпожа Ци понимала, что попалась в руки мошенников и муж об этом ничего не знает. «Не выбраться мне отсюда, остается одно – умереть», – решила она и снова закричала на Чжао Чэна:

– Бандит ты этакий! Убийца! Убей меня, убей!

– Ах, ты хочешь смерти! Так нет, не будет того, а будет по-моему, – отвечал Чжао Чэн.

Кто-то из присутствующих стал увещевать Ци:

– Послушай-ка! Так просто отсюда тебе не вырваться. Подчинись, тебе же будет лучше!

Ци готова была броситься хоть в колодец, хоть в омут, накинула бы на себя петлю. Но ее окружили, ей и с места не давали сдвинуться. Ци разрыдалась. Она плакала, бранилась и снова плакала, в отчаянии колотила себя в грудь, топала ногами, билась головой о стенку; волосы ее растрепались, даже туфельки слетели с ног. Но неужели же Чжао Чэн, который получил пощечину да еще такую порцию брани и слез, неужели он не мог силой ее утихомирить? Все дело в том, что она так понравилась ему и ему так хотелось обладать ею, а еще больше – подладиться к ней по-хорошему, что он не отваживался выпускать свои тигриные когти, надеясь уладить все постепенно.

– Ладно, не обращайте на нее внимания! – бросил он своим людям. – Видать, не обойдется дело без хороших плеток, не утихомирится так.

Вскоре подали вино и еду. Все принялись есть, а Ци продолжала плакать. Пообедав, Чжао Чэн выпроводил приятелей, позвал свою жену – Хуа, служанок, вторых жен – всем им приказал быть возле Ци и зорко следить за ней.

Оказывается, у Чжао Чэна была жена, две вторые жены и несколько служанок. То одна, то другая из женщин успокаивали Ци, принесли ей в тазу теплой воды, чтобы она умыла лицо, но

"铁怕落炉，人怕落囤。你如今生不出两翅，飞不到天上，到不如从了我老爹罢。"乔氏嚷道："从甚么，从甚么？"那娘道："陪老爹睡几夜，若服侍得中意，收你做个小娘子，也叫做从；或把与别人做通房，或是卖与门户人家做小娘，站门接客，也叫做从。但凭你心上从那一件。"

乔氏听了，一发乱跌乱哭，头髻也跌散了，有只金簪子掉将下来，乔氏急忙拾在手中。原来这只金簪，是王从事初年行聘礼物，上有王乔百年四字，乔氏所以极其爱惜，如此受辱受亏之际，不忍弃舍。此时赵成又添了几杯酒，欲火愈炽，乔氏虽则泪容惨淡，他看了转加娇媚，按捺不住，赶近前双手抱住，便要亲嘴。乔氏愤怒，拈起手中簪子，望着赵成面上便刺，正中右眼，刺入约有一寸多深。赵成疼痛难忍，急将手搭住乔氏手腕，向外一扯，这簪子随手而出，鲜血直冒，昏倒在地。可惜一团高兴，弄得冰消瓦解。连这一妻两妾，三四个丫头，把香灰糁的，把帕子扎的，把乔氏骂的揪打的，乱得大缸

Ци продолжала плакать.

Хуа, старшая жена Чжао Чэна, говорила:

— Железу страшно в печь попасть, человеку — в пропасть упасть. Не вырастут же у тебя крылья, чтобы на небо взлететь! Так уж лучше не противься.

— Что значит «не противься»?! — закричала Ци.

— Это значит провести несколько ночей с нашим стариком, понравиться ему, пойти к нему в младшие жены, — отвечала Хуа. — Или же стать женой кого-нибудь из близких его друзей, или же согласиться, чтобы он продал тебя в какой-нибудь богатый дом, где ты будешь потом стоять возле ворот и встречать гостей. Все это можно назвать «не противиться», — продолжала жена Чжао Чэна. — Но все зависит от того, чему именно ты захочешь не противиться.

Услышав такое, Ци стала еще пуще плакать, разрыдалась, начала метаться, биться так, что у нее даже узел на голове распустился и из волос вдруг вылетела золотая шпилька. Ци поспешила поднять ее. Это была шпилька, которую в свое время Ван Цунши поднес ей в качестве сговорного дара, и Ци очень дорожила ею; на шпильке было написано: «Сто лет быть вместе Вану и Ци!» Пока Хуа втолковывала госпоже Ци что к чему, Чжао Чэн выпил еще несколько чарок вина. Страсть в нем разгорелась. Растрепанная и заплаканная, женщина стала ему казаться еще более привлекательной. Не в силах сдержать себя, он подбежал к ней, обхватил обеими руками, намереваясь поцеловать. Ци, взбешенная, ткнула Чжао Чэна в лицо шпилькой, которую только что подняла, и та чуть ли не наполовину вонзилась ему в правый глаз. От нестерпимой боли Чжао Чэн оттолкнул руку Ци вместе со шпилькой, из глаза брызнула кровь, и Чжао Чэн упал.

Началось невообразимое: жены Чжао Чэна и служанки — кто засыпа́л ему глаз порошком, кто накладывал повязку, кто ругал

水浒。赵成昏去了一大会,方才忍痛开言说:"好好,不从我也罢了,反搠坏我一目。你远泼贱歪货,还不晓得损人一目,家私平分的律法哩。"叫丫头扶入内室睡下,去请眼科先生医治。又分付妻妾们轮流防守乔氏,不容他自寻死路。诗云:

> 双双鹣鸟在河洲,
> 矰缴遥惊两地投;
> 自系樊笼难解脱,
> 霜天叫彻不成俦。

且说王从事押了箱笼,到了新居,复身转来,叫下轿子,到旧寓时,只见内外门户洞开,妻子不知那里去了。问及邻家,都说不晓得。惟有刘赛家说:"方才有一乘轿子接了去,这不是官人是那个?"王从事听了这话,没主意,一则是异乡人,初到临安,无有好友;二则孤身独自,何处找寻去。走了两三日,没些踪影,心中愤恨,无处发泄。却到临安府中,去告起一张状词,连紧壁两邻,都告在状上。这两邻一边是刘

Ци, кто бил ее. Долго Чжао Чэн не мог прийти в себя, а когда очнулся, превозмогая боль, сказал:

— Ладно, ладно. Не хочешь ты со мной — и пусть, но глаз-то зачем мне испортила! Ты, тварь дешевая, не знаешь, наверно, что за поврежденный глаз полагается отдать человеку половину всего, что имеешь. Вот ты у меня узнаешь.

Служанки под руки увели Чжао Чэна в спальню и послали за врачом. При этом Чжао Чэн наказал женам следить, как бы Ци не покончила с собой. В стихах говорится:

Нераздельною парой летят над рекой
    птицы цзянь,
Своею стрелой птицелов
    разлучил их;
В клетку попав, хоть ты к небу взывай,
    с другом, увы, не сойдешься.

Но вернемся к Ван Цунши. Оставив вещи на новом месте, он сразу же нанял паланкин и вернулся за женой. Двери в помещение, которое они раньше занимали, были распахнуты настежь, а жены Ван Цунши нигде не обнаружил. Тогда он обратился к соседям, но те отвечали, что ничего не знают. Только Лю Сай сказала:

— Совсем недавно ее унесли в паланкине. Разве это были не вы?

Услышав такое, Ван Цунши не знал, что и делать: был он из другого края, в Линьань попал впервые, знакомых и друзей у него здесь не было; а один — как он мог ее найти! Несколько дней подряд колесил он по городу, но никаких следов жены не обнаружил. Не зная, как излить свои горе и возмущение, он направился в областное управление Линьани и подал жалобу о пропаже жены, причем в жалобе этой даже привлекал к ответу

赛，一边是做豆腐的，南浔人，姓蓝，年纪约莫六十七八岁，人都叫他蓝老儿，又叫做蓝豆腐。临安府尹，拘唤刘赛及蓝豆腐到官审问，俱无踪迹。一面出广捕查访，一面将刘赛蓝豆腐招保。赵成在家养眼，得知刘赛被告，暗暗使同伴保了刘赛，又因刘赛保了蓝豆腐。王从事告了这张状词，指望有个着落，那知反用了好些钱钞，依旧是捕风捉影。自此无聊无赖，只得退了钱塘门下处，权时侨寓客店，守候选期，且好打探妻子消息。分明是：

石沉海底无从见，
浪打浮沤那得圆。

再说赵成虽损了一目，心性只是照旧。又想这婆娘烈性，料然与我无缘的了，不如早早寻个好主顾卖去罢。恰有一新进士，也姓王，名从古，平江府吴县人，新选衢州府西安县知

соседей. А соседями его были за одной стенкой – Лю Сай, за другой – старик из Наньсю, который зарабатывал тем, что делал соевый творог. Фамилия его была Лань, лет ему было под семьдесят, и все звали его «Старик Лань» или «Голубой творог». Правитель области Линьань вызвал Лю Сай и старика Ланя, но ничего не мог от них добиться. Тогда он приказал дать объявление о розыске и разрешил отпустить на поруки Лю Сай и старика Ланя. Когда Чжао Чэну, который лечил глаз и не выходил из дома, стало известно, что на Лю Сай подали жалобу, он дал знать своим дружкам, чтобы ее взяли на поруки, заодно с ней – и старика Ланя.

Подавая жалобу, Ван Цунши надеялся найти хоть какие-то следы жены, но оказалось, что он лишь зря потратил немалые деньги и что ему по-прежнему остается только ловить ветер да хватать тень.

С той поры он ходил подавленный, поникший. От нанятого помещения он теперь отказался и поселился в гостинице. Дожидаясь назначения на должность, Ван Цунши продолжал разузнавать о жене. Но явно:

Камень в море потонул –
где его искать!
Бьет волна по пузырям –
круглыми не быть!

Но вернемся теперь снова к Чжао Чэну. Хотя из-за госпожи Ци он и потерял глаз, но желание обладать ею у него не пропало. В то же время не раз он подумывал: «Бабенка эта упряма, вероятно, не судьба мне быть с ней. Может, не теряя времени, найти на нее подходящего покупателя?»

Случилось так, что как раз в это время один человек, недавно выдержавший экзамен на степень цзиньши, получил назначение

县。年及五旬，尚未有子。因在临安帝都中，要买一妾，不论室女再嫁，只要容貌出众，德性纯良，就是身价高，也不计较。那赵成惯做这掠贩买卖，便有惯做掠贩的中媒，被打听着了，飞风来报与他知。赵成便要卖与此人，心上踌躇，怕乔氏又不肯从，教妻子探问他口气。这婆娘扯个谎，只说："新任西安知县，结发已故，名虽娶妾，实同正室。你既不肯从我老爹，若嫁得此人，依旧去做奶奶，可不是好？"乔氏听了细想道："此话到有三分可听。我今在此，死又不得死，丈夫又不得见面，何日是了。况我好端端的夫妻，被这强贼活拆生分，受他这般毒辱，此等冤仇，若不能报，虽死亦不瞑目。"又想道："到此地位，只得忍耻头生，将机就计，嫁这客人，先脱离了此处，方好作报仇的地步。闻得西安与临安相去不远，我夫少不得做一官半职，天若可怜无辜受难，日后有个机会，知

на должность начальника уезда Сианьсянь в области Цюйчжоу. Фамилия его тоже была Ван, звали его Цунгу, родом он был из Усяни, что в округе Пинцзянфу. Ему уже давно перевалило за сорок, но детей он не имел, поэтому и решил в Линьани купить наложницу. Он говорил, что для него не имеет значения, была женщина замужем или нет, главное — была бы красива, добронравна и порядочна, а о цене он, мол, и спорить не станет.

Чжао Чэн не впервые похищал женщин, а потом продавал их, поэтому у него были уже и постоянные посредники в подобных делах. И вот, когда один из посредников Чжао Чэна узнал о намерении Ван Цунгу и прилетел сообщить об этом Чжао Чэну, тот сразу решил продать Ци этому человеку. Однако действовать быстро он не отважился — боялся, что Ци не согласится. Поэтому он приказал жене поговорить с Ци и посмотреть, как та к этому отнесется.

Рассказывая Ци о господине Ване, Хуа даже приврала:

— Жена у нового начальника уезда Сианьсянь умерла, и хотя он говорил, что берет наложницу, на деле же она у него будет первой женой. А раз ты не хочешь быть с моим стариком, так не лучше ли тебе выйти за такого человека и снова стать госпожой.

«Слова эти заслуживают внимания, — подумала госпожа Ци. — Здесь оставаться — и умереть не умереть, и с мужем не встретиться, да и конца такой жизни не видать. А потом: жили мы с мужем в любви и согласии, и разлучил нас этот бандит, да и не только разлучил — он унизил меня, так зло со мной обошелся, что, если я не отомщу ему за все, глаза мои спокойно не закроются после смерти. Думаю, что мне остается одно, — размышляла она, — стерпеть позор и как-то выжить. Придется случаем этим воспользоваться, чтобы вырваться отсюда. Тогда можно будет думать и о том, как отомстить негодяю. И вот еще: слышала я, что Сианьсянь — недалеко от Линьани, а муж мой рано или поздно, но получит какую-нибудь должность, и если только

些踪迹，那时把被掠真情告诉，或者读书人念着斯文一脉，夫妇重逢，也不可知，报得冤仇，也不可知。但此身圈留在此，不知是甚地方，又不晓得这贼姓张姓李，全没把柄。"想了一回，又怕羞一回，不好应承，汪汪眼泪，掉将下来，就靠在桌儿上，呜呜咽咽的悲泣。

花氏因他不应，垂头而哭，一眼觑见他头上，露出金簪子，就伸手去轻轻拔他的。乔氏知觉，抬起头来，簪子已在那婆娘手中。乔氏急忙抢时，那婆娘掣身飞奔去了。乔氏失了此簪，放声大哭，暗思道："这是我丈夫行聘之物，刺贼救身之宝，今落在他人之手，眼见得要夫妻重会，不能够了。"自此寻死的念头多，嫁人的念头少。哭得个天昏地暗，朦胧睡去，梦见一个大团鱼，爬到身边。乔氏平昔善会烹治团鱼，见了这个大团鱼，便拿把刀将手去捉他来杀。这团鱼抬头直伸起来，乔氏畏怕，又缩了手。乔氏心记头上金簪，不知怎的这簪子却已在手，就向团鱼身上一丢，又舍不得，连忙去拾这簪子，却又不见。四面寻觅，只见那团鱼伸长了颈，说起话来，叫道："乔大娘，乔大娘，你不要爱惜我，杀我也早，烧我也早。你

небо пожалеет невинно пострадавших и впоследствии появится возможность разузнать, где он служит, тогда рассказать этому человеку, как меня украли, и кто знает – глядишь, этот образованный человек и посчитается с подобными себе, и снова нам удастся воссоединиться с мужем. Может быть, и отомстить за все удастся. А оставаться в заточении, не ведая, где находишься, не зная даже имени своего мучителя – то ли он Ли, то ли Чжан, – значит, совсем быть беспомощной». Так она думала и передумывала, и стыдно ей было, и неудобно было давать согласие. Облокотившись на столик, она заплакала.

Хуа стояла рядом, смотрела на Ци и ждала ответа. Когда Ци склонила голову и заплакала, Хуа заметила в ее волосах золотую шпильку и потихоньку стала вытягивать. Почувствовав это, Ци вскинула голову, но шпилька была уже в руках жены Чжао Чэна. Ци бросилась отнимать ее, но Хуа вырвалась и молнией вылетела из комнаты. «Это ведь сговорный дар от моего мужа. Это сокровище, которым я спасла себя от бандита, – думала Ци, громко рыдая. – А раз шпилька попала в чужие руки, не суждено, значит, снова мне свидеться с мужем». Теперь она уже думала не о том, чтобы выйти замуж, а о том, как бы покончить с собой, и все плакала и плакала. В глазах у нее потемнело, и незаметно для себя она заснула. И приснился ей сон, будто к ней подползла огромная черепаха. Госпожа Ци вообще очень искусно готовила блюда из черепахи, поэтому, увидев черепаху, она схватила нож, чтобы разделать ее. Но тут черепаха высунула голову. Госпоже Ци стало страшно, невольно она опустила руку и вспомнила о золотой шпильке, которая сразу каким-то образом очутилась у нее в руке. Она швырнула шпильку в черепаху, тут же ей стало жаль шпильку, она бросилась искать ее, хотела поднять, только шпильки нигде не оказалось. В это время черепаха еще больше вытянула шею и заговорила: «Госпожа Ци, госпожа Ци! Ты не жалей меня! Но убивать меня рано и варить меня тоже рано. О

不要怀念着金簪子，寻得着也好，寻不着也好。你不要想着丈夫，这个王也不了，那个王也不了。"乔氏见团鱼说话，连叫奇怪，就把刀去砍他，却被团鱼一口啮住手腕，疼痛难忍，霎然惊醒。想道："我丈夫平时爱吃团鱼，我常时为他烹煮，莫非杀生害命，至有今日夫妻拆散之报？"

正想之间，花氏又来问："愿与不愿，早些说出来，莫要担误人。"乔氏无可奈何，勉强应承。赵成又想："这婆娘利害，倘到那边，一五一十，说出这些缘故，他们官官相护，一时翻转脸来，寻我的不是，可不老大利害，莫把家里与他认得。"又分付媒人，只说姓胡。这一班通是会中人，俱各会意，到王知县船上去说，期定明日亲自来相看。赵成另向隐僻处，借下一个所在，把乔氏抬到那边住下。赵成妻子，一同齐去。到午牌前后，王从古同媒人来，将乔氏仔细一看，姿容美丽，体态妖娆，十分中意，即便去了。不多时，媒人领了十多人来，行下了三十万钱聘礼。乔氏事到此间，只得梳妆，舍羞

золотой шпильке не думай: найдешь – ладно, не найдешь – тоже ладно. Не думай о муже. И с этим Ваном не всё, и с тем Ваном тоже не всё». От удивления, что черепаха заговорила, Ци закричала, взяла нож, собираясь ударить им черепаху; но тут черепаха схватила ее за кисть, и от нестерпимой боли женщина проснулась.

«Муж мой всегда любил есть черепаху, и я часто готовила ему это блюдо, – подумала Ци. – Неужели теперь приходится расплачиваться разлукой за то, что мы убивали живые существа?»

– Так согласна ты или не согласна? – перебила ее мысли жена Чжао Чэна, которая снова явилась за ответом. – Говори же наконец! Ведь человек ждет!

Ци ничего не оставалось, как, превозмогая себя, дать согласие. Узнав о решении Ци, Чжао Чэн подумал: «Бабенка она норовистая. Уйдет отсюда, глядишь, расскажет этому Ван Цунгу все, как было. Ведь известно, чин чина выгораживает – начальник этот может обозлиться и придраться ко мне. Тогда несдобровать. Надо устроить так, чтобы она вообще не смогла узнать, где находится». Поэтому он велел посреднику говорить, что его фамилия не Чжао, а Ху. Тот понял его с полуслова. Отправившись на джонку к Ван Цунгу, посредник рассказал ему о женщине, которую собираются продать, и было решено, что на следующий день Ван Цунгу сам поедет взглянуть на нее.

Тем временем Чжао Чэн нашел укромное место, куда и перевез госпожу Ци. С ней отправилась и жена Чжао Чэна. К полудню туда прибыл Ван Цунгу с посредником. Он увидел прелестное лицо, тонкую, стройную фигуру госпожи Ци и остался очень доволен. Ван Цунгу уехал, а через некоторое время к Ци снова явился посредник, на этот раз в сопровождении людей, которые привезли с собой тридцать тысяч монет в качестве сговорного дара. Госпоже Ци, как она ни стеснялась, пришлось

上轿，虽非守一而终，还喜明媒正娶，强如埋没在赵成家里。要知乔氏嫁人，原是失节，但赵成家紧紧防守，寻死不得，至此又还想要报仇，假若果然寻了死路，后来那得夫妇重逢，报仇云耻。当时有人作绝句一首，单道乔氏被掠从权，未为不是。诗云：

　　草草临安住几时，
　　无端风雨唤离居；
　　东天不养西天养，
　　及到东天月又西。

　　乔氏上了轿，出了临安城，王从古泊船江口，即舟中成其夫妇。王从古本来要娶妾养子，因见乔氏美色，枕席之间，未免过度。那乔氏从来知诗知礼，一时被掠，做下出乖露丑，每有所问，勉强支吾，心实不乐。王从古只道是初婚怕羞，

приодеться, причесаться и сесть в паланкин. Она не сумела остаться женой одного человека, но выходила за другого, все-таки соблюдая все положенные при этом правила. И это было лучше, чем заживо похоронить себя в доме отъявленного негодяя.

Конечно, тем, что Ци вышла замуж вторично, она нарушила долг чести, но в доме Чжао Чэна за ней строго следили, покончить с собой она не могла, к тому же она не оставляла мысли о том, чтобы отомстить врагу. А если бы она покончила с собой, то никогда бы уж не встретилась с первым мужем и не отомстила бы за себя. И вот в те времена сложили о ней стихи, но в них вовсе не осуждали ее за то, что она, будучи похищенной, подчинилась обстоятельствам.

В стихах говорилось:

Хотя и думали супруги
    пожить пока в столице новой,
Но шквал обрушился на них –
    они друг друга потеряли.
Нет, на востоке не ужиться
    тому, кто с западных краев, –
Добрались только до востока,
    и темный вечер встретил их.

Итак, Ци села в паланкин и выехала из Линьяни. Джонка Ван Цунгу стояла возле устья реки, и там, на джонке, они стали мужем и женой. Ван Цунгу взял себе вторую жену только для того, чтобы она родила ему сына, но Ци была так хороша собой, что, счастливый, он предавался любовным усладам больше, чем следовало бы. Что касается Ци, то она, как женщина порядочная и благовоспитанная, считала для себя позором и то, что ее увели, и все то, что с ней случилось потом. Не удивительно поэтому, что она все время пребывала не в духе, на вопросы Ван Цунгу

那知有事关心，各不相照。王从古既已娶妾，即便开船，过了富阳桐庐，望三衢进发。为甚叫做三衢？因洪水暴出，分为三道，故名三衢。这衢州地方，上属牛女分野，春秋为越西鄙姑蔑地，秦时名太末，东汉名新安，随时名三衢，唐时名衢州，至宋朝相因为衢州府。负郭的便是西安首县。王从古到了西安上任，参谒各上司之后，亲理民事，无非是兵刑钱谷，户婚田土，务在伸屈锄强，除奸剔蠹，为此万民感仰，有神明之称。又一清如水，秋毫不取，西安县中，寂然无事。真个：

雨后有人耕绿野，
月明无犬吠花村。

отвечала с неохотой, еле-еле. Ван Цунгу решил, что она еще стесняется его; ему и в голову не приходило, что у нее на душе что-то свое.

После женитьбы Ван Цунгу решил, не задерживаясь, отправиться в путь, и джонка отчалила. Они проехали города Фуян, Тунлу и направились к Саньцюй. Почему же место это называлось Сань-цюй? А потому, что сюда врывался сильный поток и здесь разделялся на три течения. Следует сказать, что Цюйчжоу, куда они держали путь, согласно делению видимого неба соответствовал участку созвездий Пастуха и Ткачихи. Во времена Чуньцю эта местность была западной окраиной земли царства Юэ и называлась Гуми, при Цинь ее называли Таймо, при Поздней Хань – Синьань, при Суй – Саньцюй, а при династии Тан этот район стал именоваться Цюйчжоу; при Сун это была область Цюйчжоу и главным ее городом был Сиань. Когда Ван Цунгу прибыл в Сиань, он, как положено, нанес соответствующие визиты начальству и вскоре приступил к своим обязанностям. Как обычно, в его ведении были военные, судебные, брачные дела, а также все, что связано со сбором налогов и зерна, с земельными реестрами, прочими земельными вопросами, со списками населения и тому подобным. Находясь на посту начальника, он считал своим долгом восстанавливать справедливость, защищать обиженных сильными, бороться с преступниками, казнокрадами, жуликами и любыми другими нарушителями закона. Простые люди были ему благодарны за это, уважали его, называли даже «всевидящим божеством». Чист он был, как вода: ничего ни от кого не брал; и в самом Сиани, и в окрестностях города – всюду было спокойно и мирно. Поистине,

Долгожданный дождь прошел –
люди пашут землю;
Ночью светлою в поселке

这王从古是中年发迹的人，在苏州起身时，欲同结发夫人安氏赴任。夫人道："你我俱是五旬上边的人，没有儿女。医家说，女人家至四十九岁，绝了天癸，便没有养育之事。你的日子还长，不如娶了偏房，养个儿子，接代香火。你自去做官，我情愿在家吃斋念佛。"故此王从古到临安娶妾至任。衙中随身伴当夫妻两人，亲丁只有乔氏。谁知乔氏怀念前夫，心中只是怏怏。光阴迅速，早又二年，一日正值中秋，一轮明月当窗，清光皎洁。王从古在衙斋对月焚香啜茗，乔氏在旁侍坐，但见高梧疏影，正照在太湖石畔，清清冷冷，光景甚是萧瑟。兼之鹤唳一声，蟋蟀络纬，间为相应，虽然是个官衙，恰是僧房道院，也没有这般寂寞。王从古乘间问着乔氏道："你相从我，不觉又是两年，从不见你一日眉开，毕竟为甚？"乔

лай не раздается.

Надо сказать, что Ван Цунгу достиг своего в жизни, будучи уже немолодым. Когда он собирался ехать за назначением, то хотел взять с собой и свою жену, госпожу Ань. Но та сказала ему:

– Нам обоим уже под пятьдесят, и у нас нет детей. Врачи правильно говорят, что если женщина до сорока девяти не родила, ей уж не рожать. А тебе еще жить и жить. Так лучше уж возьми себе вторую жену, родит она тебе сына – продолжателя рода, и служи ты себе на службе, а я останусь здесь, буду поститься и молиться.

Решив поступить так, как советовала жена, Ван Цунгу, прибыв в Линьань, взял себе вторую жену и отправился с ней в Сиань. Его сопровождали двое слуг – муж и жена, и в Сиани, кроме госпожи Ци, никого из близких у него не было. Но госпожа Ци все думала о первом муже и всегда была грустна и печальна. Время летело быстро, незаметно прошло два года.

И вот однажды в праздник осеннего полнолуния, когда в окно светила яркая круглая луна, Ван Цунгу, сидя у себя в кабинете, воскурил ароматные свечи и попивал чай, любуясь луной. Рядом с ним сидела Ци. Видно было, как тени от высоких платанов отражались на каменистом берегу озера Тайху. Вокруг было безлюдно и тихо. Картина навевала грусть, а тут еще нет-нет да и донесется откуда-то крик журавля и как бы в ответ ему раздастся стрекотание сверчка. Поэтому дом, где они сидели в такой праздничный вечер, скорее походил на монастырский двор, чем на казенное учреждение, да и то, пожалуй, на монастырском дворе не было бы такой тоскливой тишины.

Воспользовавшись моментом, Ван Цунгу спросил у жены:

– Вот уже два года, как ты со мной, и я никогда не видел тебя с ненахмуренными бровями. Отчего это?

氏道："大凡人悲喜各有缘故，若本来快活，做不出忧愁；若本来悲苦的，要做出喜欢，一发不能够。"王从古见他说话含糊，又道："我见你德性又好，才调又好，并不曾把偏房体面待你，为何不向我说句实话？"乔氏道："失节妇人，有何好处，多烦官人，这般看待。"王从古道："你是汴梁人，重婚再嫁，不消说起。毕竟你前夫是死是活，为甚的到了临安住在胡家？"乔氏道："原来这贩卖人家姓胡么？"王从古听说一发惊异道："你住在他家，为何还不晓得他姓胡，然则你丈夫是甚么样人？"乔氏道："妻子既被人贩卖，说出来一发把他人玷辱，不如不说。况今离别二年有余，死也没用，活也没用。"言罢，双泪交流，欷歔叹息。王从古听他说话又苦，光景又惨，连自家讨个贩卖来的做偏房，也没意思，闷闷不乐而睡。乔氏见他已睡，乃题一诗于书房壁上。诗云：

— Печальный у человека вид или радостный — на то всегда есть причина. Когда на душе весело, на лице тоски не изобразишь, а если на душе тяжело — то уж тем паче лицо радостью светиться не будет.

— Я никогда не относился к тебе как ко второй жене, всегда уважал в тебе твой благодетельный нрав, признавал и твои таланты. Так почему ты мне не скажешь наконец откровенно, в чем дело? — продолжал Ван Цунгу, не удовлетворенный уклончивым ответом.

— Я — женщина, потерявшая честь. Что во мне хорошего! — отвечала Ци. — Не заслуживаю я того, чтобы вы так ко мне относились.

— Ладно. То, что ты вторично замужем, что ты из Бяньляна, это известно, об этом не будем говорить. Но все-таки муж-то твой жив или умер? И почему в Линьани ты жила у какого-то Ху?

— Ах вот как! Значит, фамилия того человека, который меня продал, Ху?

— Ты ведь жила у него. Неужели не знаешь, что его фамилия Ху? — недоумевал Ван Цунгу. — Так кто же все-таки твой муж?

— Я сама опозорена, раз была кем-то продана, а если скажу, кто был моим мужем, то и его опозорю. Уж лучше не говорить, тем более что расстались мы уже больше двух лет назад, и жив он или нет, теперь это не имеет значения, — ответила Ци, вздыхая, и из глаз у нее потекли слезы.

Горестные слова жены и ее печальный вид подействовали на Ван Цунгу — ему стало не по себе, что он взял в жены чью-то проданную жену, и спать он отправился в подавленном настроении. Когда муж заснул, Ци прямо на стене в его кабинете написала стихи:

Из-за выгоды ничтожной

蜗角蝇头有甚堪，
无端造次说临安；
因知不是亲兄弟，
名姓凭君次第看。

题罢就寝。明早王从古到书房中，见了此诗，知道是乔氏所作。把诗中之意一想："蜗角蝇头，他丈夫定是求名求利的，到临安失散，不消说起。后边两句，想是将丈夫姓名，做个谜话，教我详察，我一时如何便省得其意。"王从古方在此自言自语，只见乔氏送茶进来，王从古道："你诗中之意，我都晓得，若后来访得你前夫消息，定然使你月缺重圆。"乔氏听见此话，双膝就跪下，说道："愿官人百年富贵，子孙满堂。"此时笑容可掬，真是这两年间只有这个时辰笑得一笑，眉头开得一开。王从古看了，点头嗟叹其不忘前夫。

自此又过年余，一日正当理事，阴阳生报道："府学新到的教授来拜。"王知县先看他脚色，乃是汴梁人，年二十八

не стоило стараться,
Опрометчиво решенье
в Линьань перебраться.
Не родные братья вы –
знаю я прекрасно,
Но об имени другого
можно догадаться.

Написала и тоже отправилась спать. На следующий день, когда Ван Цунгу увидел на стене стихи, он понял, что написала их жена, и задумался над их смыслом: «„Ничтожна выгода" – значит, ее муж приехал в Линьань из-за какой-то выгоды или чтобы добиться какого-то положения, и тут они потеряли друг друга – это ясно. Что касается остальных строк, то, по-видимому, в них намек на фамилию и имя ее мужа. Но как же это разгадать?» Тут в комнату вошла Ци, принесла чай.

– Я понял смысл твоих стихов, – сказал он ей. – И если когда-нибудь я узнаю что-либо о твоем муже, непременно сделаю все, чтобы вы с ним воссоединились.

Ци опустилась на колени.

– О, желаю вам сотни лет богатства, знатности и полного дома потомства, – говорила она, вся сияя.

Вот уж действительно впервые за два года разомкнулись ее брови и она заулыбалась. Глядя на нее, Ван Цунгу лишь кивал и мысленно воздавал ей должное за то, что она не забыла своего первого мужа.

Прошел еще год. И вот однажды, когда Ван Цунгу собрался сесть за дела, уездный астроном доложил:

– Явился с визитом новый ведающий учебными делами уезда.

Перед тем как выйти к гостю, Ван Цунгу просмотрел его бумаги. Оказалось, что это уроженец Бяньляна, двадцати восьми

岁，由贡士出身，初授湖州训导，转升今职，姓王名从事。王从古见名姓与己相去不远，就想着乔氏诗中有因，知不是亲兄弟之句，沉吟半晌，莫非正是此君，且从容看是如何。遂出至宾馆中相见，答拜已毕，从此往来，也有公事，也有私事，日渐亲密。一来彼此主宾，原无拘碍；二来是读书人遇读书人，说话投机，杯酒流连，习为常事，倏忽便是二年。那衢州府城之南，有一烂柯山，相传是青霞第八洞天。晋时樵夫王质入山砍樵，见二童子相对下棋，王质停了斧柯，观看一局，棋还未完，王质的斧柯，尽已朽烂，故名为烂柯山。有此仙山圣迹，所以官民士宦，都要到此山观玩。

一日早春天气，王从事治下肴榼，差驰夫持书柬到县，请王从古至烂柯山看梅花。王从古即时散衙，乘小轿前来，王

лет вступивший на служебный путь по окончании срока пребывания в государственном училище, что был он сначала назначен помощником ведающего учебными делами в Хучжоу, а теперь его повысили и перевели на должность сюда. Фамилия его была Ван, имя – Цунши. Обратив внимание на то, что человек этот носит ту же фамилию, что и он сам, а имена их отличаются лишь незначительно, Ван Цунгу вспомнил о стихотворении жены, о строках, где она писала, что, мол, знает: не родные они братья. «Неужели это он и есть? – подумал Ван Цунгу. – Что ж, надо будет это иметь в виду». Он вышел принять Ван Цунши в гостиную, где они, как подобает, приветствовали друг друга.

С тех пор начальник и ведающий учебными делами стали встречаться то по делам службы, то по личным, и с каждым днем их отношения становились все ближе. Их общению как общению гостя и хозяина ничто не мешало; кроме того, оба они были людьми учеными, всегда находили общее в разговорах, и выпить вместе кубок-другой вошло у них в обыкновение. Так незаметно прошел еще почти год.

Следует сказать, что к югу от Цюйчжоу возвышалась гора Лань-кэшань. Согласно преданию, это была восьмая обитель бессмертных даосов, и вот некогда, во времена династии Цзинь, один дровосек, по имени Ван Чжи, отправившись в горы рубить лес, увидел там двоих отроков, играющих в облавные шашки. Ван Чжи положил на землю топор и стал наблюдать за игрой. Отроки еще не успели закончить партию, а у Ван Чжи уже сгнило топорище. В связи с этой легендой гора и получила название Ланькэшань, то есть Гора, где сгнило топорище. Сюда приходили погулять, полюбоваться природой и чиновники, и простой люд. И вот однажды, ранней весной, Ван Цунши приготовил яства, вино и послал приглашение Ван Цунгу пойти вместе с ним в эти горы полюбоваться цветами мэй. Ван Цунгу тут же оставил все дела, сел в паланкин и явился по приглашению.

从事又请训导叶先生，同来陪酒。这叶先生双名春林，就是乐清县人，三位官人，都是角巾便服，素鞋净袜，携手相扶，缓步登山，借地而坐，饮酒观花。是日天气晴和，微风拂拂，每遇风过，这些花瓣如鱼鳞般飞将下来，也有点在衣上，也有飞入酒杯。王知县道："这般良辰美景，不可辜负。我三人各分一韵，即景题诗，以志一时逸兴。王教授道："如此最妙。"就将诗韵递与王知县，知县接韵在手，随手揭出一韵，乃是壶字。知县又递与王教授，教授又送叶训导，那叶训道揭出仙字。然后教授揭着一韵，却是一个妻字，不觉愀然起来。况且游山看花的题目，用不着妻字，难道不是个险韵？又因他是无妻子的人，蓦地感怀，自思自叹，知县训导那里晓得。王知县把酒在手，咿咿唔唔的吟将出来，诗云：

梅发春山兴莫孤，
枝头好鸟唤提壶；

Ван Цунши пригласил также и своего помощника, господина Е, разделить с ним трапезу. Господина Е звали Чуньлинь, был он родом из уезда Лэцин. И вот они втроем в будничной одежде и простой обуви, держась рука об руку, медленно отправились в горы. Там, расположившись прямо на земле, они пили вино и любовались цветами. День выдался теплый, веял слабый ветерок, и с его дуновением нет-нет да и долетали до них, словно рыбья чешуя, лепестки цветов. Одни попадали на одежду, другие – прямо в вино.

– В эту прекрасную пору, когда все вокруг так удивительно красиво, было бы грешно не взяться за кисть, – заметил Ван Цунгу и предложил: – Пусть каждый из нас возьмет по рифме и сочинит на нее стихи об окружающей нас красоте. Тогда останется память о чудесном настроении в этот чудесный день.

– Великолепно! – отозвался Ван Цунши и протянул начальнику уезда захваченные с собой листки с рифмами. Тот взял листки, вытянул первый попавшийся, и оказалось, что ему досталась рифма на слово «ху» – «чайник». Затем Ван Цунши поднес свои листки Е Чуньлиню. Тому досталась рифма «сянь» – «бессмертный». Ван Цунши взял листок себе, у него оказалась рифма «ци» – «жена». Он невольно опечалился. К тому же и задача была нелегкой: слово «жена» никогда не употребляли, если писали стихи на темы любования цветами, прогулки в горах и другие подобные темы. Напоминание о жене задело его – человека, оставшегося без жены, – за душу, и он лишь вздохнул, предавшись своим мыслям. Ван Цунгу и Е Чуньлинь, конечно, знать этого не могли. Взяв кубок в руку, Ван Чунгу стал скандировать:

Цветет в горах весенних мэй,
и нет на сердце скуки;
На ветке пташечка сидит,

若无佳句酹金谷，
却是高阳旧酒徒。

叶训导诗云：

买得山光不用钱，
梅花清逸自嫣然；
折来不寄江南客，
赠与孤山病里仙。

王教授拈韵在手，诗倒未成，两泪垂垂欲滴。王知县道："老先生见招，为何先自没兴，对酒不乐，是甚意思？"王教授道："偶感寒疾，腹痛如刺，故此诗兴不凑，例当罚迟。"自把巨杯斟上。这杯酒却有十来两，王教授平昔酒量，原是平常，却要强进此杯，咽下千千万万的苦情，不觉一饮而尽。红着两眼，吟诗云：

щебечет: «Чайник в руки!»
Но если не воспеть в стихах
Цзиньгу, красу небес,
То лучше уж назвать себя
«пьянчугой гаоянским».

После него проскандировал Е Чуньлинь:

Смотрим мы на прелесть гор,
денег не затратив;
Мэй любуемся цветами,
нежной их красою.
Как же ветку не сломить,
не послать поэту –
Он ведь гений, друг, бессмертный –
с искренним приветом.

Ван Цунши сидел неподвижно, держа в руках доставшийся ему листок с рифмой. На глаза у него навернулись слезы, которые вот-вот готовы были скатиться.

– Уважаемый, вы соизволили нас позвать, а у самого вдруг пропало настроение – пьете и не веселы. Что случилось? – обратился к нему Ван Цунгу.

– Я, кажется, простудился, – отвечал Ван Цунши. – Что-то режет в животе, вот и не получается со стихами. Придется мне пить штрафной.

И он тут же налил себе огромный кубок, который вмещал не менее двух больших чаш вина. Вообще Ван Цунши пить не был гораздн, а тут решил заставить себя выпить как можно больше, чтобы залить свое горе. Поэтому одним залпом он испил кубок до дна. Глаза его покраснели, и тут он проскандировал:

景物相将兴不齐，
断肠行路各东西；
谁教梦逐沙咤利，
漫学斑鸠唤旧妻。

　　吟罢大叹一声。王知县道："老先生兴致不高，诗情散乱，又该罚一杯。"王教授只是垂头不语。叶训导唤从人，将过云母笺一幅，递与王知县，录出所题诗句。知县写诗已毕，后题姑苏王从古五字。因知县留名，叶训导后边也写乐清叶林春漫录七字。两人既已留名，王教授也写个汴梁王从事书，只是诗柄上增："春日邀王令公，叶广文同游烂柯山看梅，限韵得妻字。"书罢，递与王知县。知县反覆再看，猛然想起，就将云母笺一卷，藏入袖里。说道："待学生仔细玩味一番，容日奉到。"是日天色已晚，各自回衙。

　　王从古故意将这诗笺，就放在案头。乔氏一日走入书房，

*Ничто вокруг не отвечает
    тому, что на душе.
Свершили путь и вдруг расстались
    на гóре, гóре мне!
Но кто велел за легкой славой
    помчаться, как во сне;
Теперь, как голубь одинокий,
    тоскую по жене.*

Прочитав свои стихи, он тяжко вздохнул.

— Мало поэтического вдохновения! — заметил Ван Цунгу. — Да и стройности мыслей не видно. Полагается еще штрафной.

Ван Цунши опустил голову и ничего на это не ответил.

Е Чуньлинь велел сопровождавшим их людям подать свиток слюдовой бумаги и поднес его Ван Цунгу, чтобы тот написал на ней свои стихи. Ван Цунгу написал стихи, а под ними поставил подпись: «Ван Цунгу из Гусу». Поскольку Ван Цунгу подписался под стихами, то и Е Чуньлинь тоже после своих стихов расписался: «Е Чуньлинь из Лэцина». Ну а раз оба сделали так, то и Ван Цунши пришлось подписать свои стихи: «Ван Цунши из Бяньляна». Но в том месте, где обычно указывалось, чему посвящены стихи, он добавил: «В весенний день пригласил начальника уезда Вана и учителя Е вместе прогуляться в Ланькэшань полюбоваться цветами мэй, и досталась мне рифма „жена"». Закончив писать, он передал свиток Ван Цунгу. Тот несколько раз перечитал написанное, и его вдруг осенило. Свернув бумагу и запрятав ее в рукав, он сказал:

— Я еще почитаю, понаслаждаюсь ими дома, а потом отдам вам.

Было уже поздно. Все трое возвратились в город и разошлись по домам.

Свиток со стихами Ван Цунгу умышленно оставил у себя на

见了这卷云母笺，就展开观看，看到后边这诗，认得笔迹是丈夫的，又写着汴梁王从事。"这不是我丈夫是谁，难道汴梁城有两个王从事不成？"又想道："我丈夫出身贡士，今已五年，就做衢州教授，也不甚差。难道一缘一会，真正是他在此做官？"又想道："他既做官，也应该重娶了。今看诗中情况，又怨又苦，还不像有家小。假若他还不曾娶了家小，我却已嫁了王知县，可不羞死？总然后来有相见日子，我有甚颜面见他。"心里想，口里恨，手里将胸前乱捶。恰好王从古早堂退衙，走入书房，见乔氏那番光景，问道："为甚如此模样？"乔氏道："我见王教授姓名，与我前夫相同，又是汴梁人，故此烦恼。"王从古情知事有七八分，反说道："你莫认差了，王教授说，祖籍汴梁，其实三代住在润州。"乔氏道："这笔迹是我前夫的，那个假得。"王从古道："这是他书手代写的，休认错了。"乔氏道："他是教授，到有书手代写。你是一县之主，难道反没个书手，却又是自家亲笔？"王从古

столе. Как-то, когда госпожа Ци зашла к мужу в кабинет, она обратила внимание на свиток, развернула его и стала читать стихи. В последнем она сразу узнала почерк первого мужа. Мало того, под стихом стояла подпись: «Ван Цунши из Бяньляна». «Да ведь это муж! – подумала она. – Неужели может быть еще другой Ван Цунши из Бяньляна? И потом, – продолжала рассуждать Ци, – уже прошло пять лет, как муж вступил в должность, вполне возможно, что он и стал ведающим учебными делами в Цюйчжоу. Неужели же он действительно здесь на службе и нам суждено встретиться?» Затем она подумала: «Раз он стал чиновником, то, наверно, и женился вторично. Однако, судя по стихам, в которых чувствуется и досада и горечь, не похоже, чтобы у него была семья. Да, он-то, может, и не обзавелся семьей, а я уже замужем. Какой позор! Ведь если мы даже когда-нибудь встретимся, с каким лицом я предстану перед ним?!» Возгласы досады невольно срывались с ее уст, и она стала бить себя в грудь. Как раз в это время в кабинет вошел Ван Цунгу.

– В чем дело? Что случилось? – спросил он у жены, застав ее в таком состоянии.

– Я увидела, что фамилия и имя ведающего учебными делами точно такие, как у моего прежнего мужа. Кроме того, он тоже из Бяньляна. Это меня взволновало и расстроило.

Ван Цунгу понял, что Ван Цунши, наверно, и есть муж госпожи Ци, но сделал вид, что сомневается:

– Боюсь, что ты ошибаешься. Господин Ван говорил, что вообще-то он родом из Бяньляна, но вот уже три поколения их семьи проживают в Жуньчжоу.

– Я не могла ошибиться, – отвечала Ци. – Это почерк моего бывшего мужа.

– Но это писал за него писарь, так что, думаю, ты не права.

– Что же, выходит, у него был писарь, чтобы за него написать, а у вас, хозяина целого уезда, не нашлось писаря и вы должны

见他说话来得快捷，又笑道："这又有个缘故的，那王教授右手害疮，写不得字，故此教书手代写。我手上又不害疮，何妨自家动笔。"乔氏见说，没了主意，半疑半信。王从古外面如此谈话，心上却见他一念不忘前夫，倒有十分敬爱。又说道："事且从容，我再与你寻访。"

又过了几日，县治后堂工字厅两边庭中，千叶桃花盛开，一边红，一边白，十分烂熳。王从古要请王教授叶训导玩赏桃花，先差人投下请帖，分付厨下，整治肴馔。对乔氏道："今日请王教授，他是斯文清越的人，酒馔须是精洁些。"乔氏听说请王教授，反觉愕然，忙应道："不知可用团鱼？"王从古道："你平日不养团鱼，今日少了这一味也罢。"乔氏道："恐怕王教授或者喜吃团鱼，故此相问。"王从古笑道："这也但凭你罢了。"原来王从古，旧有肠岚下血之病，到西安又

были писать свои стихи сами?!

Находчивость и умный ответ госпожи Ци заставил Ван Цунгу рассмеяться.

— Ну, тому тоже была причина, — сказал он. — У господина Вана на правой руке выскочил чирей, и он не мог писать. Вот за него и писал его писарь. А у меня никаких чирьев на руке нет, так почему мне было самому не взяться за кисть?

Госпожа Ци растерялась. Она не нашлась, что сказать, не знала, верить словам мужа или нет.

Что до Ван Цунгу, то хотя он и держал себя подобным образом, но видел, насколько Ци привязана к прежнему мужу, и проникся к ней чрезвычайным уважением.

— Ладно, не будем торопиться, — вымолвил он наконец. — Я попробую еще что-нибудь разузнать.

Через несколько дней во дворе уездного управления расцвели цветы персика — тут белые, там красные, они прельщали взор свежестью цвета, были великолепны. Ван Цунгу решил пригласить Ван Цунши и Е Чуньлиня полюбоваться цветами и послал им приглашения. Он распорядился, чтобы на кухне готовили яства, а жене сказал:

— Сегодня у нас будет господин Ван. Он человек изысканной, возвышенной натуры, так что проследи, чтобы вино, еда и прочее было надлежащим образом приготовлено и подано.

Узнав, что у них в гостях будет Ван Цунши, Ци оторопела.

— А черепаха понадобится? — вдруг спросила она.

— Ты ведь никогда не готовишь черепаху, — отвечал Ван Цунгу, — так что обойдемся и сегодня без этого блюда.

— Я подумала, что, может быть, господин Ван любит черепаху, поэтому и спросила, — смущаясь, сказала Ци.

— Ладно, — рассмеялся Ван Цунгу. — Делай, как хочешь!

Оказывается, Ван Цунгу давно страдал болезнью кишок, порой у него даже шла кровь. Когда он приехал в Сиань, болезнь

患了痔疮，曾请官医调治，官医又写一海上丹方，云团鱼滋阴降火凉血，每日烹调下饭，将其元煮白汁薰洗，无不神效。王从古自得此方，日常着买办差役，买团鱼进衙。乔氏本为王从事好食团鱼，见了团鱼，就思想前夫。又向在赵成家，得此一梦，所以不吃团鱼，也不去烹调。今番听说请王教授，因前日诗笺上，姓名字迹疑怀未释，故欲整治此味，探其是否。王从古冷眼旁观，先已窥破他的底蕴，故意把话来挑引。此乃各人心事，是说不出的话。

当下王从古正与乔氏说长话短，外边传梆道："学里两位师爷都已请到。"王从古即出衙迎接，引入后堂。茶罢清谈，又分咏红白二种桃花诗，却好诗也做完，酒席已备。那日是知县做主人，少不得王教授是坐第一位，叶训导是第二位。席间宾主款洽，杯觥交错。大抵官府宴饮，不掷骰，不猜拳，只

эта стала его особенно беспокоить; он обратился к уездному лекарю, и тот прописал ему необыкновенное, мало кому известное средство: ежедневно есть черепаху, – поскольку мясо черепахи снижает внутренний жар, укрепляет здоровье, – а наружно использовать бульон из черепахи. Лекарь утверждал, что средство это чудодейственное. С тех пор Ван Цунгу велел, чтобы для него постоянно покупали и готовили черепаху. Но дело в том, что Ван Цунши любил это блюдо, поэтому всякий раз, когда Ци случалось видеть блюдо из черепахи, она думала о прежнем муже; кроме того, черепаха напоминала ей о том сне, который приснился ей в доме у Чжао Чэна. Вот почему с тех пор как она разлучилась с мужем, она никогда сама не готовила черепаху и не ела ее. Но в этот день, услышав, что у них будет господин Ван, она, обуреваемая сомнениями, которые у нее зародились при чтении стихов, решила приготовить это блюдо и попытаться выяснить таким образом, учитель Ван – это бывший ее муж или нет.

Наблюдая со стороны за женой, Ван Цунгу сразу понял, что она что-то задумала, умышленно сказал, что обойдется и без черепахи, но все-таки вопрос о приготовлении черепашьего блюда оставил на ее усмотрение. Однако это все то, что было у каждого из них двоих на уме, то, о чем вслух не скажешь.

Пока Ван Цунгу обсуждал с женой то одно, то другое, доложили, что прибыли оба господина учителя.

Ван Цунгу вышел из ямэня встретить гостей, провел их через зал присутствия в соседний с ним кабинет. После чая и беседы они стали сочинять стихи на тему о белых и красных цветах персика. Вскоре все уже было готово к трапезе. Поскольку приглашал в этот день начальник, то Ван Цунши пришлось занять почетное место гостя, а следующее за ним место занял Е Чуньлинь. Гости и хозяин любезно потчевали друг друга, подносили один другому вино. Обычно на пирах в казенных учреждениях

是行令。这三位官人，因是莫逆相知，行令猜拳，放怀大酌。王教授也甚快活，并不比烂柯山赏梅花的光景。正当欢乐之际，门子供上一品肴馔，不是别味，却是一品好团鱼。各请举筷，王知县一连数口，便道："今日团鱼，为何异常有味？"那叶训导自来戒食团鱼，教门子送到知县席上。惟王教授一见供上团鱼，忽然不乐，再一眼看觑，又有惊疑之色。及举筷细细一拣，俯首沉吟，出了神去。两只牙筷，在碗中拨上拨下，看一看，想一想，汪汪的两行珠泪，掉下来了。比适才猜拳行令光景，大不相同。王知县看了，情知有故，便道："一人向隅，满座不乐。王老先生每次悲哭败兴，大杀风景，收了筵席罢。"叶训导听见此语，早已起身，打恭作谢。王教授也要

не принято было играть в кости или в пальцы. Все, что позволяли себе в подобных случаях, – это только условиться о правилах, как пить, и о штрафах за нарушение принятого порядка; но эти трое, связанные тесной дружбой, и в пальцы играли, и в другие игры с различными правилами, кому когда пить, – словом, развлекались и пили совершенно непринужденно. Ван Цунши был тоже в хорошем настроении, не то что в тот день, когда они любовались мэй на горе Ланькэшань. И вот в разгар веселого пиршества слуги поднесли очередное блюдо – и это было не что иное, как черепаха.

Ван Цунгу пригласил всех взяться за палочки и, отведав несколько кусков мяса, проговорил:

– Сегодня почему-то оказалась необычайно вкусная черепаха!

Е Чуньлинь вообще избегал есть черепаху, поэтому он велел поднести свою порцию начальнику уезда. Что касается Ван Цунши, то он вдруг помрачнел, а когда рассмотрел, как выглядит стоявшее перед ним блюдо, на лице его появилось изумление. Он поднял палочки, потрогал ими куски мяса и тут же, склонив голову, погрузился в раздумье, словно мыслью унесся куда-то. Безразлично перебирая палочками куски черепашьего мяса, он все смотрел, смотрел, думал и думал, и слезы потекли у него из глаз. Это был уже совсем не тот человек, который только что пил, играл и веселился.

Ван Цунгу понимал, что гость ведет себя так не без причины.

– Когда одному человеку не по себе и он отстраняется от общества, то невесело всей компании, – заявил он тогда. – А у вас, господин Ван, каждый раз наворачиваются слезы, портится настроение. Уж очень это похоже на то, что называется убить красоту. Давайте лучше прекратим наше пиршество!

После таких слов хозяина Е Чуньлинь тут же поднялся и начал прощаться, за ним поднялся и Ван Цунши, но Ван Цунгу

告辞，王知县道："叶老先生先请回衙，王老先生暂留，还有说话。"

遂送叶训导出堂，上轿去后，复身转来，屏退左右，两人接席而坐。王知县低声问王教授道："老先生适才不吃团鱼，反增悽惨，此是何故，小弟当为老先生解闷。"王教授道："晚生一向抱此心事，只因言之污耳，所以不敢告诉。晚生原配荆妻乔氏，平生善治烹团鱼，先把团鱼裙子括去黑皮，切胾亦必方正。今见贵衙中，整治此品，与先妻一般，触景感怀，所以堕泪。"王知县道："原来尊阃早已去世，小弟久失动问。"王教授道："何曾是死别，却是生离。"王知县道："为甚乃至于此？"王教授乃将临安就居一段情繇，说了一遍。王知县听了此话，即令开了私宅门，请王教授进衙，便教乔氏出房相认。乔氏一见了王从事，王从事一见了妻子，彼此并无一言，惟有相抱大哭。连王知县也悽惨垂泪，直待两人哭罢，方对王教授道："我与老先生同在地方做官，就把尊阃送

остановил его:

— Господина Е не буду задерживать, а вот вас, господин Ван, прошу еще остаться на несколько слов.

Проводив Е Чуньлиня, Ван Цунгу вернулся, удалил слуг, сел рядом с Ван Цунши и тихо спросил его:

— Вы сейчас не стали есть черепаху и загрустили. Почему это? Мне бы хотелось, — продолжал он, — как-то развеять ваше дурное настроение.

— Признаюсь вам, у меня давно на душе тяжесть, — отвечал Ван Цунши, — но я никогда не говорил об этом, боясь осквернить слух собеседника. Дело в том, — продолжал он, — что моя жена очень искусно приготовляла черепаху. Она всегда снимала черную пленку с так называемой юбки — той самой части, которая с боков под панцирем черепахи, а ломтики мяса самой черепахи нарезала аккуратными квадратными кусочками. И вот сегодня у вас подали черепаху, приготовленную точно так, как в свое время ее готовила жена. Я невольно вспомнил о ней, и у меня навернулись слезы.

— Ах вот что... Оказывается, ваша супруга давно умерла. Извините, не знал, — проговорил Ван Цунгу.

— Нет, она не умерла, нас просто разлучили.

— Разлучили?! Но каким образом?

И тут Ван Цунши рассказал о том, как они переехали в Линьань и что там произошло.

Выслушав его, Ван Цунгу велел раскрыть двери во внутренние покои и попросил Ван Цунши пройти туда. Затем он попросил госпожу Ци выйти к ним. Когда Ван Цунши увидел жену, а Ци — бывшего мужа, то оба бросились друг другу в объятия и разрыдались.

Растроганный этой сценой, Ван Цунгу тоже заплакал. Наконец, когда Ван Цунши и госпожа Ци немного успокоились, он обратился к Ван Цунши с такими словами:

到贵衙，体面不好。小弟以同官妻为妾，其过大矣，然实陷于不知。今幸未有儿女，甚为干净，小弟如今宦情已淡，即日告病归田。待小弟出衙之后，离了府城，老先生将一小船相候，彼此不觉，方为美算。"王教授道："然则当年老先生买妾，用多少身价，自当补还。"王知县道："开口便俗，莫题莫题。"说罢，王教授别了知县，乔氏自还衙斋。王从古即日申文上司告病，各衙门俱已批允，收拾行装离任，出城登舟，望北而行。打发护送人役转去，王教授泊船冷静去处，将乔氏过载，复为夫妇。一床锦被遮羞，万事尽勾一笔，只将临安被人劫掠始终，并团鱼一梦，从头至尾，上床时说到天明，还是不了。正是：

　　今宵剩把银釭炤，

— Господин Ван, мы с вами служим в одном месте, и я не смогу прямо сейчас отправить к вам вашу супругу — это было бы неприлично. Вина моя, конечно, велика, что я взял себе во вторые жены жену своего сослуживца, но я ничего не знал. Хорошо еще, что у нас с ней нет детей, так что в этом отношении не будет осложнений. Что до меня, то я теперь совершенно равнодушен к служебной карьере и тотчас, сославшись на болезнь, подам в отставку. И вот когда я покину пост и выеду из города, то попрошу вас взять лодку и ждать меня где-нибудь поблизости в условленном месте, так, чтобы об этом никто не знал.

— Но само собой разумеется, что в таком случае я возмещу вам то, что вы в свое время потратили на покупку второй жены, — отвечал Ван Цунши.

— О чем вы? — возмутился Ван Цунгу. — Не успели рта раскрыть как понесло обывательщиной. Будет!

На этом разговор окончился, Ван Цунши откланялся, Ци пошла к себе, а Ван Цунгу сразу же написал доклад начальству о болезни.

Когда соответствующие учреждения дали письменное согласие на отставку, Ван Цунгу собрал вещи и покинул место своей службы. Выехав за город, он вместе с Ци сел на джонку и отправился на север. Всем провожавшим его людям он велел возвратиться. В тихом безлюдном месте его уже ждал Ван Цунши. Госпожа Ци перешла к нему в лодку, и они снова стали мужем и женой. Все прошлое было перечеркнуто единым взмахом кисти, все, что смущало, прикрыли парчовым одеялом.

В эту ночь Ци рассказывала мужу о том, как ее обманным путем увезли, какой сон она видела, и уже рассвело, а рассказ свой она все еще не кончила. Поистине,

Всю ночь бы держать напролет
в серебряной плошке огонь,

犹恐相逢是梦中。

乔氏说道："我今夫妻重合，虽是天意，实出王知县大德，自不消说起。但大仇未报，死不甘心，怎生访获得强盗，须把他碎骨粉身，方才雪此仇耻。"王从事道："我虽则做官，却是寒毡冷局。且又不知这贼姓名居处，又在隔府别县，急切里如何就访得着。"乔氏道："此贼姓胡已是晓得，但不知其住处。"王从事道："此事只索放下，再作区处。"话休烦絮，王从事作官一年，任满当迁。各上司俱荐他学行优长，才猷宏茂，堪任烦剧，遂升任临安府钱塘县知县。乔氏闻报大喜，对丈夫道："今任钱塘，便是当年拆散之地，县令一邑之长，当与百姓伸冤理枉。何况自己身负奇冤，不为报雪，到彼

*Чтоб видеть и видеть друг друга,
поверить, что это не сон.*

— Конечно, в том, что мы с тобой встретились снова как муж и жена, была воля неба, но все же ясно: могло это случиться лишь благодаря величайшему благодеянию начальника уезда Вана, — говорила Ци. — Надо обязательно найти того бандита и отомстить за все, что произошло. Пока это не будет сделано, я не успокоюсь! Кости его следовало бы истолочь, самого его стереть в порошок — вот тогда можно было бы считать, что смыты оскорбление и позор.

— Я хоть и на казенной службе, но занимаю скромную должность и пост мой не дает мне какой-нибудь власти, — отвечал Ван Цунши. — К тому же я не знаю ни фамилии этого негодяя, ни где именно он живет в Линьяни. Да и Линьань не в нашем уезде, не в нашей области, так что сразу тут ничего не сделаешь.

— Фамилия этого негодяя Ху, это мне уже известно. Но где он живет, я действительно не имею понятия.

— Придется пока оставить это, — говорил Ван Цунши, — а там посмотрю, как быть.

Но не будем многословны.

Ван Цунши пробыл на своей должности год, срок его кончился, и его должны были переместить по службе. Все вышестоящие инстанции рекомендовали его как безупречного чиновника, обладающего к тому же выдающимися знаниями и способного занять пост со сложными и ответственными обязанностями. Ван Цунши был повышен в должности и назначен начальником уезда Цяньтан в области Линьань. Узнав об этом, Ци обрадовалась.

— Вот и назначение в Цяньтан — как раз в те края, где нас тогда разлучили, — говорила она мужу. — Начальник уезда — глава целого района, он вообще обязан защищать обиженных и восстанавливать справедливость, а тут, — продолжала она, — сами

首当留心此事。"王从事道："不消叮咛,但事不可定,事不可知,且待到任之后,自有道理。"随择日起程,从金华一路,到钱塘上任。三朝行香之后,参谒上司。京县与外县不同,自中书政府,以及两台各衙门,那一处不要去参见。通谒之后,刊布规条,投文放告,征比钱粮。新知县第一日放告,那告状的也无算,王从事只拣情重的方准。中有一词,上写道:

告状人周绍,告为劫赌杀命事。绍系经商生理,段铺扬州,有子周玄,在家读书。祸遭嘉兴三犯盐徒丁奇,遁居临安,开赌诱子宿娼刘赛,朋扛赌博,劫去血资五十余两,金簪一只。绍归往理,触凶毒打垂毙,赵成救证,诱赌劫财。逞

мы потерпели неслыханную обиду. Можно ли в этом случае не отомстить! Надо тебе иметь это в виду, когда будешь там.

– Само собой разумеется, – отвечал Ван Цунши. – Только не следует ничего предрешать – вступлю на должность, тогда и посмотрим, что и как.

Выбрав благоприятный день, они двинулись в путь и вскоре добрались до Цяньтана. Три дня Ван Цунши совершал жертвоприношения в храмах, потом стал наносить визиты начальству. А в столичном уезде – не то что в каком-нибудь обычном уезде: здесь нужно было наносить визиты во все вышестоящие присутственные места и учреждения, начиная от Главной министерской канцелярии, Цензората и прочих. Когда было покончено и с этим, Ван Цунши велел обнародовать порядки взимания налогов и объявить о том, что принимаются жалобы.

С первого же дня объявления о приеме жалоб их стало, разумеется, поступать бесчисленное множество. Ван Цунши прежде всего отбирал и принимал лишь те, которые казались ему наиболее важными. Среди них попалась одна жалоба, в которой докладывалось следующее:

> *Жалобщик Чжоу Шао. Жалоба подается по поводу разбойной азартной игры и покушения на жизнь.*
>
> *Я, Чжоу Шао, торгую шелком и держу лавку в городе Ян-чжоу. Есть у меня сын Чжоу Сюань, который обучается дома. Беда свалилась на меня по вине Дин Ци, уроженца Цзясина, трижды уличенного в незаконной торговле солью. Укрываясь в городе Линьани, Дин Ци устраивал азартные игры и соблазнил моего сына на посещение непотребного заведения некоей Лю Сай, где собирались жулики и игроки. Там сына моего обобрали,*

凶杀命告。

原告　周绍
被犯　丁奇　刘赛　周玄
干证　赵成

　　王从事看这词，事体虽小，引诱人家子弟嫖赌，情实可恶，也就准了，仰本图里老拘审。原来这张状词，却是赵成阴唆周绍告儿子的。赵成便贪淫作恶，妻子婢妾，却肯舍身延寿。凡在他家走动的，无有不是相知，好似有髯髯头上拍苍蝇，来一个着一个，总来瞒着赵成一人。有晓得的，在背后颠唇簸嘴说道："赵瞎子做尽人，那得无此现世报。"赵成近时，忽地道女人滋味平常，要寻小官人味道尝尝，正括着周绍的儿子周玄。这周玄排行第一，人都叫他是周一官，年纪

отняли кровных пятьдесят с лишним ланов и золотую шпильку. Когда я приехал в Линьань и попытался разобраться в этом деле, меня чуть ли не до смерти избили. Спас меня Чжао Чэн, который все это может подтвердить. Докладываю начальнику о том, как я жестоко пострадал.

Жалобщик – Чжоу Шао.
Обвиняемые – Дин Ци,
Лю Сай, Чжоу Сюань.
Свидетель – Чжао Чэн.

Ван Цунши, проглядев жалобу, рассудил, что хотя дело само по себе незначительное, но оно возмутительно тем, что молодого человека соблазнили на посещение неблагопристойных заведений и подбили на азартные игры. Ван Цунши решил принять жалобу и распорядился, чтобы обвиняемых доставили на следствие.

Оказывается, жалобу эту Чжоу Шао подал потому, что Чжао Чэн подстрекал его пожаловаться на сына. Следует заметить, что если сам Чжао Чэн был развратником и вытворял невесть что, то жены его и служанки с большой охотой, не жалея себя, ублажали других. Поэтому со всеми мужчинами, которые бывали в доме Чжао Чэна, знались его жены и служанки, и завладевали они ими так легко, словно шлепали мух на покрытой лишаями голове: прилетит, а там шлеп – и попалась. Но все это, разумеется, делалось тайком от Чжао Чэна. Те, кто знал, что творится в его доме, сплетничали и говорили: «Скольких людей извел этот слепой Чжао, над сколькими он поизмывался! Ему ли не расплачиваться на этом же свете!» А в последнее время Чжао Чэн вдруг стал поговаривать о том, что, мол, ничего особенного в женских ласках нет, и решил найти себе молодого человека, чтобы испробовать новые ощущения. И вот подхватил он Чжоу Сюаня, сына Чжоу Шао. Чжоу Сюань был старшим из детей в

十七八岁。一向原是附名读书，近被赵成设计哄诱，做了男风朋友。引到家中，穿房入户，老婆婢妾，看他年纪小，又标致，个个把他当性命活宝。赵成大老婆花氏，已是三十四五，年纪是他长，名分是他大，风骚又是他为最。周玄单单供应这老婆娘，还嫌弗够，所以一心倒在周玄身上。平日积下的私房，尽数与他，连向日抢乔氏这只金簪，也送与他做表记。两个小老婆，也要学样，手中却少东西，只有几件衣服，将来表情。丫头们只送得汗巾香袋。周玄分明是瞎仓官收粮，无有不纳。赵成一生占尽便宜，只有这场交易吃了暗亏。

　　周玄跟着赵成，到处酒楼妓馆，赌博场中，无不串熟。小官家生性，着处生根，那时嫖也来，赌也来，把赵成老婆所赠，着实撒漫。那抱剑营馆刘赛，手内积攒得东西，买起粉头接客，自己做鸨儿管家，又开赌场。嫖客到来，乘便就除红捉

семье Чжоу, потому его называли Чжоу Старший. Ему минуло семнадцать лет, шел восемнадцатый, и он числился учащимся.

Чжао Чэн сумел соблазнить его, и последнее время Чжоу Сюань был, так сказать, мужской подругой Чжао Чэна. В доме у Чжао Чэна он был близок со всеми – жены и служанки Чжао Чэна смотрели на этого молодого и красивого человека как на сокровище, без которого и жизнь не в жизнь. Старшей жене Чжао Чэна, госпоже Хуа, было почти тридцать пять лет, она и по годам и по положению была старше других, да и по сравнению с другими женщинами в доме она была более ветреной и любвеобильной. Ей и одной было бы мало ласк этого молодого любовника. Поэтому она всей душой льнула к Чжоу Сюаню. Все, что ей удалось скопить для себя за многие годы, она отдавала ему, и даже шпильку, которую когда-то выдернула из волос госпожи Ци, и ту она подарила юноше на память. Две вторые жены Чжао Чэна старались в этом отношении не отставать от первой, но у них почти ничего не было, кроме кое-какой одежонки, которую они подносили ему, чтобы выразить тем свои чувства. Ну, а служанкам оставалось дарить молодому человеку полотенца да душистые мешочки. Чжоу Сюань принимал все, словно слепой заведующий амбаром.

Чжао Чэну всю жизнь в любом его деле удавалось сорвать выгодный куш, и вот только в этой своей сделке он, сам того не ведая, сильно прогадал.

Чжоу Сюань, следуя всюду за Чжао Чэном, познакомился со всеми винными и увеселительными заведениями, стал бывать в игорных домах. Безвольный характер молодых барчуков обычно таков, что куда их прибьет, там они и прирастут. И вот молодой Чжоу стал и с гетерами развлекаться, и в азартные игры играть, швыряя направо и налево деньги и вещи, которыми его одаривали жены Чжао Чэна.

Надо сказать, что к этому времени Лю Сай скопила достаточно средств, чтобы купить несколько пудреных головок, а сама

绿。周玄常在他家走动。这丁奇是嘉兴贩绵绸客人,到刘赛家来嫖,与周玄相遇。刘赛牵头赌钱,丁奇却是久掷药骰的,周玄初出小伙子,那堪几掷,身边所有,尽都折倒,连赵成老婆与他这只金簪也输了。是时五月天气,不戴巾帽,丁奇接来,就插在角儿上。赌罢,周玄败兴,先自去了,丁奇就与粉头饮酒。却好赵成撞至,刘赛就邀来与丁奇同坐吃酒。赵成见丁奇头上金簪,却像妻子戴的一般,借来一看,吃了一惊,刘赛道:"方才周一官,将来做梢,输与丁客人的。"赵成情知妻子与周玄必有私情事了。心里想了一想,自己引诱周玄的不是,不如隐了家丑,借景摆布周玄罢。算计已定,即便去寻周玄。他本意原只要寻周绍,不想恰好遇着在家。

那周绍原是清客,又是好动不好静的,衙门人认得的也多,各样道路中人,略略晓得几个。见了赵成,两下扳谈。赵

стала хозяйкой веселого заведения; кроме того, Лю Сай открыла при своем заведении помещение для картежной игры, куда нередко заходили ее гости, так что она одновременно зарабатывала еще и на этом. Чжоу Сюань был ее частым гостем.

Дин Ци, о котором шла речь в жалобе, был торговцем из Цзясина, торговал он грубым шелком. В заведении Лю Сай он как-то познакомился с Чжоу Сюанем, и Лю Сай подбила их сыграть. Дин Ци был старым и опытным игроком в налитые свинцом кости, а Чжоу Сюань был в этом деле новичком; поэтому после нескольких партий он лишился всего, что имел при себе, даже золотой шпильки, подаренной ему женой Чжао Чэна. Шел тогда пятый месяц, люди уже шапок не носили, и когда Дин Ци получил от Чжоу Сюаня проигранную им шпильку, он воткнул ее в головную повязку. Закончив игру, Чжоу Сюань, расстроенный, ушел, а Дин Ци сел за вино с девицами. Как раз в это время в заведение явился Чжао Чэн. Лю Сай пригласила его выпить вместе с Дин Ци, и тут Чжао Чэн заметил в головной повязке Дин Ци золотую шпильку, очень похожую на ту, что носила его жена. Он попросил Дин Ци дать ему взглянуть на шпильку, и, когда рассматривал ее, на лице у него изобразилось крайнее изумление.

– Это сейчас господин Чжоу Старший проиграл ее господину Дин Ци, – пояснила Лю Сай.

Чжао Чэн понял, что у его жены с Чжоу Сюанем, несомненно, какие-то шашни. Поразмыслив, он решил, что сам виноват в этой истории, но предпочел скрыть семейный позор, а случаем этим воспользоваться, чтобы разделаться с Чжоу Сюанем. Прикинув все, он отправился к нему, хотя имел при этом в виду поговорить с его отцом – Чжоу Шао. Тот как раз оказался дома.

Чжоу Шао не имел определенной профессии и был из людей, которые вели деятельный образ жизни. Он не терпел безделья. Люди казенных учреждений почти все знали его, а он, в свою очередь, кого-нибудь да знал из самых различных слоев. Они

成即把他儿子与丁奇赌钱，输下金簪子的事说出，周绍道："可知家中一向失去几多物件，原来都是不长进的东西偷出去输与别人。"又说道："只是我儿子没有这金簪，这又是那里来的？"赵成道："赌博场中，梢挽梢，管他来历怎的。如今钱塘县新任太爷到，何不告他一状，一则追这丁蛮的东西，二则也警戒令郎下次。"周绍听信了他，因此告这张状词。也是赵成恶贯满盈，几百张状词，偏偏这一张却在准数之中，又批个亲提，差本图里老拘审。新下马的官府，谁敢怠慢。不过数日，将人犯拘齐，投文解到。王从事令午衙听审，到未牌时分，王从事出衙升堂，唤进诸犯，跪于月台之上。

　　王从事先叫原告周绍上去，问道："你有几个儿子？"周绍道："只有一个儿子。"知县道："你既在扬州开段铺，是

разговорились с Чжао Чэном, и тот рассказал Чжоу Шао о том, как его сын играл с Дин Ци на деньги и проиграл даже золотую шпильку.

— Теперь понятно, почему из дома у меня пропадают вещи. Оказывается, этот паршивец крадет их и проигрывает, — возмутился Чжоу Шао. — Но только, — продолжал он, — у сына никогда не было золотой шпильки. Откуда она у него взялась?

— В притонах вместо денег на кон нередко ставят какую-нибудь вещь, одна ставка сменяется другой — где тут разобраться, откуда шпилька. Вот ныне в уезде Цяньтан вступил в должность новый начальник. По-моему, вам стоит взять да и написать на сына жалобу. Во-первых, можно будет вернуть вещь, которую этот чужак Дин Ци себе присвоил, во-вторых, это послужит хорошим уроком для вашего сына на будущее

Чжоу Шао послушался Чжао Чэна и подал жалобу. Видимо, было суждено, чтобы пришел конец злодеяниям Чжао Чэна, так как из сотни жалоб именно эта оказалась принятой, да еще на ней начальник написал свое решение: «Лично допросить». Мало того, начальник уезда велел старшинам того района проследить, чтобы непременно привели в присутствие обвиняемых. Ну а когда распоряжение отдает начальник, только что, как говорится, сошедший с коня, кто посмеет не явиться. Через день-другой причастные к делу были доставлены в управление, и Ван Цунши распорядился, чтобы все подготовили к слушанию. Во второй половине дня начальник вышел в зал присутствия и приказал ввести людей, имеющих отношение к этому делу. Войдя, они опустились на колени на ступенях перед помостом, где заседал начальник.

Ван Цунши велел подойти Чжоу Шао и стал допрашивать его первым:

— Сколько у тебя сыновей?
— Только один, — отвечал тот.

个有身家的了，又且只一子，何不在家教训他，却出外做客，致使学出不好？"周绍道："业在其中，一时如何改得。"知县又叫周玄上来，看了一看，问道："你小小年纪，怎不学好，却去宿娼赌钱，花费父亲资本。"周玄道："小人实不曾花费父亲东西。"知县道："胡说！既不曾花费，你父亲岂肯告你。在我面前，尚这般抵赖，可知在外所为了。"喝叫："拿下去打！"皂隶一声答应，鹰拿燕雀，扯将出去。那个小伙子，魂多吓掉。赵成本意借题发挥，要打周玄，报雪奸他妻子这口怨气，今番知县责治，好不快活，伸头望颈的对皂隶打暗号，教下毒手打他。早又被知县瞧见，却认错是教皂隶卖法用情，心里已明白这人是衙门情熟的，又见周玄哀哀哭泣，心里又怜他年纪小。喝道："且住了。"周玄得免，分明死去还魂。

— Раз ты держишь лавку и торгуешь шелком, значит, ты из имущих, а сын у тебя единственный. Так почему же ты не воспитываешь его дома, а разъезжаешь по торговым делам и дожил до того, что твой сын занимается непотребными вещами?

— Уж коль занят каким делом, то ведь сразу не сменишь его на другое, — отвечал Чжоу Шао.

Следующим начальник уезда велел подозвать Чжоу Сюаня, поглядел на него и спросил:

— Что же ты, такой молодой, порядочным вещам не учишься, а ночуешь в непотребных заведениях, играешь на деньги, транжиришь отцовское состояние.

— Я не тратил отцовских денег! — ответил на это Чжоу Сюань.

— Не болтай ерунды! Было бы не так, разве отец пожаловался бы на тебя! — прикрикнул на него Ван Цунши. — Если уж передо мной отпираешься, представляю, что вытворяешь вообще, — добавил начальник и распорядился: — Всыпать ему!

Служащие тут же, словно орлы на ласточку, накинулись на Чжоу Сюаня, оттащили его от ступеней и повели за собой. У парня душа от страха вылетела из тела.

Подстрекая Чжоу Шао подать на сына жалобу, Чжао Чэн имел, конечно, в виду, что Чжоу Сюаня крепко накажут и таким образом он отомстит за обиду, которую тот нанес ему, связавшись с его женой. Естественно поэтому, что распоряжение начальника пришлось ему по душе, и, вытянув шею, он тайком подавал знаки служащим, чтобы те били не жалеючи. Это не прошло мимо внимания Ван Цунши, но только он подумал, что тот подает знаки, чтобы Чжоу Сюаня били полегче, и что человек этот знаком с людьми в учреждении. Кроме того, он слышал, как ревмя ревет Чжоу Сюань. Начальнику стало жаль молодого человека, и он крикнул: «Постойте!» У Чжоу Сюаня, которому удалось таким образом избежать ударов, душа словно вновь вернулась в тело.

知县叫丁奇问道："你引诱周玄嫖赌，又劫了他财物，又打坏周绍，况又是个盐徒，若依律该问个徒罪。"丁奇道："老爷，小人到此贩卖绵绸，并非卖盐之人。与周玄只会得一次，怎说是引诱他嫖赌，劫他财物，通是虚情诳告，希图扎诈。"知县道："周绍也是有家业的人，你没有引诱之情，怎舍得爱子到官？"周绍叩头道："爷爷是青天。"丁奇道："周玄嫖赌，或者自有别人引诱，其实与小人无干。"周绍道："儿子正是他引诱的，更无别人，劫去的财物，有细账在此。"袖里摸出一纸呈上。赵成随接口直叫道："还有金簪子一只。"知县大怒道："你是干证，又不问你，为何要你抢嘴？"叫左右掌嘴，皂隶执起竹掌，一连打上二十，才教住了。赵成脸上，打得红肿不堪。知县问："金簪今在何处？"

Следующим был Дин Ци.

– Ты соблазнил Чжоу Сюаня на азартную игру, отнял у него деньги и вещи да еще жестоко избил Чжоу Шао; кроме того, ты контрабандой торгуешь солью. Так вот, знаешь ли, что по закону за все это полагается тебе ссылка на каторжные работы?

– Господин, я прибыл сюда продать шелк, я не торгую солью, – отвечал Дин Ци. – С Чжоу Сюанем я только раз встретился. А то, что я подстрекал его посещать непотребные заведения и играть в азартные игры, что завладел его деньгами и вещами, – все это лживые обвинения с целью запугать меня и шантажировать.

– Чжоу Шао тоже человек состоятельный – если бы ты не соблазнял его сына, разве пошел бы он на то, чтобы привлечь сына к суду?

– О, вы всевидящее око! – воскликнул тут, ударяя челом, Чжоу Шао.

Но Дин Ци стоял на своем.

– Если Чжоу Сюань посещал девиц и играл, то, может быть, его соблазнял кто-нибудь другой, но ко мне это не имеет никакого отношения.

– Именно он, а не кто иной, соблазнял сына, – говорил Чжоу Шао. – А вещи, которыми он завладел, – вот здесь их список. – И он вытащил из рукава бумагу, подал ее начальнику.

– И еще шпилька золотая одна! – не удержавшись, крикнул с крыльца Чжао Чэн.

Поведение Чжао Чэна привело начальника в ярость.

– Ты – свидетель, и тебя пока не спрашивают! Что вмешиваешься! – закричал на него Ван Цунши и приказал надавать ему по щекам. Служащие тут же взяли бамбуковую ладонь и стали хлестать ею Чжао Чэна. После двадцатого удара им было приказано остановиться. Но лицо Чжао Чэна уже все распухло и стало багровым.

丁奇不敢隐瞒，说："金簪在小人处。"知县道："既有金簪，这引诱劫赌的情是真了。"丁奇道："小人在客边，到刘赛家宿歇，与周玄偶然相遇，一时作耍赌东道，周玄输了，将这金簪当梢是实。其余银两都是假的，只问娼妇刘赛，便见明白。"一头说，一头在袖摸出金簪。皂隶递与门子，呈到案上。知县拿起簪子一看，即看见上有王乔百年四字，正是当年行聘的东西，故物重逢，不觉大惊，暗道："此簪周玄所输，定是其母之物，看起来昔日掠贩的是周绍了。但奶奶说是姓胡，右眼已被刺瞎，今却姓周，双目不损，此是为何？"沉吟一回，心中兀突，分付且带出去，明日再审，即便退堂。衙门上下人，都道："这样小事，重则枷责，轻则扯开，有甚难处？怎样没决断，又要进去问后司。"众人只认做知县才短，

Продолжая допрос, Ван Цунши обратился к Дин Ци:

— А где эта золотая шпилька?

Тот не посмел скрывать и сказал:

— У меня она.

— Раз у тебя, значит, это правда, что ты соблазнил его на азартную игру.

— Верно только то, что я, находясь на чужбине, явился в дом Лю Сай переночевать и случайно познакомился там с Чжоу Сюанем. Стали для забавы играть, — разыгрывать, за чей счет угощение, Чжоу Сюань проиграл и оставил в залог золотую шпильку. Что касается денег, то все это неправда. Допросите хозяйку заведения Лю Сай, и вы убедитесь, что я не лгу.

Говоря это, Дин Ци вытащил из рукава шпильку, и служащие положили ее на стол перед начальником. Тот взял шпильку, взглянул на нее и сразу же увидел на ней надпись: «Сто лет быть вместе Вану и Ци!» Это была та самая шпилька, которую в свое время он подарил в качестве сговорного дара жене. Глядя на нее, Ван Цунши в недоумении размышлял: «Если шпильку проиграл Чжоу Сюань, значит, она принадлежит его матери, а если так — то это Чжоу Шао похитил тогда мою жену. Но жена говорила, что фамилия похитителя — Ху и что она проколола ему правый глаз. А у Чжоу Шао оба глаза целы и невредимы. В чем же тут дело?»

Ван Цунши еще подумал немного и, полный сомнений, распорядился всех увести, с тем чтобы продолжить расследование дела на следующий день. Этим закончилось присутствие.

Люди в ямэне судачили:

— Такое ерундовое дело! Хочешь наказать сурово — ну надень кангу, легко — возьми да и палками разгони всех. Что тут особенного! И надо же быть настолько несамостоятельным — пошел, видите ли, просить совета у правительницы внутренних покоев.

Все в один голос твердили, что у начальника ум коротковат,

那里晓得他心中缘故。

　　王从事袖了簪子进衙，递与乔氏道："我正要访拿仇人，不想事有凑巧，却有一件赌博词讼，审出这根簪子。"乔氏道："这人可是姓胡，右眼可是瞎的？"知县道："只因其人不姓胡，又非瞎眼，所以狐疑，进来问你。"乔氏也惊异道："这又怎么说？"知县又问道："他可有儿子弟兄么？"乔氏道："俱没有。"知县委决不下，想来想去，乃道："我有道理了。只把这周绍，盘问他从何得来，便有着落。"次日早堂，也不投文，也不理别事，就唤来审问。当下知县即呼周绍问道："簪子可是你家的么？"周绍应道："是。"又问道："还是自己打造的，兑换别人的，有多少重？"周绍支吾不过。知县喝教夹起来，皂隶连忙讨过夹棍，周绍着了忙，叫道："其实不干小人的，不知儿子从何处得来。"知县便叫周

и никто из них не ведал истинной причины, почему дело было отложено.

Когда Ван Цунши вернулся к себе, он передал шпильку жене и сказал:

– Я вот собрался было начать наводить справки о нашем негодяе, а тут вдруг совершенно случайно в связи с одним делом об азартных играх всплыла твоя шпилька.

– А фамилия человека этого Ху? И правый глаз у него слепой?

– В том-то и дело, что фамилия его не Ху и он вовсе не слепой. Потому-то я и пребываю в нерешительности и хочу кое о чем тебя спросить.

– Как же это так? – удивилась Ци.

– А у этого человека были братья или сыновья? – спросил начальник жену.

– Нет, не было.

Ван Цунши так и не знал, что ему предпринять. Думал он, думал и наконец решил:

– Ладно, буду допрашивать Чжоу Шао, как к нему попала шпилька, и тогда, глядишь, дело выяснится.

На следующий день Ван Цунши не стал заниматься никакими другими делами, не составил даже доклад по начальству, а сразу вызвал интересовавших его по вчерашнему делу людей на допрос.

– Шпилька эта из вашего дома? – спросил он Чжоу Шао.

– Да, – ответил тот.

– Сами заказывали ее или выменяли у кого? И какой вес у нее?

Чжоу Шао не знал, что отвечать, и начальник уезда приказал зажать его в тиски. Служащие тут же внесли тиски, и Чжоу Шао всполошился.

– Я тут ни при чем, – закричал он. – Я не знаю, откуда сын

玄："你从那里得来的？"这小伙子，昨日吃了一吓，今日又见动夹棍，心惊胆战，只得实说："是赵成妻子与我的。"知县道："想必你与他妻子有奸么？"周玄不敢答应。

知县即叫赵成来问，赵成跪到案前，知县仔细一看，右眼却是瞎的，忽然大悟道："当日掠贩的，定是这个了。他说姓胡，亦恐有后患，假托鬼名耳。"遂问道："可是你恨周玄与妻子有奸，借丁奇赌钱事，阴唆周绍告状，结果周玄么？"赵成被道着心事，老大惊骇，硬赖道："其实周玄在刘赛家赌钱，小人看见了，报与他父亲，所以周玄怀恨，故意污赖，说是小人妻子与他簪子。"知县道："这也或者有之，你可晓得，这簪子是那里来的？"赵成道："这个小人不晓得。"知县又问道："你妻子之外，可还有婢妾么？"赵成道："还有

принес эту шпильку!

Тогда начальник уезда велел подвести Чжоу Сюаня.

– Так где ты взял эту вещь? – спросил он его.

Парень еще вчера был напуган, а сегодня, когда он увидел, что начальник намерен применять тиски, его стала пробирать дрожь.

– Это жена Чжао Чэна подарила мне, – признался он.

– Значит, ты, вероятно, состоял с ней в связи?

Чжоу Сюань не решался ответить.

Тогда Ван Цунши велел призвать Чжао Чэна. Присмотревшись к нему, он заметил, что Чжао Чэн слеп на правый глаз, и вдруг его осенило: «Несомненно, это он украл и продал мою жену. Тогда он говорил, что его фамилия Ху, но это он просто наврал, опасаясь возможных последствий». И начальник тут же заявил Чжао Чэну:

– Ты, оказывается, возненавидел Чжоу Сюаня за то, что он прелюбодействовал с твоей женой. А когда узнал, что он играл с Дин Ци, решил воспользоваться этим и подговорил Чжоу Шао написать жалобу на сына, чтобы таким путем расправиться с молодым человеком. Так было дело?

Хотя начальник разгадал тайный замысел Чжао Чэна и тон его был устрашающим, Чжао Чэн решил свалить вину на другого и заявил:

– Видите ли, по правде говоря, когда я узнал, что Чжоу Сюань играл у Лю Сай, я сообщил об этом его отцу. А Чжоу Сюань, чтобы отомстить мне за это, оговорил мою жену, будто она подарила ему шпильку.

– Ну что ж, могло быть и так, – согласился начальник. – А знаешь ты, откуда взялась эта шпилька?

– Нет, этого я не знаю, – отвечал Чжао Чэн.

– А кроме жены, есть у тебя еще вторые жены, служанки?

– Да, у меня еще есть две вторые жены и четыре служанки.

二妾四婢。"知县暗道："此话与乔氏所言相合，一发不消说起是了。"又道："你是何等样人，乃有二妾四婢，想必都是强占人的么？"赵成道："小人是极守法度的，怎敢做这样没天理的事。"知县道："我细看你，定是个恶人。"又道："你这眼睛，为甚瞎了？"赵成听了这话，正是青天里打一个霹雳，却答应不来。知县情知正是此人，更无疑惑，乃道："你这奴才，不知做下多少恶事，快些招来，饶你的死。"赵成供道："小人实不曾做甚歹事。"知县喝叫："快来起来。"三四个皂隶，赶向前扯去鞋袜，套上夹棍，赵成杀猪一般喊叫，只是不肯招承。

　　知县即写一硃票，唤过两个能事的皂隶，低低分付，如此如此。皂隶领命，飞也似去了。不多时，将赵成一妻两妾，四个老丫头，一串儿都缚来，跪在丹墀。皂隶回覆："赵成妻子通拿到了。"此时赵成，已是三夹棍，半个字也吐不出实情，正在昏迷之际。这班婆娘见了，一个个唬得魂飞魄散。知县唤

«Ага! Вот это совпадает с тем, что говорила жена. Значит, это он», – лишний раз убедился начальник и задал еще вопрос Чжао Чэну:

– А кто ты такой, что собой представляешь, что у тебя еще есть две вторые жены, четыре служанки? Что это – женщины, которых ты отобрал у других?

– О, я строго блюду законы, разве смею я содеять подобное?

– А вот я гляжу на тебя и могу с уверенностью сказать, что ты настоящий злодей, – заявил начальник и тут же спросил: – А глаз у тебя один почему ослеп?

Вопрос этот словно громом сразил Чжао Чэна, и он ничего не ответил.

Тут уж у начальника не оставалось ни малейших сомнений, что это именно тот человек, который украл его жену.

– Негодяй! – закричал он. – Сознайся, если хочешь остаться в живых, сколько злодейских дел ты сотворил!

– Но я действительно ничего плохого не делал! – оправдывался Чжао Чэн.

– В тиски его! – распорядился начальник.

Служители бросились к Чжао Чэну, стянули с него туфли, носки и зажали ему ноги.

Чжао Чэн визжал, словно резаная свинья, но не признавался.

Тогда начальник уезда красной тушью написал какую-то бумагу, подозвал к себе двух служителей, что-то им тихим голосом объяснил, и те тут же выбежали из ямэня. Через какое-то время в присутствие ввели старшую и двух младших жен Чжао Чэна, а также четырех его служанок. Всех их подвели к ступеням возле помоста, где заседал начальник, они опустились на колени, а служители доложили: «Старшая жена Чжао Чэна и все остальные доставлены».

В это время уже в третий раз зажимали в тиски Чжао Чэна. Он был без сознания, но так ни в чем и не признался.

花氏近前,将簪子与他看,问道:"这可是你与周玄的么?"那婆娘见老公夹得是死人一般,又见知县这个威势,分明是一尊活神道,怎敢不认,忙应道:"正是小妇人与他的。"知县道:"你与周玄通奸几时了?"花氏道:"将及一年了。家中大小,皆与周玄有奸,不独小妇人一个。"又问:"怎样起的?"花氏道:"原是丈夫引诱周玄到家宿歇,因而成奸。"知县道:"原来如此。"又问道:"你这簪子从何得来,丈夫眼睛,为何瞎了,他平日怎生为恶,须一一实招,饶你的刑罚。"那婆娘惟恐夹棍也到脚上,从头至尾,将他平日所为恶端,并劫乔氏贩卖等情,一一说出。知县道:"我已晓得,不消说了。"就教放了赵成夹棍,选头号大板,打上一百。两腿血肉,片片飞起,眼见赵成性命,在霎时间了。

知县又唤花氏道:"你这贱妇,助夫为恶,又明犯奸情,亦打四十。众妇人又次一等,各打二十。"即援笔判道:

Видя, в каком состоянии Чжао Чэн, женщины, которых привели, перепугались до смерти.

Ван Цунши подозвал Хуа, первую жену Чжао Чэна, показал ей шпильку и спросил:

– Это ты подарила ее Чжоу Сюаню?

Видя почти мертвого, зажатого в тиски мужа и строгого, величественного, словно божество, начальника, жена Чжао Чэна не решалась соврать и тут же призналась:

– Да, это я ему подарила.

– А сколько времени ты находишься уже в связи с Чжоу Сюанем?

– Почти год, – отвечала Хуа. – Да и не только я, все в доме с ним путались.

– А как это случилось?

– А это муж соблазнил Чжоу Сюаня. Он привел его домой, спал с ним, потом и мы с ним.

– Ах вот как, – проговорил начальник. – Ну, а шпилька откуда у тебя? И почему глаз у твоего мужа ослеп? Да и вообще расскажи о его бесчинствах. Расскажи честно, и будешь меньше в ответе за все.

Боясь, как бы и ее ноги не попали в тиски, Хуа рассказала обо всем, что обычно проделывал Чжао Чэн, а также о том, как в свое время он украл госпожу Ци и продал ее.

– Ладно, это я знаю, – остановил ее начальник. Он велел освободить из тисков Чжао Чэна, но приказал дать ему сто ударов самыми тяжелыми палками. У того вместо ног остались одни кровоточащие куски мяса, и жизнь его была на волоске.

– Ты помогала мужу в его злодеяниях да еще занималась любодейством, – заявил Ван Цунши, снова обратившись к жене Чжао Чэна, и велел всыпать ей сорок палок, а остальным женщинам Чжао Чэна – по двадцать палок. Затем Ван Цунши взялся за кисть и написал следующее решение:

审得赵成，豺狼成性，蛇虺为心。拐人妻，掠人妇，奸谋奚止百出；攫人物，劫人财，凶恶不啻万端。诱娈童以入幕，乃恶贯之将盈；启妻妾以朋淫，何天道之好还。花氏夺簪而转赠所欢，赵成搆讼而欲申私耻，丁奇适遭其衅，周绍偶受其唆，虽头绪各有所自，而造孽独出赵成。案其恶款，诚罄竹之难书；据其罪迹，岂擢发所能数。加以寸磔，庶尽厥罪。第往事难稽，阴谋

Дознанием установлено, что Чжао Чэн по своей природе мало чем отличается от волков и шакалов, а сердце у него коварной змеи. Трудно сказать, скольких, чужих жен увел он насильно, измываясь над ними, скольких людей ограбил, сколько присвоил чужого добра. Злодеяния его невозможно перечислить. Но суждено было, чтобы преступлениям его пришел конец, когда он плотской любви ради заманил к себе в дом одного юношу. И небо, конечно, воздало ему за его дела, так как с этим юношей жены его устраивали непотребные развлечения. Казалось бы, каждое обстоятельство в разбираемом деле сложилось само по себе, одно независимо от другого, однако все они есть результат интриг, которые плел Чжао Чэн. Таков случай со шпилькой, которую жена его отняла у несчастной женщины и впоследствии подарила любовнику; обстоятельства, при которых Чжао Чэн решил спровоцировать судебное дело, чтобы отомстить за себя; так был облыжно обвинен Дин Ци и, наконец, случай с Чжоу Шао, который, поддавшись Чжао Чэну, пошел на то, чтобы привлечь к суду собственного сына. Словом, не хватит бумаги, если перечислять все нарушения закона, совершенные Чжао Чэном, не хватит волос на голове, чтобы вести счет доказательствам его преступных деяний. Следовало бы разрубить его на куски, чтобы он тем искупил свою вину, но во всем его прошлом трудно разобраться и в давнишних делах его сложно найти свидетельства преступных замыслов. Поэтому ссылка на каторжные работы в по-

无证。坐之城旦，实有余辜。刘赛烟花而复作囊家，杖以示儆。丁奇商贩而肆行赌博，惩之使戒。周玄被诱生情，薄惩拟杖，律照和奸。

花氏妻妾宣淫，重笞示辱，法当官卖。金簪附库，周绍免供。

判罢，诸犯俱押去召保。赵成发下狱中，当晚即讨过病状。可怜做了一世恶人，到此身死牢狱，妻妾尽归他人。这才是：

善恶到头终有报，
只争来早与来迟。

граничные районы будет для него милостивейшей мерой.

Лю Сай наказать ударами палок в виде предупреждения за то, что она, будучи владелицей увеселительного дома, устраивала у себя еще и притон для азартных игр.

На торговца Дин Ци за увлечение азартными играми наложить соответствующее взыскание в виде строгого предупреждения.

Чжоу Сюаню в качестве первого предупреждения дать палок в соответствии со статьей, осуждающей прелюбодеяния.

Хуа, первую жену Чжоу Чэна, и двух его вторых жен за откровенный разврат строго наказать палками, дабы их позорное поведение было общеизвестно. Согласно существующим законо-уложениям, надлежит продать их, а вырученное от продажи вложить в казну.

Золотую шпильку сдать в казнохранилище.

Чжоу Шао освободить от ответственности.

После того как решение по делу было вынесено, начальник велел отпустить на поруки всех, кроме Чжао Чэна, которого отправили в тюрьму. Но в тот же вечер тюремщикам пришлось составить свидетельство о смерти заключенного.

Вот так – был человек всю жизнь злодеем и кончил тем, что умер в тюрьме, а жены его попали в чужие руки. Поистине,

Воздаянье за добро
    или возмездие за зло
        наступят неизбежно.
А рано иль поздно –

且说王从事，退入私衙，将前项事说与乔氏。乔氏得报了宿昔冤仇，心满意足，合掌谢天。这只金簪，教库上缴进，另造一只存库。临安百姓，只道断明了一桩公事，怎知其中缘故，知县原为着自己。那时无不称颂钱塘王知县，因赌博小事，审出教唆之人，除了个积恶，名声大振。三年满任，升绍兴府通判。又以卓异，升嘉兴府太守。到任年余，乔氏夫人，力劝致仕，归汴梁祖业。王从事依允，即日申文上司，引病乞休，各衙门批详准允。收拾起程，船到苏州，想起王知县恩德，泊船闾门，访问王知县居处，住在灵岩山剪香泾。王从事备下礼物，放船到渎村停泊，同乔氏各乘一肩小轿，直到剪香泾来。先差人投递名帖，王知县即时出门迎接。原来王知县，

от неба зависит, и только.

Удалившись к себе после разбирательства, Ван Цунши рассказал обо всем жене. Госпожа Ци, узнав, что она отомщена, долго благодарила за это небо.

Что касается золотой шпильки, то Ван Цунши велел доставить ее ему. Вместо нее он сделал другую золотую шпильку, которую и вернул в казнохранилище. Все в Линьани говорили о том, как начальник мудро сумел решить дело, но никто, конечно, не знал скрытой его стороны, не ведал, что начальник вел это разбирательство ради самого себя. И не было в то время человека, который не восхвалял бы Ван Цунши, восторгаясь тем, что в пустяковом деле, связанном с азартной игрой, он дознался о подстрекательстве и раскрыл злодеяния закоренелого преступника. Слава о Ван Цунши разнеслась повсюду, и через три года он был переведен сначала на должность помощника начальника области Шаосин, а затем за отменную службу – на должность начальника области Цзясин. Через год с чем-то после того, как он вступил на пост в Цзясине, Ци стала уговаривать его уйти в отставку и возвратиться в Бяньлян.

Ван Цунши согласился и написал донесение начальству, что, мол, в связи с болезнью просит об отставке. Соответствующие учреждения дали на это разрешение, и они с женой собрались в дорогу. Водным путем на джонке добрались они до Сучжоу и тут, памятуя о благодеянии, оказанном им Ван Цунгу, остановились возле ворот Чанмэнь и стали разузнавать о месте жительства Ван Цунгу. Узнав, что Ван Цунгу живет в этих краях, в местечке Цзяньсянцзин, Ван Цунши приготовил подарки и вместе с госпожой Ци отправился к нему с визитом. Он приказал судовщику ехать в сторону бухты Дун-цунь. Там они оба сошли на берег. Ван Цунши нанял для себя и для жены паланкины, и таким путем они добрались до Цзяньсянцзина. Вперед себя Ван

因还妾一事，阴德感天，夫人年已五十以外，却生下一子，取名德兴。此时已有七岁，读书甚是聪明。当下在门首迎接，王从古见有两乘小轿，便问："为何有两乘轿子？"跟随的答道："太守夫人，一同在此。"王知县心上不安，传话道："我与太守公是故人，方好相接，夫人那有相见之礼？"跟随的只道王知县不肯与故人夫人相见，实不知其中却有一个缘故，为此乔氏随转轿归船。王从事与王知县，留连两日面别。一路无话，直至汴梁。

是时天下平静，从事在汴梁城中，觅了小小一所居第，一座花园，与乔氏日夕徜徉其间。乔氏终身无子，从事乃立从堂兄弟之子为嗣，取名灵复，暗藏螟蛉之义。王从事居家数年而故，乔氏又守寡十五年才终。临终时分付灵复道："我少年得罪你父亲，我死之后，不得与你父亲合葬。父亲之柩，该葬祖墓，我的棺木，另埋一处。"灵复暗道："我父亲生前与母亲极为恩爱，何故说得罪两字。"欲待再问，乔氏早已瞑目

Цунши послал к Ван Цунгу человека со своей визитной карточкой, и Ван Цунгу тут же вышел встретить его.

Следует сказать, что благодеяние, которое совершил Ван Цунгу, вернув чужую жену человеку, тронуло небеса, и его жена, в возрасте за пятьдесят, родила ему сына. Мальчика назвали Дэсин, и теперь ему было уже семь лет. Это был умный мальчик, и он уже учился. Ожидая гостя у ворот, Ван Цунгу увидел вдали два паланкина и спросил сопровождавших его людей:

— Почему же два паланкина?

— Начальник области прибыл сюда со своей супругой, — доложили ему.

Ван Цунгу стало не по себе, и он распорядился:

— Мы с начальником области давнишние друзья, я буду рад с ним повидаться. Но разве приличествует принимать и его супругу?

Люди решили, что Ван Цунгу просто не захотел принять жену друга, и не знали, что это имеет свою историю. Госпоже Ци пришлось вернуться на джонку, а Ван Цунгу и Ван Цунши провели вместе целых два дня. После этого без всяких приключений Ван Цунши с женой добрались до Бяньляна.

В то время в стране было уже спокойно. Ван Цунши нашел небольшой домик с садиком и проводил там целые дни со своей женой. Ци так и не родила детей, и Ван Цунши взял к себе в качестве сына и наследника одного из сыновей двоюродного брата. Ребенку он дал имя Линьфу, в котором содержался намек на то, что он приемный сын. Прожив какое-то время дома, Ван Цунши скончался. Госпожа Ци пережила мужа на пятнадцать лет. Накануне кончины она сказала сыну:

— Я в молодости совершила проступок перед твоим отцом. Поэтому не хорони меня рядом с ним. Гроб отца должен быть на родовом кладбище, а мой пусть будет где-то в другом месте.

Линьфу недоумевал: «Отец и мать так дружно жили, любили

而去。灵复只道一时乱命,那里晓得从前这些缘故。乔氏当日在赵成家,梦见团鱼说话,后来若不煮团鱼与王教授吃,怎得教授见鞍思马,吐真情与王知县。所谓"杀我也早,烧我也早",在梦验矣。若当时这簪子不被赵成妻子抢去,后来怎报得这赵成劫抢之仇,所谓"寻得着也好,寻不着也好",其梦又验。当时嫁了王从事,却被赵成拐去,所谓"这个王也不了",后来又得王知县送还从事,所谓"那个王也不了",团鱼一梦,无不奇验。后人单作一诗,赞王知县不好色忘义,成就了王从事夫妻重合,编出一段美谈。诗云:

> 见色如何不动情,
> 可怜美少遇强人。
> 五年月色西安县,
> 满树桃花客馆春。

друг друга, почему же она говорит о том, что совершила проступок?»

Он собрался задать этот вопрос матери, но та уже скончалась.

Линьфу решил, что мать не сознает, что говорит, так как не ведал он того, что случилось с ней в прошлом.

И вот вспомните, как госпожа Ци в свое время в доме Чжао Чэна во сне увидела черепаху, которая заговорила. Если бы она не приготовила черепаху, когда у них в гостях был Ван Цунши, то разве могло бы случиться, что он, как говорится, увидев седло, вспомнил о коне и рассказал бы о своем горе начальнику уезда Ван Цунгу. И действительно, выходит, сбылось то, о чем говорила тогда черепаха: «Убивать меня рано и варить меня тоже рано». А если бы шпильку в свое время не отобрала у нее жена Чжао Чэна, то и не совершилось бы возмездие – и это как раз то, о чем говорила черепаха: «Найдешь – ладно, не найдешь – тоже ладно». И опять-таки сбылось. Была она замужем за Ван Цунши, а увел ее Чжао Чэн. И вот слова черепахи: «И с этим Ваном не всё». А когда затем Ван Цунгу взял ее в жены, и тут снова слова черепахи сбылись – «И с тем Ваном тоже не всё». Удивительно вещим был сон с черепахой! Люди сочинили стихи, где отдавали должное Ван Цунгу, который не соблазнился красотой женщины, остался до конца порядочным человеком и сделал все, чтобы супруги вновь соединились.

Возможно ль, глядя на красотку,
  остаться равнодушным к ней!
Но жалко видеть пред собою
  обманутую жертву.
Луна пять лет безрадостно светила
  в уезде Сианьсянь,
И вот пришла пора весны –
  персиков цветенье.

墨迹可知新翰墨，
烹羹乃信旧调烹。
若非仗义王从古，
完璧如何返赵君。

后人又因王知县夫人五旬外生下德兴儿子，后日得中进士，接绍书香，方见王知县阴德之报，作一绝句赞之。诗云：

当年娶妾为宁馨，
妾去桃花又几春；
不是广文缘不断，
为教阴德显王君。

Тушь свежая дала понять,
что надпись сделана недавно;
А вид излюбленного блюда убедил,
что приготовлено оно рукой знакомой.
Но если бы не Ван Цунгу,
достойный человек,
То не вернуться б яшме той
к исконному ее владельцу.

А впоследствии, когда стало известно, что жена начальника Ван Цунгу в пятьдесят с чем-то лет родила ему сына, что сын их – Дэ-син, став взрослым, выдержал экзамены на степень цзиньши и продолжил ученый род семьи Ван Цунгу, люди увидели в этом воздаяние неба за добро, содеянное Ван Цунгу, и сочинили хвалебные стихи в его честь. В стихах говорилось:

В те годы взял себе жену,
в надежде стать отцом.
Но вот она ушла,
а персик снова вдруг зацвел.
Не в том лишь дело, что другой
обрел свою судьбу опять,
А в том, что славен стал в веках
достопочтенный Ван Цунгу.

图书在版编目（CIP）数据

今古奇观：节选：全四册：汉俄对照/（明）抱瓮老人选编；（苏）维里古斯，（苏）齐别洛维齐译. —北京：人民文学出版社，2022

（大中华文库）

ISBN 978-7-02-016899-6

Ⅰ.①今… Ⅱ.①抱… ②维… ③齐… Ⅲ.①俄语—汉语—对照读物②话本小说—小说集—中国—明代 Ⅳ.①H359.4:I

中国版本图书馆 CIP 数据核字（2021）第 188925 号

责任编辑　柏　英
责任印制　任　祎

出版发行　人民文学出版社
社　　址　北京市朝内大街 166 号
邮政编码　100705

印　　刷　深圳市碧兰星印务有限公司
经　　销　全国新华书店等

开　　本　889 毫米×1194 毫米　1/16
印　　张　134　插页 4
印　　数　1—1200
版　　次　2022 年 1 月北京第 1 版
印　　次　2022 年 1 月第 1 次印刷

书　　号　978-7-02-016899-6
定　　价　1180.00 元（全四册）

如有印装质量问题，请与本社图书销售中心调换。电话:010-65233595